Ugo Monticone

找樂
zhaole

LES ÉDITIONS DU CRAM
récit de voyage

Parus aux Éditions du Cram

Romans et récits de voyage

Sylvie Brien
Béryl
Gaius

Nadège Devaux
S.O.S. Générations
Cyberdrague

Yves Chevrier
Où il est le p'tit Jésus, tabarnac !
Écoeure-moi pas avec ça, répondit Dieu
On ne patine pas avec l'amour
Ils viseront ta tête

Ugo Monticone
Chronique de ma résurrection
Terre des Hommes Intègres
Zhaole

Catalogage avant publication de
Bibliothèque et Archives Canada

Monticone, Ugo, 1975-
        Zhaole : récit de voyage / Ugo Monticone

(Roman)
ISBN 2-922050-59-9

1. Titre.

PS8576.O52326Z33 2005   C843'.6   C2005-905335-6

Les Éditions du Cram Inc.
1030, rue Cherrier, bureau 205
Montréal, Québec, Canada,   H2L 1H9
Téléphone (514) 598-8547
Télécopie (514) 598-8788
www.editionscram.com

Dépôt légal - 4e trimestre 2005
Bibliothèque nationale du Québec
Bibliothèque nationale du Canada

ISBN 2-922050-59-9

Imprimé au Canada

Ugo Monticone

zhaole

LES ÉDITIONS DU CRAM

récit de voyage

Conception graphique et couverture
Patrick Viens

Révision et correction
Pierre Lavigne

Photos de l'encart
Ugo Monticone

Gouvernement du Québec -
Programme de crédit d'impôt pour l'édition de livres - Gestion SODEC.

Les Éditions du CRAM sont inscrites au programme
de subvention globale du Conseil des arts du Canada.

Distribution et diffusion

Pour le Québec:
Diffusion Prologue
1650 Lionel-Bertrand
Boisbriand (Québec)
J7H 1N7
Téléphone : (450) 434-0306
Télécopieur : (450) 434-2627

Pour la France:
D.G. Diffusion
Rue Max Planck B.P. 734
F-31683 Labege
Téléphone : 05.61.00.09.99
Télécopieur : 05.61.00.23.12

Pour la Suisse:
Diffusion Transat SA
Route des Jeunes, 4ter
Case postale 125
CH-1211 Genève 26
Téléphone : 022/342.77.40
Télécopieur : 022/343.46.46

Pour la Belgique:
Vander SA
Avenue des Volontaires 321
B-1150 Bruxelles
Téléphone : 032/2/761.12.12
Télécopieur : 032/2/761.12.13

Je tiens à remercier le Conseil des Arts et des Lettres du Québec qui m'a permis de consacrer mon année à la réalisation de ce livre plutôt qu'à ma survie.

Ayant foulé des contrées où le gouvernement ne dispose pas des moyens pour subvenir aux besoins essentiels de sa population, je reconnais le grand privilège qu'est celui d'être né dans un pays qui investit dans sa culture.

ประเทศไทย

Le gémissement de nouilles se prélassant dans l'huile bouillante me gagne juste avant l'odeur. Le jeune cuisinier, affairé à sa bicyclette/restaurant me sourit, tout en me pointant son plat fumant. Il m'invite de la tête. Est-ce que j'en prends un ? « Pad thaï, pad thaï ! » Hum. Je viens juste de manger, mais c'est tellement bon… Pour une des rares fois, le prix n'entre même pas en ligne de compte, l'idée de l'argent ne pointe pas même le bout de son nez. Ici, je suis Bill Gates, Rockefeller. Une grosse bière : cinquante sous… dans un bar… généreux pourboire inclus ! Massage thaï d'une heure : deux dollars. Chambre climatisée pour moins cher qu'un big-mac. Tout est à ma portée, accessible… et disponible. Je peux laisser voguer mon impulsivité, ouvrir les portes de sa cage. A beau être riche qui vient de loin. Nul n'est prospère en son pays.

Un tuk-tuk, taxi-moto à trois roues, me frôle de sa fumée bleue. En entendant son moteur fini tourner à fond, je comprends mieux d'où vient leur nom « tuk-tuk ». Mes yeux le suivent un instant, pour atterrir sur un étalage de DVD. Toutes les nouveautés occidentales, pour moins que le prix d'une location chez moi. Je serais bien bête de ne pas en profiter.

Tout autour de moi est piraté. Les films et la musique copiés; les plus grandes marques de vêtements — *designers clothes* —, imités à la couture près; souliers Nike derniers modèles pour le prix d'une gougoune chez nous; de faux diplômes universitaires, avec lettrage, papier et sceau officiels… Pour 50 $, je pourrais être médecin de

Harvard, docteur en psychologie de Oxford, ingénieur du MIT... tout est offert, pour quelques billets, aux explorateurs dans l'âme qui déambulent dans cette rue transformée en marché. Elle ne s'éveille que vers les 22 heures, cette mystique *Kao San road*.

Faràng ! Faràng ! Les vendeurs m'abordent comme si j'étais Jésus descendant de sa croix. *Faràng ! Faràng !* Ils lèvent vers moi des yeux remplis d'espoir. Peu importe à quel point je tente de m'intégrer, portant même leurs vêtements, je demeure d'abord et avant tout un étranger. *Faràng ! Faràng !*

Le royaume de Thaïlande, le Siam comme on l'appelait autrefois, n'a jamais été colonisé par une puissance étrangère, jamais. Liberté et indépendance, sources d'une énorme fierté, différencient la Thaïlande de tous ses voisins d'Asie, qui ont sans exception vécu le pillage de leurs ressources et le travail forcé imposés par l'Europe des bons vieux hommes blancs : « Bonjour madame, c'est moi ! » C'est écrit sur la couleur de ma peau, sur la longueur de mon nez, sur mon visage qui plane loin au-dessus des têtes dans la foule. Véritable échelle humaine parmi eux mystère de la nature. Un Occidental.

Mais les Thaïs soutiennent mon regard sans faillir, car ici, depuis le début de leur histoire — alors que le Vietnam s'est fait violer par les deux plus grandes puissances mondiales du moment, alors que les Français ont aussi écrabouillé le Laos et le Cambodge voisins pendant des décennies, au point de rayer leurs noms des atlas — seuls quelques centaines de soldats de l'Hexagone se sont aventurés à pénétrer cette contrée, avant d'être violemment expulsés. Aujourd'hui encore, le mot thaï signifiant *étranger* — *faràng* — est une forme abrégée de *Faràngsèt*, leur prononciation de Français.

Sur un mur, entre une affiche de *Citizen Kane* et celle du dernier disque de *Peter Gabriel*, le roi de Thaïlande sourit aimablement derrière ses grosses lunettes. Le portrait du monarque se retrouve dans tous les lieux publics, et dans presque tous les foyers. Il suffit de chercher un bouquet de fleurs ou un autel sur lequel brûle l'encens, pour voir son visage suspendu. Arborant un veston blanc orné de multiples décorations militaires, couvert de son parasol royal, il présente les symboles suprêmes de sa dignité : la couronne comptant sept kilos d'or et de pierres précieuses, le sabre, le bâton de commandement, les chaussons et le chasse-mouches. Roi par essence divine, il est adoré comme un demi-dieu. Lorsqu'il apparaît en public, la foule se bouscule pour étendre ses mouchoirs sur le sol, afin que le souverain effleure le tissu, qui sera ensuite vénéré sur l'autel familial, au même titre que les bouddhas.

Ses ancêtres ont combattu les empires birman, khmer et du Champa pour défendre les frontières thaïs. Ils sont les descendants d'un peuple qui habitait déjà ces terres, il y a plus de 10 000 ans. Ils ont défait les colonisateurs français et anglais, pour maintenir l'indépendance de leur pays. Pauvre roi actuel ! Il n'est le héros de rien. Aucun événement significatif n'a marqué son existence... sauf la crise économique de 1997, où en quatre mois le bath thaïlandais a chuté de 40 % par rapport au dollar américain.

Les statues de ses ancêtres habitent les places publiques, immortalisés dans leurs plus grandes victoires, le sabre au poing. Lui n'est représenté que par des dizaines de gratte-ciel inachevés, de chantiers à vendre, souvenirs de la dernière crise.

Alors, il a décidé de se créer sa propre conquête : l'eau. Chaque matin et chaque soir, à la radio et à la télévision, avant chaque film au cinéma, l'hymne national est entonné. Tous les spectateurs se lèvent et retirent leur chapeau pour voir apparaître sur l'écran l'image du roi, entremêlé de celles de barrages, d'irrigation, de pluie, d'arc-en-ciel... ses bonnes actions. Le roi de l'eau ! Voilà comment il veut s'immortaliser dans la mémoire de son peuple.

Et ça fonctionne ! Les Thaïlandais l'idolâtrent. S'il n'a aucun pouvoir exécutif réel, aucun pouvoir politique officiel, son influence sur le peuple est telle qu'il peut influencer presque à sa guise chaque décision, l'opinion publique étant la clef de la démocratie. Si sa puissance est impressionnante, l'amour que son peuple lui porte l'est bien davantage. Mais personnellement, c'est surtout son nom qui me laisse pantois : Phrabaatsomdet Boramintaramaha-phumiphonadunyadet. Ne me demandez pas où il faut respirer, c'est la joie d'écrire : pas besoin de prononcer.

Mon nouveau DVD empoché, je salue le vendeur avec qui je suis maintenant lié, intense négociation oblige. J'emprunte la ruelle adjacente, entre les étals, et traverse une nuée de jeunes moines qui, dans une vague de tissu jaune safran, émergent d'un temple. L'un parmi les quatre cents que Bangkok compte à elle seule.

Le ciel de la Thaïlande est littéralement transpercé par les tours des pagodes, flèches blanches ou dorées, pointées vers les nuages. Même au plus profond d'une rizière perdue, dans la plus lointaine des régions, on voit poindre à l'horizon une *phra chedi* ou une *stupa* surplombant la jungle. Des caves sacrées, conservant l'empreinte du pied de Bouddha dans le roc, parsèment les zones même les plus inhabitées. Sur des collines isolées, les *cetiyas* grisonnantes sont visibles à des lieues à la ronde. Les travailleurs creusant la terre pour l'irrigation ou la construction de routes, découvrent régulièrement des Bouddhas de bronze ou de pierre... oubliés par le temps. Religion littéralement enracinée dans le sol même du pays, 95 % de la population pratique officiellement le bouddhisme.

J'incline légèrement la tête devant ces novices, qui disparaissent dans un cri avant même que je ne relève les yeux. Dans une cour intérieure, des enfants jouent, séparés par équipes de trois, d'un bord et de l'autre d'un filet installé à la hauteur de leur tête. Ils doivent, comme au volley-ball, renvoyer sur le terrain adverse une balle d'environ douze centimètres de diamètre, tressée en feuilles de *rattan*; ils ont droit à trois passes, mais ne peuvent utiliser que leurs pieds.

Voilà que la dernière passe est lobée vers l'avant. L'attaquant, dos au filet, s'élance à la renverse, smashe la balle avec son pied vers le ciel, puis de la verticale — tête en bas — il complète son tour pour retomber sur la même jambe qui a frappé. L'adversaire a beau allonger le pied pour bloquer, la balle est propulsée vers le sol.

Un point. C'est le *tàkràw*, leur sport national, traditionnel et historique. Pourtant, jamais il ne sera présenté aux Olympiques. Qui décide des sports présentés aux Olympiques ? Les sauts de chevaux, pure tradition britannique, l'escrime, le hockey, la balle-molle... Pas tellement de sports provenant de ce côté-ci du monde. Mais c'est bien fait ! Sinon, ça ne serait pas juste : on ne gagnerait pas.

Je relève mes pantalons, alors que je plonge les pieds dans l'eau brune qui submerge une partie de la rue. Depuis une trentaine d'années, le pompage de la nappe phréatique par les industriels a provoqué un affaissement de trois centimètres par an de la capitale. Quelques quartiers se trouvent désormais à plus d'un mètre sous le niveau de la mer. Durant la saison des pluies, on se déplace en barque, dans certaines ruelles.

Je traverse l'un des canaux qui quadrillent la ville pour évacuer l'eau. Sous le pont, un étroit bateau-taxi, *long-tail*, propulsé par un moteur de 1800 cm³, parcoure les *khlongs* de Bangkok, dans un vacarme étourdissant. Je croise une maison des esprits, où brûle l'encens. Pour chaque habitation, édifice, construction, on élève une telle maison pour que les âmes des ancêtres y vivent, au lieu de vagabonder. Ressemblant à des temples thaïlandais, de la taille d'une cabane d'oiseaux, elles sont ornées de nourriture, d'huiles parfumées, d'encens, de fleurs, de noix de coco et parfois d'un verre de whisky, car elles doivent être plus agréables à habiter que leurs copies grandeur *humaine*. Plus l'édifice est imposant, plus sa maison des esprits doit l'être, car on aura forcé plus d'âmes à déménager. Les gratte-ciel les plus modernes en possèdent d'immenses, sur leur toit, des châteaux de poupées devant lesquelles cadres et employés viennent prier chaque matin et faire quelques offrandes, pour éviter que les esprits du lieu ne rendent le séjour désagréable aux occupants. Même le *McDonald* ici possède sa maison des esprits, à côté de son clown-effigie, aux yeux presque bridés, qui joint les mains en signe de salutation. Modernisme. Quand les traditions deviennent stratégie de marketing.

De toute manière, la Thaïlande est bien en avance sur nous. Selon leur calendrier lunaire, nous sommes en l'an 2548. Leur *bug de l'an deux mille* est passé depuis plus d'un demi-millénaire...

La densité de touristes augmente considérablement, j'approche des limites de *Pat Pong*. Une rue/marché de nuit, au cœur de la ville, bordée de bars où de jeunes femmes dansent sur une scène illuminée. Murs de miroirs, éclairage de discothèque. L'une d'entre elle me regarde en arquant ses doigts prodigieusement vers l'arrière, symbole d'une danseuse qui, à partir de l'enfance, se les est fait plier progressivement. Déformation vénérée. Par les portes grandes ouvertes se remarque le chiffre accroché au bikini qui l'identifie, de un à trente. Il suffit d'appeler le numéro désiré, elle vient s'asseoir à nos côtés. On lui paie un *lady drink* à deux dollars, un pourcentage de celui-ci étant son unique salaire... officiellement.

Officiellement, car si elle nous plaît, on n'a qu'à attendre la fin de son quart de travail pour la ramener à notre chambre, moyennant très peu de billets. Ceux qui sont plus... pressés, peuvent négocier directement avec le gérant de l'établissement, lui glisser un billet supplémentaire pour qu'il donne congé immédiatement à notre dulcinée-malgré-elle. Secret de polichinelle s'il en est un, tous Àconnaissent cette *étiquette*. C'est après tout une attraction touristique majeure.

Un homme me tend un dépliant rose et m'invite à entrer. Il me spécifie cependant que le spectacle de ping-pong, annoncé en toutes lettres, n'a pas lieu cette semaine. En effet, me précise-t-il, Bangkok reçoit le Sommet de l'APEC (*Asian-Pacific Economic Cooperation*) dans les jours qui suivent. Pour dérouler le tapis rouge aux leaders mondiaux invités, les boulevards importants de la ville ont été garnis de fleurs, et un décret a été voté pour interdire tout déplacement à dos d'éléphant dans la capitale durant cette période. Ce n'est pas la première législation qui concerne les éléphants, une loi thaïlandaise exige déjà que ces animaux soient mis à la retraite et relâchés dans la nature à l'âge de 61 ans. *Liberté 61*... c'est mieux que pour les humains. Les éléphants, qui sont largement utilisés pour transporter le bois coupé, vivent habituellement jusqu'à 80 ans. On en retrouve plus de 3 000 à l'état sauvage dans les jungles du pays. Mais cette fois-ci, la loi temporaire leur interdisant l'accès à la ville vise à minimiser les embouteillages durant le Sommet. Les embouteillages de Bangkok sont déjà de renommée internationale, nul besoin d'aggraver le tout avec des pachydermes. Avec une population qui a presque doublé au cours des dix dernières années, dépassant maintenant les dix millions d'habitants, la capitale a pris des proportions qu'elle est aujourd'hui incapable de maîtriser. Comptant quatre cents nouveaux véhicules immatriculés par jour, ses artères sont bloquées en permanence, son teint est aussi blême que le nuage de pollution qui la couvre. Les masques ou les mouchoirs qu'utilisent les policiers, les chauffeurs de *tuks-tuks* et les nombreux motocyclistes, se noircissent rapidement dans cette cité parmi les plus polluées du monde. L'heure de pointe s'étend sur la majeure partie de la journée... si bien que les stations-services vendent des *Comfort 100*, récipients conçus spécialement pour uriner sans quitter le volant.

Mais pour redorer le blason de la ville, on ne s'est pas attaqué uniquement aux éléphants ou aux embouteillages. Pour les cérémonies de l'APEC, on a aussi nettoyé les rues de tous les vagabonds, des chiens errants et surtout... des prostituées.

Bien qu'en termes de ratio de prostituées par habitant, la Thaïlande soit surpassée par Taiwan, les Philippines et l'Inde, Bangkok jouit depuis les années soixante de *l'enviable* honneur d'être cataloguée « capitale du sexe » de l'Asie. En effet, la guerre du Vietnam a drainé vers cette *ville des anges* des bataillons entiers de G.I. en permission... Et l'offre suit toujours la demande. 200 000 femmes travailleraient présentement dans l'industrie du sexe en Thaïlande.

Mais la clientèle a changé avec les années. La pression sociale exigeant des femmes thaïs qu'elles se présentent vierges à leur mariage, de plus en plus de Thaïlandais célibataires — 75 % selon une récente étude —, feraient appel aux services d'une prostituée plus d'une fois par mois, activité socialement acceptée. Et contrairement au mythe, 95 % de tous les contacts prostituées/clients se limiteraient à des Thaïs, selon la même enquête. Cela bien que la prostitution soit officiellement illégale. Illégale mais évidement tolérée : l'activité économique générée par la prostitution équivaut à près du double du budget gouvernemental annuel. Les faiseurs de loi ne sont quand même pas suicidaires. Le Bureau International du Travail estime que jusqu'à 14 % du PIB de la Thaïlande proviendrait de la prostitution, l'équivalent d'un tiers du secteur agricole... Même que les prostituées thaïs contribuent davantage au développement rural — en ramenant l'argent acquis en ville à leurs familles — que tous les programmes d'état réunis !

Mais tout ça, c'est entre nous. Je chuchote. Il ne faudrait surtout pas que les dirigeants de l'APEC en soient témoins. C'est pourquoi, « exceptionnellement cette semaine » m'assure l'homme, le fameux spectacle de ping-pong — où une femme insère une balle de ping-pong dans son vagin, puis la projette haut et fort sur l'un des spectateurs entourant la scène — est annulé. « *Cancelled* ».

Je consulte l'impressionnante liste des spectacles annoncés dans son dépliant rose. Le spectacle de ping-pong étant devenu un classique, et la foule de plus en plus avide de nouveautés, les bars se sont adaptés, et les filles ont subi. *Razor blade show...* Une femme s'insère quatre lames de rasoir dans le vagin m'explique-t-il. Spectacle suivant : une femme ramasse des objets à l'aide de baguettes chinoises insérées dans son vagin... Spectacle suivant : une femme projette un dard sur une cible à partir de son vagin... *Pussy smoke cigarette, Pussy blow out candle, Pussy drinks shooter...* Vingt-sept spectacles différents, un seul thème commun.

« *But cancel today. Today only bang bang* » me murmure-t-il en s'approchant de moi. Pas de spectacle, seulement le menu *take out*. Je décolle l'homme de mon bras avec peine et misère. Tout ce que je désire, c'est de quitter la ville. Prendre congé de Bangkok. Devant moi, le kiosque de l'agence de voyage apparaît, ma destination génératrice de destinations.

Affichées sur une planche, à même la ruelle, mes options se présentent sous la forme d'images : plage turquoise au sable blanc; plongeur parmi des poissons multicolores, s'agrippant à une tortue de mer; îles isolées au cœur de l'océan; temples bouddhistes millénaires… Le mur de sons, le brouhaha de langues étrangères qui inonde la ruelle s'estompe : une photographie du *full moon party* me fait sourire, accompagné de souvenirs en rafale.

Déjà, au début des années '90, près d'un millier de *ravers* se rassemblaient à chaque pleine lune pour célébrer sur les plages de sable fin de *Kho Panh Kang*, petite île paradisiaque située à une soixantaine de kilomètres des côtes. Sous la lune puissante comme un projecteur de cinéma, des laits frappés aux champignons magiques, des joints imposants et des *extasies* aux couleurs flamboyantes agrémentaient l'ambiance, vendus directement aux comptoirs des bars parsemant la plage. Secret impossible à contenir, des plans ont été dessinés sur des serviettes de table, l'endroit a été encerclé sur des cartes : le mot s'est propagé parmi les *rêveurs* comme une ligne de cocaïne en plein vent. La pleine lune attire à présent bien plus que la marée. Des foules de 10 000 jeunes. provenant de chaque recoin du monde, s'y rassemblent mensuellement, le zénith de la lune fixe le rendez-vous. Un seul objectif en tête : le plaisir. La grosse vie sale.

N'ayant habituellement aucun penchant pour ce genre de fête — de celles où l'on s'amuse —, c'est dans l'unique but d'effectuer une recherche sérieuse et exhaustive que je me suis sacrifié et y suis allé… Anthropologue-sur-le-terrain. Envoyez vos donations (et un nouveau foie) au 1-800-UGO-PARTY.

Devant l'agent de voyage intrigué, mon regard, accompagné d'un rire, descend involontairement jusqu'à mes sandales. Flashes de mon passage à cette fête où tout est permis… et même plus. Nomade, me promenant de bar en bar pour m'approvisionner généreusement en consommations gratuites distribuées ici et là, dans l'espérance de sédentariser les clients. Je consultais les dépliants comme une carte pour élaborer mon itinéraire de la soirée : *From 9h to 9h30, free Vodka-Red Bull at the* Full moon bar…

From 9h30 to 10h, free Gin-tonic at the Party down bar... *From 10h to 10h30, free Rum and Coke at the* Drop In bar... *From 10h30 to 11h, free Rum-Red Bull at the* Gogo Lounge... *From 11h to 11h30, free vodka-lemonade at the* Beach Club Bar... *At midnight, spectacular flaming loop air bike stunt...* Motocycliste sautant à travers un cerceau de feu... Les torches des jongleurs... Rythmes enivrants, paysages spectaculaires, sable blanc, milliers de danseurs sur la plage, contours des vagues enflammées par la pleine lune sur l'océan infini... Et moi, d'où le rire, marchant pieds nus dans l'eau chaude, réalisant que plus loin, plusieurs utilisaient ce même océan pour évacuer leurs vessies, mousse douteuse. J'ai bel et bien dansé comme les autres jusqu'au lever du soleil, mais en demeurant sur la moitié sèche de la plage...

Non, la prochaine pleine lune n'est pas pour bientôt, elle est plutôt en train de s'éclipser. Mon attention retourne vers les autres options du *No problem travel shop*. Les autobus partent ce soir, voyages de nuit. Tous les choix sont gagnants.

Pas de plage, pas de *party*, pas de temple... Ce que je veux se manifeste dans une photo de la jungle, forêt vierge, nature pure. tre le seul humain à des kilomètres à la ronde, c'est ce que le nord de la Thaïlande m'offre sur un plateau d'or. Départ 20h30.

*

À Bangkok, dès qu'on se trouve seul, qu'on emprunte une ruelle où il n'y a personne, vide, on l'évite. Ce n'est pas bon signe. On est gagné par un malaise sournois qui serpente en nous : la peur. tre seul est un état à éviter.

En ce moment, c'est plutôt si je rencontrais quelqu'un d'autre que j'aurais vraiment peur. Devant moi, que des arbres, des plantes, du vert. Épais, lourd, surpeuplé. Je ne suis plus dans mon royaume, ce monde est végétal. Et je traverse l'une de ses capitales, c'est certain. Vie concentrée, chaque centimètre carré est habité. Intrus, je ne suis pas le bienvenu, représentant d'une race ennemie, ambassadeur des destructeurs qui viendront. Dans un an, dix ans ou cent ans, mais inévitablement. Trop nombreux pour s'adapter. Tout le contraire des animaux, qui sont tout autour de moi. Des chants d'oiseaux complètement étrangers; des bruits mystérieux venant d'on ne sait quelle espèce animale, de quel reptile, partout. Une vie des plus intenses, complètement absorbée par cette végétation, comme l'éponge boit l'eau. Une cacophonie de vie, si près; pourtant, même en maximisant tous mes sens pour tenter de regarder dans la bonne direction, estimer la bonne distance, immobile, je n'arrive pas à distinguer un quelconque mouvement... Ces créatures ne sont pas habituées à la présence des humains, la *zone de danger* autour de chaque bruit s'élargit considérablement. Comme les habitants de New-York à l'approche de King Kong, se réfugiant dans leurs placards, laissant derrière eux une métropole déserte.

Je ne les vois pas, mais dieu sait que je les entends. Niveau de décibels impressionnant. J'ai une place de choix pour le concert, alors que j'enfile le manteau sonore de l'épaisse jungle. J'aime cette musique indéfinissable, englobante, mais je ne voudrais surtout pas entendre la section rythmique s'emporter en échos entre les arbres. J'approche de la Birmanie. Hier, des explosions ont été signalées à la frontière, des coups de mortier. Seule consigne : ne pas trop m'approcher de cette dictature militaire. Les deux voisins ne vivent pas ce qu'on pourrait appeler une histoire d'amour... et je ne veux pas entendre les battements de leurs cœurs.

« *Ahia-tchak !* » Je fais le saut, me retourne. Bon, j'avoue, j'ai menti depuis le début. Je ne suis pas du tout seul au monde. Je me fais dépasser par Mister-T, mon guide, qui insiste pour que je l'appelle ainsi parce que je n'arrive pas à prononcer son vrai nom, malgré tous mes efforts. *Sawonia-knwio...* ou quelque chose du genre. Mais mon affaire semble vraiment grave. Car ce n'est pas comme si un anglais prononçait mon nom. Là, je massacre son nom au point où il insiste pour que je l'appelle Mister-T en tout temps.

« *Ahia-tchak !* » À l'aide de cris stridents, de gestes vifs, de coups violents contre un ennemi imaginaire, Mister-T me mime la bataille, le dernier combat de son poulet de compétition. Les quelques dollars que je lui ai avancés pour l'expédition ont aussitôt servi à acheter un magazine couleur traitant des tournois de volaille : photos d'éleveurs, poulets champions et descriptions des derniers combats importants.

Mister-T, tout en mimant le combat et en choisissant notre direction dans la jungle, est plongé dans la section *arbre généalogique*. Il étudie chaque fiche technique des géniteurs des volailles gagnantes. « C'est coups de pattes qui sont importants ! » m'explique-t-il en se frappant l'intérieur des chevilles, « Coups de pattes avec griffe ! » Il me désigne une photo, je n'avais jamais vraiment remarqué que les poulets avaient une sorte d'ongle pointu qui émerge de leurs chevilles. Les coups de becs sont plus impressionnants, mais c'est vraiment lorsque le poulet saute et frappe avec cet ongle de cheville, maintenant sa stabilité grâce aux battements de ses ailes, qu'il réussit à porter les coups mortels. « Et bon coups pattes dépend parents ! » poursuit mon professeur, en dansant littéralement d'excitation. Il les a tous devant lui, les éleveurs de champions.

En observant comment une mère protège ses petits, comment elle assène ses coups de pieds pour repousser un ennemi, si elle les donne avec précision et vitalité on arrivera à déterminer si ses descendants seront de bons combattants. Transmission de mère en fils. Chaque mère bien dressée devient une poule aux œufs d'or.

C'est un de ces poulets « précieux » que Mister-T s'est procuré la semaine dernière. Un investissement engouffrant la totalité de son salaire à venir. Mais qui peut rapporter gros. La semaine entière précédant ce voyage, chaque jour, tous les jours, il s'est installé devant son poulet pour lui parler, le nourrir, le dorloter. Il l'a entraîné à courir, à voler, mais surtout — surtout — à donner des coups de pieds sur commande.

— Et comment tu lui enseignes ça ?

— En donnant exemple ! répond-il en m'observant de biais pour savoir si je me moque de lui en lui posant une question aussi idiote.

Puis, réalisant que je suis vraiment aussi idiot, il frappe des dizaines de fois avec son pied dans le vide. Je frappe une fois à mon tour, *voilà*, me fait-il de la tête. J'espère au moins que j'ai appris plus vite que son poulet...

Sa volaille se doit d'être toute une athlète, car j'ai l'impression que toutes les possessions de Mister-T seront investies lors du prochain combat. En fait, ses yeux pétillants me le disent : « Les deux mettre argent au centre. Celui qui gagne, gagne tout. » Il sautille, donne des coups dans les airs, hurle sa joie, en pensant à ce magot qu'il empochera. Par pure politesse, il me demande si je voudrais profiter de cette occasion exceptionnelle pour faire de l'argent rapidement. Non merci, tout le plaisir est pour toi.

Au moins, ce sport comporte un prix de consolation pour les perdants : après qu'ils t'eurent pris tous tes sous, tu sais qu'il te reste au moins un repas : ton vaincu...

Mister-T s'éloigne en frappant les arbres, en donnant des coups de pied en sautant; il a certainement déjà pratiqué la boxe thaï. Combat entre humains cette fois-ci. La simple évocation de ce sport suffit à doubler mon niveau d'adrénaline. Tout est y est permis, sauf de frapper avec sa tête. Comme ils doivent porter de minces gants, les pugilistes utilisent d'autres armes pour blesser davantage : les coudes, les genoux. Un groupe de musique traditionnelle accompagne le déroulement du combat, accentuant le tempo en même temps que les coups, sons stridents et rythmés qui créent une perpétuelle ambiance tendue. *Aie ! Oh aie ! Haïtay !* Les entraîneurs ponctuent chaque coup par un violent cri, victoire. À force de coups de coudes et de genoux dans la cage thoracique, l'un des combattants n'arrive éventuellement plus à bloquer efficacement les offensives au visage. Le message s'allume alors en toutes lettres sur son front, néon dans le ciel du désert : je suis fatigué ! Son adversaire entame alors à pleine vapeur la phase finale. Les musiciens amorcent un crescendo, la musique s'intensifie, la foule devient hystérique, les cris de l'entraîneur dominant résonnent l'un après l'autre : même en assistant au match les yeux fermés on connaît le déroulement de la partie.

Aie ! Oh aie ! Haïtay !

Le coup final consiste généralement en une prise spectaculaire. La tête de l'adversaire retenue en étau entre les mains du boxeur dominant, il la dirige, nez devant, vers son genou qu'il propulse simultanément vers le haut, en pleine impulsion. Cette phase finale m'est presque soulageante, car avant d'y parvenir, un bon moyen de *fatiguer* son adversaire consiste à asséner des coups, de toutes ses forces, tibia contre tibia. On peut entendre le choc des os. Impossible de se protéger, car on laisserait alors notre tête à découvert. Celui qui écoutera le premier sa souffrance sera le premier à tomber.

Au-delà de la gloire et de l'honneur, la bourse remise au gagnant est souvent une chance aussi inespérée qu'unique d'apporter de la prospérité à sa famille, et d'assurer la subsistance de son village… Une motivation qui cimente l'endurance. Tant que le tibia ne brisera pas.

Mister-T me propose un exercice d'endurance, offre de me *renforcer les jambes*. De petits coups, tibia contre tibia, pas trop forts… au début. Comme ils le font chaque matin à l'entraînement. Adieu carrière prospère et gloire, j'abandonne officiellement ma formation.

Notre sentier se dissout subitement dans une rivière, brusquement avalé. Il n'a pas eu le temps de crier gare, aucune trace de son débat, il n'a jamais rejoint l'autre rive. Dieu ait son âme.

Peu importe où je me trouve dans le monde, que je sois totalement perdu ou non, je peux toujours affirmer en pleine connaissance de cause que je suis ici. Mais présentement, le ici en question se résume à un cul-de-sac assez *dead-end* merci. Un mur de végétation blindé nous attend fermement sur l'autre rive, nous défiant de sa multitude, des branches aiguisées aux poings. Mister-T sort sa machette, pour combattre cette armée ? Un vrai Don Quichotte. *Vlan !* Un énorme bambou s'affaisse lourdement à mes côtés. « Aide-moi, il faut construire radeau ».

Dix gros troncs de bambou sont alignés. En arrachant leur écorce, des ficelles sont créées, servant à les lier. Mister-T s'approche, plante un petit bambou devant moi et le coupe à la hauteur de ma tête. « Voilà ». Ma rame. Il s'en taille une d'un diamètre plus imposant et pousse le radeau à l'eau.

Pourquoi s'acharner à combattre un chemin, alors que l'eau a creusé un boulevard juste pour nous ? Et de plus, cerise sur le *sundae*, le courant est avec nous, nous pousse, véritable escalier roulant vers le paradis[1] !

Debout à l'arrière, je plante le bambou pour une première poussée sur l'eau, simplement pour placer le radeau dans la bonne direction. Nous dérivons entre les lianes et les rayons du soleil qui parviennent à rejoindre le sol. Tout est beau ? Bien… non ! Je suis mal-à-l'aise : il m'a donné un bambou plus frêle que le sien. Je sais que je ne suis pas de musculature très imposante, mais quand même… mes muscles sont durs. Je ne veux pas qu'il pense que, puisqu'il est mon *employé*, je vais me la couler douce et ne pas forcer. Je vais lui prouver le contraire. Je décide de lui montrer mon *six-pack* d'abdominaux en enlevant mon t-shirt. Et hop, une autre poussée, solide, toute l'énergie est au rendez-vous ! Et hop, une autre. Je veux qu'il sente la propulsion le tirer vers l'arrière, le vent dans les cheveux. Mister-T se retourne aussitôt et me fait signe : « Non ! » Je réalise que notre accélération n'est pas uniquement due à moi… La symphonie de la jungle est bien vite enterrée par le solo de l'eau, le courant se change en gros remous. Compressée entre des parois rocheuses, l'eau démontre sa détermination à passer, qu'importe l'obstacle. Le radeau devient *rafting*. Priorité = équilibre.

---

1 Copyright Led Zeppelin 1971.

Ma rame ne sert plus qu'à m'empêcher de tomber. Soudainement, Mister-T, devant moi, se cambre, fléchit les genoux, lève son bambou comme une pôle de saut à la perche, resserre sa prise : *POWC !* Je m'effondre de tout mon long sur le radeau qui vient de stopper net. Mister-T vient d'harponner une roche qui arrivait droit devant nous, défiant l'eau. Tout le poids du radeau se concentre sur ses muscles tendus, ses tendons cherchant à s'expulser hors de son corps. Il s'arque vers l'arrière, mais demeure en position, tout mouvement s'est absorbé en lui. Le courant se propulse contre ses mollets, passe autant dessous que dessus le radeau, me submerge, moi qui suis encore à plat ventre. D'un cri s'échappant d'un souffle, lentement, alourdis, nous contournons la roche, reprenons de la vitesse, de la stabilité.

Je me relève tranquillement, détrempé, j'essuie l'eau noyant mon visage pour contempler mon bambou frêle : O.K.. Finalement, c'est vrai que mes muscles sont durs… durs comme des os ! Et bon, c'est vrai que je n'ai pas seulement un *six-pack* d'abdominaux… j'ai plutôt une caisse de 24 au complet dans la bedaine. Mister-T se retourne vers moi en souriant. Bien content que tu sois là, mon chum.

Les rapides se dispersent, l'adrénaline se dissipe, l'eau s'immobilise, miroir. La vitesse disparaît, et avec elle, toute hâte, tout *stress*. Je reprends conscience du décor, le son de l'eau laisse sa place aux bruits de fond, la jungle reconquiert l'espace à pleins poumons. Quelques singes se balancent d'arbres en arbres, s'arrêtant, curieux, devant ces mystérieuses créatures flottant au gré du courant. Je ne fais que de petites touches avec mon bambou, de temps en temps, plus pour la forme qu'autre chose, question de garder le cap. Des lianes et des feuilles, des troncs recouverts de plantes, scintillement du ciel reflété par l'eau qui coule au même rythme que nous. Le soleil n'arrive bientôt plus à se frayer un chemin, la végétation nous avale. Je scrute la brousse pour repérer un ours noir d'Asie, un éléphant, un léopard ou un tigre, qui respirent encore à l'état sauvage entre ces arbres… bien que d'entrevoir l'une de ces espèces tient presque du miracle. Plus ils sont rares, plus ils valent cher.

Plus ils valent cher, plus ils deviennent rares. La majorité des pharmacies d'Asie proposent des préparations à base d'organes d'animaux comme stimulant sexuel, surtout du très demandé tigre. Tout ça pour contribuer à l'érection... de l'extinction.

Mister-T se couche sur le dos : « Rapides terminés ». Je m'assois sur les bambous qui laissent s'infiltrer des jets, décharges de froid. Mais bien vite, au soleil, je m'habitue à ce lit d'eau. Je réalise avec bonheur que présentement, mon unique but dans la vie est de me laisser dériver. *I think I can handle that.*

Un rire ! Des bruits dans l'eau, un cri. Trois petites têtes. Des enfants se baignent dans la rivière. Mister-T me fait signe, direction rive, l'étape pour la nuit. Je le laisse aux commandes, je saute. Mes pieds frappent immédiatement le fond de l'eau, qui m'arrive aux genoux. Moi qui pensais nager, j'ai l'air d'un poteau électrique sans fil. Les enfants accroupis me regardent, intrigués. Qu'est-ce que je fous là planté au milieu de cette jungle ? Même si je connaissais leur langue, je ne pourrais pas leur expliquer... Je me laisse choir à plat ventre, me propulse avec les mains, avance par petits sauts pour demeurer submergé dans l'eau rafraîchissante. Je dois avoir l'air singulièrement débile, parce que les enfants se mettent à rire. Et hop, j'accentue mes sauts. Leur rire se répercute en écho entre les arbres. Je me tourne soudainement vers eux, crapaud vénéneux. Je leur crache un jet d'eau alors qu'ils prennent la fuite. Leurs rires se mêlent à leur course. L'un d'eux décide de m'affronter à grands coups d'arrosage. J'avance contre cette pluie dressée contre moi, plonge pour lui saisir les chevilles, il tombe à l'eau. Ses deux comparses viennent à la rescousse. Le rire est notre seul langage commun. La plus efficace des cartes d'affaires. Les trois enfants sont à cheval sur mon dos, criant, lorsque Mister-T me fait signe de la rive. Instantanément je réintègre mon rôle, me rappelle l'existence de ma gêne, sors de l'eau et redeviens adulte.

Aucune route pour se rendre à ce village, m'explique Mister-T. Emprisonnées par la jungle et les collines, la rivière leur est une véritable autoroute... communication, transport, vivres. Elle seule arrive à transpercer cette végétation, elle seule sépare les arbres.

Trop vallonnée, trop difficile à cultiver, presque impossible à développer, cette région oubliée est parsemée de nomades ayant fui la Chine ou le Laos, s'étant noyés par centaines dans le Mékong, pour échapper aux invasions mongoles, aux communistes ou aux autres menaces à leur existence.

Leur seul lien avec le monde *extérieur* est apparu lorsqu'une plante qu'ils utilisaient pour égayer leurs soirées est devenue en demande dans la *civilisation*. Jusqu'à ce jour, malgré le fait que l'opium soit strictement interdit, elle est devenue la principale, souvent la seule, source de revenu de ces tribus des montagnes. Pourtant, les interventions de l'armée sont extrêmement violentes, et largement publicisées.

Je ne sais pas si c'est le cas avec ce clan... s'il cultive le pavot. Je ne crois pas que nous soyons assez élevés. Cette fleur pousse uniquement à plus de 900 mètres d'altitude. « Ils cultivent l'opium ici ? » Mister-T me fait immédiatement signe de me taire, me lance un regard sévère et se retourne froidement. Oups... Mauvaise question... *Next*.

Je le suis silencieusement à travers une petite rizière et un champ de blé. Plus haut, perché dans la montagne, j'aperçois le village entouré d'arbres fruitiers. Ils pêchent dans la rivière, cueillent les fruits, connaissent les plantes médicinales. Le sommet de la montagne est vierge, une forêt préservée sans doute pour assurer le succès des chasses. Je comprends, à voir les braises, que leur manière de défricher la terre est de la brûler. « Après quelques années, terre produit plus, doit déménager village ». Nous approchons des huttes de bambou, simplement recouvertes de feuilles, vie de nomade oblige.

D'étranges étoiles d'écorce tressées m'attendent à la porte du village, sorte de voûte sous laquelle il faut passer. Quelques offrandes y pendent. « *Ta-laew* » m'indique Mister-T en les pointant « Pour empêcher mauvais *spirit* entrer... » Ce seuil signifie que l'on quitte le monde incertain des esprits de la jungle et pénètre le royaume des humains, une sorte de filtre entre ces deux univers. Mister-T passe lentement en s'inclinant, puis se retourne vers moi, me contemple. Certains vieillards sortent la tête pour m'observer. Ouf... Quand même, une sorte de soulagement, si léger soit-il, s'infiltre en moi lorsque je franchis ce test. Les villageois, tapis dans l'embrasure de leurs demeures, sortent alors pour m'accueillir. Des vieilles abandonnent leurs activités pour me saluer d'un sourire. Elles portent de larges bracelets d'argent. Leurs cheveux sont enroulés sur leur tête. Leurs vêtements colorés de rouge marquent leur appartenance à ce clan, distinct. Chaque détail est brodé avec soin, chaque couleur est choisie, chaque motif ancestral reflète leur histoire propre. Il n'existe pas deux morceaux identiques. Je baisse les yeux vers mon t-shirt gris *Made in Taiwan*. Bof, moi aussi cette couleur traduit bien d'où je viens.

Des enfants quittent momentanément les cailloux qui leur servaient de jeu. Tachés de boue, presque sans vêtements, ils ont une intense lueur dans les yeux que j'envie. Ils possèdent un monde immense, des étendues de terre aussi loin que porte l'œil, d'interminables forêts. Leur cour n'est limitée par aucun mur; Leurs classes sont les montagnes, leur musique vient des oiseaux, leurs mains caressent la nature, ils boivent l'eau directement à la rivière. Quelques-uns se rassemblent autour de moi, encouragés par les exclamations des trois que j'ai rencontrés à la rivière. Sans gêne, leur joie est entraînante, leur vie débordante. Je me rappelle brusquement la garderie au coin de chez moi, en ville, où les enfants sont laissés toute la journée dans un enclos asphalté, tournant en rond sur des bicyclettes entre deux clôtures. Stimulation zéro.

Mister-T me présente le chef du village. Je me redresse, sérieux, le regarde. Sa bouche n'est qu'un trou, ses dents sont noires comme le charbon. Je n'entends pas ce qu'il me dit, ce que Mister-T me traduit... jamais je n'ai vu des dents si noires. Je détourne le regard, son voisin aussi a les dents d'un noir profond ! Un dentiste deviendrait millionnaire ici ! « Noix de bétel. » Quoi ? « Noix de bétel » me répète Mister-T en pointant les dents. « Mastique noix pour dents pas carie. » Voyant qu'il parle de leurs dents, tous autour de moi exhibent leur plus beau sourire... noir. Une dame me tend une de ces noix. Non merci. C'est le chef qui possède la dentition la plus foncée, d'un noir bien uniforme. Ce doit être un signe de reconnaissance, de sagesse, d'ancienneté : ceux possédant une dentition noire immaculée inspirent une sorte de respect. « Et aussi noix donnent petit *buzz* » ajoute Mister-T en branlant la tête et en tournant ses yeux vers le ciel. Ah... je comprends mieux les sourires exagérés de ceux qui m'entourent.

Voyant que je ne saisis pas un mot de ce qu'ils me racontent et que le soleil est en train de se coucher, peu à peu les occupations reprennent dans le village, la distraction a assez duré. Un vieux enfume le campement, afin d'en éloigner les nuées de moustiques. Une femme chante, tout en brisant des tiges de chanvre avec l'ongle de son pouce. En les sortant d'un bassin où ils ont trempé, elle en détache les filaments pour créer un fil.

— Elle prépare robe funéraire, me chuchote Mister-T.

— Pour qui ?

— Pour elle ! Celle qu'elle va porter pour voyage final.

Le chef m'interpelle, nous invite à sa table. Pour célébrer notre arrivée, il sort son alcool de riz, sa propre cuvée, qu'il a faite lui-même (*lire : que sa femme a faite*). On mange du riz, on boit du riz... Tellement de riz, qu'on n'en rit plus. Il offre la première gorgée à l'esprit de la maison, puis me tend le verre, son geste m'apprend que je dois tout boire d'un coup. Cul sec. Le liquide transparent brûle l'œsophage, de la gorge jusqu'à l'estomac. Cruellement visqueux, je sais à tout moment exactement où il est rendu. Après la gorgée, le cri qu'il me soutire est accompagné d'un parfum de riz fermenté qui emplit ma cavité nasale, comme la fumée d'une chandelle éteinte. Je l'expulse d'un souffle incendiaire. Mais l'alcool est là. *Oh boy*, l'alcool est là ! Je peux conclure sans effort que la principale motivation derrière l'élaboration de ce breuvage n'est certainement pas le goût. Si le poulet peut encore marcher après en avoir bu une gorgée, c'est que ce n'est pas à point.

Les six joyeux *shooters* que je viens d'ingurgiter ont été parsemés d'environ autant de refus, que Mister-T s'est chargé volontiers de vider à ma place. *Shlup*. Ses paroles chancelantes et ses yeux vitreux démontrent clairement que son sang en est pleinement imbibé.

La noirceur est tombée, comme cet alcool dans mon estomac. Les ombres jouent avec le visage de Mister-T, lui donnant un étrange air démoniaque. Je suis au centre d'une obscurité complète, que seule la minuscule chandelle devant moi combat. Et elle est bien loin de gagner la bataille. La brousse semble avoir changé son disque de côté, sa face « B » est bien plus sinistre.

Je quitte le cercle de lumière pour contempler les étoiles, si nombreuses dans cette nuit sans lune. Des formes, un cercle, un losange, une croix, l'étrange nuage stellaire qu'est la voie lactée… Toutes des formations qui à la ville ne dévoilent que leur étoile-vedette, solitaires dans un ciel violacé. Parmi cette compétition déloyale, la Grande Ourse devient non seulement difficile à dénicher, mais anodine.

Soudainement, Mister-T se lève, comme si ses jambes s'étaient dressées sans son consentement. Il me fait signe de le suivre. « Viens ! » Il tourne le dos aux habitations, direction plein bois. Nous franchissons la voûte d'entrée qui nous sépare du monde hostile des esprits de la jungle, nous accédons au domaine où l'homme n'est plus maître. Mon « Où allons nous ? » ne reçoit qu'un « *chut* » en guise de réponse.

Les branches et les racines s'opposent à moi, chaque pas devient chancelant dans cette nuit d'encre. Je n'avais pas encore pleinement apprécié son lourd manteau, écrasant, néant angoissant. Mes poumons se crispent, exigent davantage d'efforts pour chaque respiration. Je poursuis Mister-T entre les arbres, au milieu de la jungle, sans issue. Ma hanche reçoit tout mon poids, alors que mon pied trouve un trou. Où m'amène-t-il ? Une branche me lacère la figure, griffes de chat. Je commence à ne pas aimer ce que mes sens m'envoient. Personne ne sait que je suis ici… Personne pour retrouver ma carcasse, portefeuille en moins. Dans la rivière, mon corps sera englouti, sans tête. Je veux retourner… mais où, et par où ? Celui qui représentait ma seule sécurité devient tout à coup ma seule menace. Une lueur ! Une habitation ? Le contour des fenêtres d'une minuscule cabane en bambou se dresse, véritable contraste. Rassurant, il y avait belle et bien une destination. Porte de sortie de cette noirceur, Mister-T s'arrête devant l'entrée et d'une voix faible emprunte un ton grave :

— Semaine passée, vieux du village arrêté, armée a pris. Personne ne sait où amené… Peut-être peine mort, peut-être prison pour vie. Toi ne dois pas parler ! Pas jamais, à personne. Dangereux pour tout monde ici.

— Euh… Parler de quoi ?

— Tu voulais opium ? C'est ici.

— Hein ? Opium ? Je n'ai pas… Je t'ai juste demandé s'ils en cultivaient !

— Oh, toi pas vouloir ? Pas problème. Si toi pas vouloir, on revient. Pas problème.

Il retourne sur ses pas. Hum, attends un peu… Opium ? C'est certain que… je peux affirmer avec pas mal de conviction que je ne reviendrai jamais ici. L'occasion ne se présente, disons, pas très souvent… Et c'est tout de même une drogue mythique : Rimbaud, Cocteau, Baudelaire, *Les fleurs du mal* !

Mais d'un autre côté, ce n'est pas vraiment le contexte le plus sécurisant du monde. Il y a quelque chose qui me déplaît, quand on me parle de peine de mort et de descente de l'armée en pleine jungle, la nuit. *Bad trip* potentiel… Je préfère en prendre trop peu que trop point. « Okay, mais juste une petite *puff*, pour goûter. »

Je gravis les barreaux de cette cabane sur pilotis. Mes pas s'enfoncent confortablement dans le bambou souple. Tout le plancher est un coussin. Dans le coin de la pièce, un vieil homme à la barbe grisonnante me regarde en riant doucement. *Ha ha ha.* Bien à l'aise, couché contre le mur, il me salue de la tête. De légers éclats de rire s'emparent de lui, par poussées, comme ça. Je ne peux m'empêcher à mon tour. Définitivement, il semble avoir du bon stock. « Je te présente *le docteur* » me chuchote Mister-T. *Le docteur* me fait signe d'approcher. Je lui parle en gestes, pour lui souligner que je n'en veux que peu, que très peu... pour essayer. La noirceur qui me comprime, la jungle qui m'emprisonne, l'inconnu qui me submerge, amplifient ma paranoïa, qui se tient tout juste à la limite, prête à bondir. Je ne veux pas la laisser passer, mais une fois *gelé*, on devient de moins bons douaniers. Je regarde nerveusement par les fenêtres. Est-ce qu'il pourrait y avoir une descente de l'armée ici, au milieu du plus creux de nulle part ? Le *docteur* me voit et pouffe de rire. Il me trouve vraiment hilarant. Je me détends, m'assois confortablement. « O.K. » dit-il dans un accent qui me laisse savoir que c'est le seul mot étranger qu'il connaît : « O.K. ».

Il se redresse et me fait signe de me coucher. Il place deux oreillers, un de chaque côté d'une bougie allumée sur le sol. J'appuie la tête sur l'un d'eux, devant mes yeux la flamme, de l'autre côté de celle-ci la tête du *docteur*, qui se couche face à moi. Il sort sa pipe, faite d'un bambou, et saisit un contenant métallique. Il en extrait une boulette de pâte noire, collante, résineuse. Sur le côté de la pipe, un unique et minuscule trou. Il place la pâte directement sur ce trou, le bouche. À l'aide d'une aiguille, il transperce la pâte, jusqu'à l'ouverture de la pipe. L'air passe à travers cette ouverture. Couché en face de moi, il me regarde dans les yeux, intimité cérémonieuse. D'un battement de tête, je lui envoie mon consentement. Il place l'embout de la pipe contre ma bouche — c'est lui qui la tient, et la tourne jusqu'à ce que la résine soit caressée par la flamme. Elle bouillonne autour du trou qui transporte la fumée, de l'œil du volcan jusqu'à ma bouche. Elle projette contre mon palais un goût caramélisé, une texture sucrée qui me recouvre les lèvres.

Mais mon souffle n'est pas terminé. Je poursuis l'inspiration, le plus longtemps possible. *Le docteur*, à l'aide de son aiguille, refoule la résine vers le trou, où peu à peu elle s'envole en fumée. Encore inspirer, poursuivre. Je suis peut-être un occidental, touriste, étranger absolument perdu, mais je suis capable de fumer. Dans les yeux du *docteur*, je perçois un signal. Il hoche légèrement la tête, confirmant ainsi que c'était une bonne *puff*. Je relâche, au bord de l'étouffement, sans que la résine ne soit complètement consumée, recrache une fumée bleuâtre qui se dissipe au contact du plafond, devient un nuage ambiant. Suis-je gelé ? Qu'est-ce que je ressens ? Rien, il me semble… Le *docteur* rit de plus belle, Mister-T me lève son pouce. « O.K. ! » Mon rire doit s'arrêter aussitôt. Le docteur a déjà rechargé la pipe : c'est l'heure de la prise deux. *Doctor's order*, la prescription du médecin. Je ne sais pas s'il accepterait ma carte d'assurance-maladie pour payer ? Je l'imagine sortir sa petite machine pour *étamper* ma carte avant chaque *puff*. « Avez-vous un dossier ici ? » Je m'étouffe de rire. Et voilà, finalement je suis gelé !

Une dernière ? me demande-t-il du regard. Bah… La flamme effleure de nouveau la résine. Il faut abuser de l'abus. Durant toute la messe, le *docteur* tient ma pipe, maximise mon inspiration, façonne sans cesse la pâte pour qu'elle brûle mieux. Un compagnon intense.

Je me redresse. Je suis là. Très bien mais un peu déçu. On m'avait décrit l'effet de l'opium comme un rêve éveillé, laissant notre corps derrière. Je suis pourtant bien ici. Peut-être n'en ai-je pas assez pris ? Mais d'un autre côté, je ne… De merveilleux oreillers se présentent dans mon champ de vision, tout mon corps subitement me murmure : « C'est ça que tu veux ! ». Oui ! Je m'y affaisse tout entier, paresseusement. Mister-T me sourit, *le docteur* prépare un thé. Je suis bien. Bien heureux d'être ici, bien accompagné… Je relâche la tête vers l'arrière. Oui, l'opium est une très belle femme. Mais j'ai vu les carcasses de ceux qui l'embrassent trop souvent.

De magnifiques fleurs rouges et blanches reposent dans un coin, suspendues têtes en bas. Un bourgeon enfle sous leurs pétales, comme si elles avaient un chat dans la gorge. *Le docteur* en prend une, gratte le gonflement dans la tige, une sorte de latex blanc s'écoule, épais. L'opium brut. Je lui pose des questions, il m'explique la culture, les récoltes. Jamais de ma vie je n'ai été aussi bon en thaï. *Ce docteur* qui m'avait paru si étrange en entrant, je le sens à présent comme un ami de longue date. Il extrait d'une malle une sorte de mandoline. La caisse de résonance est recouverte d'une peau de serpent. Étrangement belle. Le manche s'élève, supporte son unique corde dressée. Tout sur cet instrument est naturel : du bois sculpté, une corde végétale, une peau animale, une branche en guise d'archet. Des notes étranges s'en extirpent, variations bizarres, miaulements musicaux. Mister-T s'installe à mes côtés, et m'explique silencieusement que *le docteur* est l'unique personne du village capable de communiquer avec les esprits... par le langage de la musique. Ses notes me font l'effet d'un code. Je fixe ses doigts qui chevauchent la corde. Le chaos est précis, mouvements étudiés, pratiqués, assimilés... Incompréhensible. Un inimaginable fossé culturel nous sépare, pourtant, en cet instant j'arrive à concevoir, à réaliser, à apprécier... j'aperçois le pont. Un étrange sentiment s'empare de mon corps. J'ai l'impression que des racines se forment sous moi, vont s'imbriquer dans la terre, me *groundent*. Partant de mon nombril, elles me lient à la forêt qui m'entoure, à la culture qui m'englobe. Je sens ces racines me parcourir l'échine, et aller se planter dans cette terre riche, dans son passé grandiose, dans sa culture fabuleuse. Et à mesure que la sève monte, j'ai de plus en plus l'impression d'en faire partie. Ces branches me relient aussi à mes deux compagnons. Une étrange luminescence enlace le visage du *docteur*, halo.

Moi qui suis, chez moi, pris dans une course folle pour amasser et récolter, me faire valoir et accumuler, posséder et devancer, m'entourer et me faire estimer, produire et consommer... Je contemple cet homme qui ne court pas sa vie, n'obéit à aucun cadran, ne consacre son énergie à aucun patron, ne fait pas partie de mon univers, ni de la même dimension. Et dans ses yeux, je vois qu'il sait. Il sait ! Il me regarde, moi, perdu dans ma fausse conception du monde, dans les mythes dont on m'a nourri, entouré des murs que je me suis moi-même érigés, égaré dans le labyrinthe que je crois réalité, et il sait ! Il sait qu'il me faudrait une vie entière pour m'ouvrir ne serait-ce qu'un œil… et que probablement je le refermerais aussitôt, menace aux fondements de ma vie.

Alors il s'assoit silencieusement dans son coin, après avoir posé son instrument, et exactement comme lorsque je suis entré, il se met à rire. Rire de bon cœur. Rire. Rire par bouffées. Rire. Mais pas de moi. Oh non ! Dans ses yeux ne luit que respect. Rire. Car bien que, dès mon départ, je retournerai à mon ancienne vie, au moins cette nuit, il sait, j'aurai entr'aperçu la vérité.

ປະເທດລາວ

Aïe, bouger de là ! Éviter l'urine ! Je me glisse vers la gauche, heurte mon voisin de banc qui n'apprécie pas du tout cette brusque intrusion dans son espace vital. Désolé, ce n'est pas de ma faute. C'est mon t-shirt qui refuse énergiquement d'imbiber cette manne jaunâtre qui tombe du ciel, offerte généreusement par des nuages cornus. C'est qu'elles sont plus nombreuses que les humains, ces chèvres qui regardent avec frayeur l'eau brunâtre les entourer, perchées au-dessus de nos têtes, sur ce *slow boat* qui depuis deux jours chevauche le courant du Mékong. Piétinant la tôle du toit, la capacité de rétention de leur vessie a expiré environ vingt minutes après leur embarquement. Du coup, c'est toute l'étanchéité du plafond qui est éprouvée. Et malheureusement, il ne passe pas le test. De significatives percées — 40 % de possibilité d'averses dispersées — indiquent clairement, comme de l'eau de roche, ses faiblesses. *Suivez le guide*. Et nous, entassés sous cette toiture maudite, nous apprenons à nos dépens qui a choisi les mauvaises places. *Ha ha ha !* Rions un peu dans notre barbe de la soudaine victime, mais pas de trop bon cœur, car la prochaine risque d'être nous. Comme des boules de loteries qui sont pigées une par une : *and the next looser is…*

Ces mêmes longues jambes, qui habituellement me torturent dans tout transport public, m'ont forcé à m'asseoir contre le contour du bateau, plutôt que de prendre un siège au centre, et cette position stratégique me sauve… jusqu'à présent. Je dois seulement rester aux aguets, car de rares ballottements latéraux m'envoient une rasade de trop-plein par-dessus la limite du toit. Et me voilà, cajolant de nouveau mon voisin. Une anecdote plate à vivre est une anecdote amusante à raconter. Elle sera vraiment drôle celle-là, car il me reste huit heures avant l'arrivée.

Dans un vacarme métallique qui assassine la quiétude du paysage, le vieux moteur expire à fond son noir nuage de fumée 100 % toxique. Malgré ce spectacle, c'est plutôt le Mékong qui nous conduit. Nos hélices plongées en elle ne servent qu'à maintenir un semblant de cap, affronter la direction que la *mère des eaux* nous impose. Le râlement des chèvres blotties sur le toit se fait entendre par à-coups. La chaleur qui règne pousse mes sens à vouloir me baigner. Mais la couleur de l'eau, ajoutée au fait que des barbottes atteignant jusqu'à trois mètres y vivent camouflées, m'incite à reconsidérer cette envie. J'espère qu'elle était plus attirante lorsque Marco Polo, le premier occidental à y parvenir, l'a traversée au XIIIᵉ siècle.

Comme lui, je me suis laissé tenter. J'étais déjà tout près de la Birmanie, je n'avais qu'à longer la frontière vers l'est pour arriver au fameux *Triangle d'or*, le région où l'on cultive la majeure partie des pavots à opium du monde. C'est dans cette région que les petits hommes moustachus de la CIA sont apparus de nulle part dans les années '60, pour subventionner la culture de l'opium, transformée en héroïne, qu'ils transportaient à bord d'avions *Air America* pour financer leurs opérations clandestines en Indochine. Devenir une force autonome, autofinancée, supra gouvernementale pour ne plus dépendre des éphémères présidents qui dépendent eux-mêmes de l'ignorant peuple. Audacieux but. Et vive l'indépendance !

Cette zone montagneuse se trouve au confluent de la Birmanie, du Laos et de la Thaïlande. Trois frontières internationales se rejoignant dans un triangle franchissable, de jour comme de nuit, par la simple traversée d'une rivière. Ce triangle est *d'or* en raison des fortunes amassées par les chefs de guerre locaux qui ont fait de la Birmanie, grâce à cette situation, le premier producteur mondial d'opium. Dans les années '60, après seulement dix ans d'intervention militaire américaine, l'Asie du sud-est est devenue le pour-voyeur de 70 % du commerce mondial d'opium, le plus important fournisseur du marché florissant d'héroïne aux États-Unis. L'audacieux but était atteint.

Mais non, ce n'est pas à cause d'une soudaine dépendance à cette drogue que je voulais venir ici. C'est plutôt puisqu'en traversant simplement la rivière, j'ai pu choisir mon nouveau pays : le Laos, *le pays aux millions d'éléphants*. Et si j'ai changé de pays, le plus surpre-nant est surtout le retour dans le temps. Je suis revenu 50 ans en arrière en l'espace d'une traversée. Pas d'électricité, cuisine au char-bon, l'eau au puits… La Thaïlande était définitivement moderne.

Quelques femmes sont en train de coudre, un homme chante, des enfants épuisent leur trop plein d'énergie en courant sur place. Définitivement, je sens que je vais m'y plaire dans ce pays.

Prendre le bateau, un luxe ? Non. C'est le seul moyen de transport utilisable dans cette zone. Cette rivière traverse le pays d'un bout à l'autre. Il suffit de se laisser dériver vers son objectif. Quand à moi, mon objectif est de me laisser dériver.

Une déviation vers la gauche, vers la rive… oui. Une silhouette se découpe. Depuis des heures, nous ne serpentons qu'une vallée de jungle. Impropre à la navigation commerciale, extraction de métaux difficile, trop montagneuse pour les cultures : la région est demeurée vierge des capitaux étrangers. Le premier humain que nous croisons de l'après-midi disparaît à la course derrière la col-line, le guetteur qui annonce l'arrivée.

Aussitôt amarré, des têtes s'élèvent par delà la colline, apparais-sent. Deux visages d'or émergent progressivement du flanc de la montagne, s'élevant au rythme des pas. Cou, épaules, torse, posi-tion de médiation, deux énormes statues de Bouddha se dressent progressivement, pour finalement laisser apparaître le groupe d'hommes qui les transportent. Deux bouddhas scintillants sem-blant être portés par le village au complet qui entoure ce cortège.

La rencontre de ce bateau est certes un événement important; c'est le lien avec le monde extérieur, il apporte provisions et nouvelles. Il est l'événement social et permet aussi aux gens d'assister au cirque, car de temps en temps il transporte d'étranges étrangers. Des gens tellement riches qu'ils peuvent se permettre de prendre le bateau sans raison, de passer leurs journées à voyager, sans vraiment aller quelque part. Ils n'ont ni champ à récolter, ni enfants à nourrir, ni parents à soigner, ni travail à abattre, ni obligation à réaliser. Ils sont là, dans le bateau, sans raison, car ils ont le loisir de n'avoir rien à faire. Et lorsqu'ils se font demander pourquoi ils vont là où ils vont, ils répondent : « Je ne sais pas vraiment, mais je me dis que ça doit être *cool* ». Qui fait leur lavage ? Qui s'occupe de leur maison ? De leurs enfants, de leurs femmes ? Ils ne cultivent rien; toute leur vie ils ont mangé la nourriture des autres, que d'autres ont fait pousser, que d'autres ont élevée, que d'autres ont pêchée… Sans travailler, ils ont toujours des assiettes bien remplies, s'achètent ce qu'ils désirent.

On me fixe en silence, martien que je suis dans ce pays où le salaire annuel moyen est de 310 $. Je dépense plus en deux semaines… Oui c'est vrai que si je vendais tout ce qui m'appartient je pourrais assurer le bien-être de votre village au complet pendant tout de même assez longtemps. Mais croyez-moi, je suis pauvre. Je ne peux pas me permettre de vous donner de l'argent… Mais personne ne m'en demande, personne ne me reproche quoique ce soit. Ils sont simplement curieux, heureux de me voir, qu'un de ces étrangers débarque dans leur coin de l'univers, chez eux.

Malgré ma gêne, je profite du simplement sublime pouvoir dont dispose tout voyageur. Ma seule présence est une attraction, devient en elle-même source de bonheur. Me dégourdir les jambes, marcher en rond, provoque déjà des sourires. Mais c'est le plus faible des pouvoirs. Le fait de les regarder, eux, de s'approcher, de s'intéresser à ce qu'ils font, à ce qu'ils sont, crée des éclats dans leurs yeux, une joie profonde, un événement à raconter. C'est une baguette magique merveilleuse, qui perd tout pouvoir en ma patrie.

Derrière, vêtues simplement d'un pagne, leurs jeunes enfants sur le dos, les femmes se tiennent en retrait, timides. Elles sont magnifiques... Flash. Elles perdent aussitôt leur sourire, s'éloignent.

« *That's gonna be a great picture !* »

L'Américaine range sa caméra.

Cette *Kim from the States* — mi-vingtaine, pantalons kakis, cheveux en queue de cheval, bouteille d'eau *Nalgene* attachée au sac, bottes de marche sales — est mandatée par *Lets go !* pour mettre à jour le guide de voyage qu'ils publient annuellement. Pour cela, elle doit visiter le Laos de fond en comble, toutes les suggestions de visite notées dans le livre, les logements, les restaurants, les activités, les sorties... Quand même un emploi plutôt très agréable, compte tenu du fait que moi je paie pour faire ce qu'elle est payée pour faire. « Comment on fait ? » Question évidemment posée par tous les voyageurs qu'elle rencontre. Réponse préenregistrée : « Tous les rédacteurs du *Lets go !* doivent être des étudiants de *Havard* », l'éditeur étant lié à cette Université. En fait, ce qu'elle me dit, c'est que pour avoir cet emploi, il faut payer des 30 000 $ par année en frais de scolarité. 30 000 $, ça en fait beaucoup de voyages gratuits...

Le cri de deux moines me fait sursauter. Des planches sont appuyées contre le toit du bateau. Tous se lèvent pour se mettre à contribution, passagers, villageois. Échelle humaine que je suis parmi eux, du haut de mes six pieds, je ne vois que leur cuir chevelu. Ils doivent se tordre le cou pour me regarder le visage. Je dois faire attention pour ne pas cogner leur nez avec mon épaule. Mais ma différence est... lourdement... utilisée pour servir de relais entre ceux qui poussent pieds à terre, et ceux qui tirent debout sur le toit. Je reçois joyeusement le cul du premier bouddha sur l'épaule gauche, en solo durant le moment où ni les pousseurs qui sautent, ni les tireurs qui se penchent, ne l'atteignent... Secondées par les vertèbres supérieures de ma colonne, les plaintes de mes bras se font entendre. Quelque chose à voir avec le fait que ce n'était pas dans la description de tâches lorsque j'ai acheté mon billet *passager*. Mais mes membres ne sont pas syndiqués, ego oblige, mes pieds se plantent dans le sable, GO ! Attrapez-le ! Ouf... Vraiment un Dieu imposant ! Il a beau prôner de ne prendre qu'un repas par jour, Bouddha ne serait certes pas choisi comme modèle pour *Weight Watchers*. Mes épaules, une fois libérées du poids, constatent l'ampleur des dégâts, et tentent de convaincre les autres membres de mon corps qu'un front commun, une grève, serait de rigueur. Mais pas le temps d'organiser leur manifestation, l'autre bouddha est soulevé vers nous. Prise deux ! Voilà sa célèbre cuisse qui vient me rejoindre allègrement, ma tête dans son entrejambe. Je glisse entre la boue et l'eau. Ma jambe droite cède, je perds pied vers le bateau, me plaque contre lui... on saisit la statue, m'en délivre vers le haut. Chancelant, toujours accoté, je passe la main dans mes cheveux, mon mollet droit plongé dans l'eau, essoufflé. Petite seconde de silence, puis des rires éclatent, en rafale. Tous se saluent, on me tape dans le dos : effort accompli, mission accomplie. On rembarque, et c'est le départ. Mon voisin me tire brusquement vers lui, oups... une autre coulée. Il m'en a sauvé. Les visages qui m'entourent se transforment en amis. Le voyage n'est plus anonyme.

On me demande souvent pourquoi j'aime voyager seul. On me répète, et avec raison, que chaque aventure, chaque escapade, chaque lieu n'est rien sans les bons gens, les bonnes personnes. Les plus belles places du monde deviennent anodines, sans une intéressante rencontre. On oublie les plus réputées, visitées sans le partage de la découverte, passion pour la vie multipliée par celle de l'autre. Je suis entièrement d'accord ! Mais qui a dit que je voyageais seul ?

Au prochain village que nous croisons, un fort émoi se fait sentir chez les habitants, jeunes et moins jeunes, lorsqu'au loin ils aperçoivent notre navire-messager transporter à son bord des étrangers, un troupeau de chèvres sur le toit... et comme figures de proue : deux massifs bouddhas dorés, tournés vers l'avant, ouvrant notre chemin comme des phares dans la nuit. Véritable U.F.O., *Unidentified Floating Object*.

Kim from the States s'approche afin de trouver un meilleur angle de photo pour immortaliser ces villageois en pagne. J'en profite pour lui décocher une question à cent dollars : « Ton guide, il est américain, est-ce qu'il parle quand même de la guerre silencieuse ? » Oh oh oh… beau sujet de controverse. *Bing*, le doigt dessus !

J'aime la bisbille ! Provoquer la bisbille qui confronte des idées, des points de vue, des opinions… qui enrichit notre propre position. La bisbille qui chasse l'inertie du statu quo mental.

« Oui, oui » me répond-elle en posant sa caméra, « les rédacteurs sont des étudiants, alors on est plus ouverts… » Elle me tend l'édition de cette année, à la page 328, le petit encadré gris : « *The silent war* ». Dix-sept lignes, condensées dans un coin. Dix-sept lignes pour mentionner qu'au milieu des années '50, les Français se retirent d'Indochine — après presque cent ans d'exploitation —, suite à la cuisante défaite de *Dien Bien Phu*. Craignant la popularité montante des communistes qui ont chassé les colonialistes, et de *l'effet domino* qui pourrait entraîner la conversion au rouge de toute cette partie du monde, les Américains décident de prendre les choses en mains. En effet, le damné Pathet Lao — la faction communiste du Laos —, qui a pris les armes pour l'indépendance, ne cesse de remporter des gains électoraux significatifs à travers des programmes d'éducation et d'alphabétisation, des réformes agraire et la promotion des droits de la femme, redonnant aux laotiens leur fierté depuis longtemps oubliée. Alors, en plus d'assurer eux-mêmes le salaire des armées locales qui combattent les communistes, la CIA et le *U.S. Department of State* organisent des coups d'état successifs, entre 1958 et 1960 au Laos, pourtant officiellement neutre, poussant le Pathet Lao à prendre le maquis : guérilla. Le Sénat américain refusant d'appuyer une intervention armée au Laos, la CIA doit donc contourner ce *signeur de chèques*, ne dépendre de personne. C'est alors qu'elle met sur pied sa compagnie façade *Air America*, pour assurer le trafic d'opium et d'héroïne en Asie du Sud-Est. $$$$. Et voilà pour le financement…

La fameuse *Armée Clandestine* qu'elle se monte alors, au cours des années '60, totalise 30 000 hommes, venus de chaque coin d'Asie; mercenaires recrutés avec menaces ou argent à même les villages et tribus, entraînés, armés, nourris, payés, dirigés et même transportés par des *coopérants internationaux américains* vêtus en civils, engagés par l'*Agency for International Development (AID)*.

Certaines rumeurs courent que quelques prisonniers de guerre américains croupissent encore aujourd'hui dans les prisons du Laos, mais que les États-Unis refusent de les reconnaître comme tels, car cela impliquerait leur confirmation de l'existence d'une guerre, qui officiellement n'a jamais eu lieu. Une guerre sale. Une sale guerre.

Lorsque la guerre au Vietnam voisin s'est entamée, les B-52 américains stationnés en Thaïlande survolaient le Laos pour atteindre leurs objectifs au Vietnam du Nord. Souvent victimes de mauvais temps ou incapables de repérer leur cible, et avec la consigne de ne pas revenir au bercail le *ventre plein* — question d'éviter d'éventuelles complications à l'atterrissage —, les bombardiers vidaient leurs cargaisons sur la zone de *feu à volonté* qu'était le Laos. Au Vietnam, la convention de Genève s'appliquait : pas le droit de bombarder écoles, temples ou hôpitaux… C'était plus compliqué. Mais pas au Laos, puisque ce pays neutre était officiellement en paix. C'est ainsi qu'entre 1964 et 1973, l'armée de l'air des États-Unis a déversé sur le Laos l'équivalent d'une cargaison complète de B-52 chaque huit minutes. Une cargaison complète de leur plus gros bombardier par huit minutes, 24 heures sur 24, durant neuf ans. Juste ce qu'ont reçu les provinces du nord du Laos excède le tonnage total de bombes larguées sur l'Europe entière durant la deuxième guerre mondiale, tous côtés confondus. Une jolie somme de 1,9 million de tonnes de bombes, soit dix tonnes de bombes par kilomètre carré… Dans certaines provinces, l'équivalent de deux tonnes par habitant ! Laissant derrière un pays de réfugiés, sans villages, sans terres, ayant vécu des années à même des grottes. Pas mal pour un pays *contre* lequel l'Oncle Sam a toujours été en paix… Bien sûr, les documents officiels, scellés et démentis durant vingt-cinq ans, sont à présent devenus publics, mais qui n'a pas d'autres chats à fouetter ?

On a beau estimer à 500 000 les civils laotiens morts suite à ces bombardements, aucun des documents officiels ne mentionne que, puisque *l'ennemi* était impossible à repérer sous la végétation dense, la bombe la plus utilisée par les Américains était la CBU, la *Cluster bomb unit*. Une impressionnante bombe d'acier de plus de sept pieds qui, arrivée à 300 mètres d'altitude, s'ouvre pour laisser échapper de son ventre une nuée de projectiles mortels, propulsant leurs fragments dans un rayon impressionnant. Les documents ne le mentionnent pas, car s'ils en parlaient, ils devraient aussi mentionner que le désavantage de ces bombes à fragmentation est son taux de défaillance. En effet, lorsque ses projectiles percutent un terrain mou ou boueux — la description exacte des innombrables rizières qui recouvrent cette partie du monde —, jusqu'au tiers d'entre eux n'explosent pas... sur le coup. Fâcheuse habitude s'il en est une, qui fait en sorte qu'un demi-million de tonnes de bombes non explosées recouvrent le Laos aujourd'hui, neuf millions de petites bombes patientant dans le paysage, prêtes à faucher quiconque les effleure, jouant à cache-cache avec les fermiers aux rizières, les enfants au jeu, les vaches aux champs... Leur pouvoir explosif demeure, mais le temps leur fait néanmoins perdre la stabilité. Labourer son champ, construire une maison, réparer le système d'irrigation, devient un jeu de roulette russe. L'obligation de cultiver la terre malgré les morts subsiste... il faut chasser la famine.

Le gouvernement américain n'a jamais contribué au nettoyage du pays, *mea culpa* qui lui serait trop honteux. Le Canada se vante, quant à lui, d'avoir ratifié le protocole d'Ottawa pour l'élimination des mines antipersonnelles, protocole qui ne reconnaît cependant pas les bombes non explosées.

La dernière des dix-sept lignes de l'encadré du *Let's go !* mentionne que cette année seulement, malgré les presque trente ans qui se sont écoulés depuis le dernier bombardement, 238 personnes ont trouvé la mort au Laos, victimes d'explosions... La section suivante du guide s'intitule : *Où prendre un verre ?*

*

Je ralentis un peu ma bicyclette… pédale plus lentement. C'est trop joyeux ! Les gens que je croise m'envoient la main heureux, de façon si spontanée. Les enfants crient, se rassemblent, font des salutations. C'est ce que j'adore au Laos, la beauté des gens, leur adorable innocence. Leur façon de voir les étrangers avec un véritable sourire, plutôt que celui en coin signifiant qu'ils veulent seulement lui soutirer de l'argent.

Il y a trois étapes que connaissent les pays qui s'ouvrent au tourisme. D'abord, les gens sont tellement heureux de voir des étrangers, voyageurs d'autres mondes, sources de connaissances incroyables, conteurs d'histoires impossibles. Ouverture sur le monde.

Puis à force de les côtoyer, ils comprennent que les étrangers ont beaucoup d'argent, et qu'ils la dépensent bêtement, n'ayant aucune idée de la valeur des choses. Leur joie de voir un étranger devient peu à peu un signe de dollar. $$ dans les yeux. Alors ils attendent les touristes, comme des maringouins affamés fondent sur leur proie.

Enfin, dernière phase, ils réalisent que s'ils sont trop voraces, à long terme les touristes ne viendront plus, car ils n'apprécient pas leur séjour et se passent le mot. Alors, l'escroquerie s'institutionnalise. La corruption utilise dorénavant des reçus officiels. On est respectueux des touristes, mais chacune de leurs activités devient payante, conçue pour leur soutirer un maximum d'argent, d'une manière plus sournoise, plus *civilisée*. Des taxes ici et là; accès payants pour visiter une chute; des visas d'entrée; un menu spécial pour les touristes; les guides, les porteurs, les chauffeurs de taxi se regroupent en associations, s'entendent sur les prix; les agences de voyages voient le jour avec leurs excursions à la chaîne… La Thaïlande vient tout juste de rejoindre les Occidentaux dans ce prestigieux cercle des élites extorqueuses d'argent. Mais pas ici ! Je profite à plein sourire de ce si rare pays à en être toujours à sa phase numéro un.

On m'a appris — déception — que j'ai raté de seulement une semaine le fameux rite annuel de sacrifice du buffle, sa décapitation à coups de machettes pour servir de festin aux grand-parents *Se* et à leur progéniture, les esprits protecteurs qui assurent la fertilité des terres. Des médiums en transe, la communauté rassemblée dans ses plus beaux habits traditionnels, des danses rituelles avec masques de bois et lances, le sang recueilli par le shaman : le fameux sacrifice en scène finale du film *Apocalypse now*.

C'est en tentant de me reprendre que j'arrive au temple qu'on m'a décrit comme étant l'un des plus sacrés du Laos. Une statue nationalement renommée de Bouddha y trône, ses effets ont la réputation de miracles. Mon prix de consolation.

Aucune pancarte, aucune indication, aucun touriste. *That's the way, ah ha ah ha, I like it !* Je m'introduis dans la cour intérieure, des moines m'y attendent en méditant. Seuls dans un coin, sans parler... au fond peut-être que le verbe *bouder* vient de *bouddhisme*.

Difficile à distinguer de loin, comme ils sont tous maigres et rasés... Mais je pourrais jurer que... des femmes ? Des femmes sont vêtues d'une toge safran ! Des moines féminins. Il n'y en avait pas en Thaïlande.

La règle de la religion bouddhiste est stricte : les novices doivent êtres consacrés par un moine de leur sexe. Et comme en Thaïlande il n'y a aucun moine féminin, alors il n'y aura jamais de moine féminin... C'est l'excuse officielle. Le Laos ne semble heureusement pas respecter cette règle obscure. Encore une philosophie mal vieillie entre les mains des hommes. Et que dire de ce temple ? Avant de mourir, répétant sans cesse que sa propre personne n'avait aucune importance, Gautama Bouddha dicta à ses fidèles de le représenter simplement à l'aide du symbole de l'arbre bodhi, sous lequel il avait connu l'illumination. C'est ainsi que 500 ans après sa mort, aucune de ses pensées n'avait encore été écrite, aucune représentation de son visage n'avait vu le jour. Seuls ses disciples, chantant ses enseignements en *mantras* jour après jour, de génération en génération, ont perpétué ses paroles. Un demi-millénaire après son décès, quelques rois et empereurs ont exigé la transcription des textes, mais surtout des portraits, en guise de porte-bonheur.

Le visage que les gens vénèrent aujourd'hui comme leur dieu a été imaginé par un sculpteur anonyme, plus de 500 ans après sa mort... Revenir à la vie, Bouddha se demanderait sûrement qui est cet homme que les gens glorifient. Même chose pour Jésus, qui aussitôt revenu à la vie, mourrait probablement d'une crise cardiaque à voir son portrait en train d'agoniser sur la croix. Mais ça, c'est en supposant qu'il se reconnaisse. En voilà un autre dont aucun portrait n'a été fait de son vivant. Les textes anciens le décrivaient comme imberbe... Ce Jésus que les Africains peignent en noir, que les Asiatiques sculptent avec des yeux bridés, et que nous imaginons comme un blond aux yeux bleus... Personne n'a retrouvé les photos du *party* de la dernière cène.

Je retire mes sandales, m'introduis silencieusement dans le petit temple. Je plisse les yeux pour mieux entrevoir la fameuse sculpture mythique nationalement reconnue : une tache minuscule noyée sous des colliers de fleurs et de la fumée d'encens. Taillée dans la pierre noire sacrée d'Inde, on ne distingue aucun de ses détails, ne discerne qu'à peine sa tête.

Quand même, respect. Je m'assoie, en faisant bien attention pour ne pas la pointer avec mes pieds. Les pieds étant la partie la plus basse du corps, spirituellement aussi, tous les voyageurs m'ont bien répété que de pointer quelqu'un, pire encore Bouddha, avec ses pieds constitue l'insulte suprême. Je me recroqueville donc dans une position qui devrait se trouver en première page du livre des records Guinness comme étant la moins confortable au monde... puis remarque l'homme à mes côtés qui, assis nonchalamment, pointe la statue avec ses pieds, *no problema*. Maudites légendes de voyageurs... J'imagine un Laotien venant au Québec, lisant son guide de voyage qui l'avertit que chez nous ils ne faut surtout pas mettre ses coudes sur la table lors d'un repas, grave insulte, se concentrant à chaque fois pour ne pas offenser personne — le dos barré, les bras bien hauts... s'entraînant pour tenir le plus longtemps — allant à notre plus traditionnelle des cabanes à sucre, puis voyant tout le monde bien évaché sur ses coudes. *Bullshit.* C'est seulement si l'on en fait un drame que ça le devient.

Je laisse tout tomber, me laisse imbiber par l'ambiance profonde, relaxe. La fumée d'encens spirale lentement jusqu'au plafond de bois. Un vieil homme récite des mantras d'une voix gutturale, fait tinter une clochette à chaque point. Un moine méditant dans un coin se tourne vers moi, me fait signe d'approcher. Je me sens léger. Il se verse une sorte d'eau huileuse, jaunâtre, dans le creux de la paume. Il la boit, s'essuie la main sur la tête, puis s'incline devant Bouddha. Il me remplit la main à mon tour. Je tente d'être subtil en l'approchant de ma bouche, ne fais qu'un bruit de succion, sans rien avaler, puis me répands le tout sur la tête, m'incline vers la statue en essuyant la traînée jaunâtre qui rejoint mon visage. Bien beau la bénédiction, mais ne désire pas passer la nuit sur le *trône*. Mon estomac est loin de chez lui. Heureux, le moine se penche vers moi et me noue un bracelet blanc autour du poignet, un bracelet que je devrai conserver jusqu'à ce qu'il tombe de lui-même, appelant ainsi sur moi des esprits protecteurs. Le moment est cérémonial.

Je me retourne vers la minuscule sculpture. C'est vrai qu'elle est tout de même impressionnante. Les gens lui attribuent une puissance de guérison qui s'est manifestée à maintes reprises. En posant les yeux sur elle, un étrange sentiment… Confusément, je sens que la minuscule statue de Bouddha m'affecte. J'ai l'impression de la sentir en moi. Elle semble irradier d'énergie… de puissance. J'ai envie de lui parler, de me confier, comme si elle posait sa main sur mon épaule. Depuis six cents ans, les gens se rassemblent autour d'elle pour la prier, lui dédient leurs pensées, dans ce temple même. On la vénérait déjà avant que Christophe Colomb découvre l'Amérique… Et ce n'est pas pour rien. D'une manière qui m'est inconnue, cette magie qu'on me promettait, je la sens monter en moi.

*

Je pédale sur un nuage, à travers les rizières d'un vert éblouissant qui me séparent de ma chambre. J'aperçois un homme berçant ses bambins à l'ombre d'un arbre. Des femmes sont en train de récolter les pousses de riz dans la boue, pieds dans l'eau, pousses qui sont ensuite replantées à distance égale, une par une, dans le champ inondé. La plus jeune se relève et me voit, tout sourire sur ma bicyclette; je lui envoie la main, elle me fait signe de venir les aider, déclenche le rire de ses comparses. Ha ha... hum. O.K. J'arrête ma bicyclette, m'avance vers elles. Toutes gênées que je prenne au sérieux leur farce, elles reprennent leur travail sans mot dire à mon approche. Je baisse les yeux pour apprendre la technique. Elles extraient délicatement la pousse, ses racines sortent de l'eau complètement couvertes de boue. En frappant d'un coup sec les racines contre l'intérieur de leur pied, la boue est projetée, les racines nettoyées, et la pousse peut-être mise de côté. Bon, j'enlève mes sandales, avance dans la boue vaseuse qui m'absorbe jusqu'aux mollets... Mes pas hésitants déclenchent leurs murmures amusés. Je me penche, arrache une pousse qui vient avec sa motte de boue, puis contre l'intérieur de mon pied... AILLE ! Mouillée et alourdie, ça fouette en maudit ! Les femmes rient, arrêtent complètement pour me regarder. Je garde le sourire, masque ma douleur, en déterre une autre... fouette... OUCH ! Le dessous de mon pied est marqué de lignes rouges. Je leur souris, les salue, leur remets mes deux pousses déterrées, et m'en vais lentement en me forçant pour ne pas boiter. Je croise l'homme sous l'arbre. Les femmes prennent une pause et viennent le rejoindre à l'ombre, s'amusent avec les enfants. Ici, la loi se nomme *Mùan* : le plaisir. Si une activité est dénuée de plaisir, elle représente donc un stress inutile, et trop travailler est mauvais pour la tête. C'est une philosophie qui leur assure une belle qualité de vie, mais qui poussa les colons français à affirmer : « Les Vietnamiens plantent le riz, les Cambodgiens le regardent pousser et les Laotiens l'écoutent ».

Je veux bien partager leur plaisir à l'ombre de l'arbre, mais je remets d'abord la semelle protectrice de mes sandales qui protège mes petits pieds douillets.

*

Je caresse l'énorme pierre de cette *plaine des jarres*, occupant le plein cœur de la chaîne de montagnes qui recouvre le nord-est du Laos. Des centaines de jarres y sont éparpillées, creusées à même d'immenses pierres, la plus grosse pesant six tonnes. Ce ne sont pas des jarres mobiles. Personne n'en connaît l'origine, ni de quelle civilisation ils proviennent. Les spécialistes se contredisent à qui mieux mieux, la seule vérité étant leur ignorance. Le peuple qui a érigé ces jarres est disparu il y a plusieurs centaines d'années, sans léguer son histoire. Aucun témoignage écrit. Contenants pour fermenter leur vin, affirment les uns, cercueils de pierre pour inhumer le corps, disent les autres. Théories sur un peuple oublié. Diversité culturelle anéantie. Connaissances effacées. Sa vision de l'univers et ses millénaires de sagesse sont perdus. On a beau dire qu'on n'aurait pas appris grand-chose, que notre peuple est beaucoup plus avancé, c'est lorsqu'on se tourne vers les anciennes civilisations que l'on fait des pas de géant vers le futur.

Je m'approche de la plus grosse jarre, sûrement celle réservée au roi. Beaucoup plus imposante que moi, sa façade est marquée par une sorte de serpent grugé à même le roc. Cicatrices provoquées par les efforts d'un hélicoptère américain pour la « kidnapper », butin de guerre… Je réalise soudainement qu'au fond, Indiana Jones était un méchant… Il pillait les temples sacrés pour vendre le tout à un conservateur de Londres. C'est de cette manière que les plus grands musées occidentaux ont hérité de leurs magnifiques collections. Je me rappelle que le *Metropolitan Musem* de New York possède un étage complet consacré à l'art Inca. Des pièces magnifiques, toutes en or. Le Musée national de Lima, au Pérou, berceau des Incas, n'a pas le dixième de cette collection. J'ai interrogé le préposé du *Metropolitan Musem* à savoir comment il se faisait que son musée possède une si belle collection d'art Péruvien, alors que le gouvernement du Pérou a toujours strictement défendu que tout vestige Inca ne quitte le pays. Tout ce qui y est exposé est volé, acheté à des voleurs parfois de style Indiana Jones, mais souvent de style institutionnalisé : les recherches archéologiques. Le prestigieux étage d'égyptologie au Louvre : des recherches archéologiques financées par le gouvernement français, *tout ce que vous trouvez est à nous*. Investissement rentable ! Mais le préposé du *Metropolitan* s'est contenté de me répondre, tout bas, qu'au fond, il rendait service au pays d'origine : « Car ces pays n'ont pas les moyens, ni les connaissances nécessaires pour bien protéger et restaurer ces pièces, alors nous les aidons à protéger leur culture en les exposant ici. » C'est certain ! Les Péruviens ne pourront jamais admirer les plus significatives pièces de leur propre histoire, mais c'est dans le but de protéger leur culture…

Heureusement, la chaîne de l'hélicoptère *U.S.* n'a pu accomplir l'exploit, et la jarre est toujours là, forte de ses six tonnes. Se dressant au centre même d'une zone que les Américains chérissaient particulièrement.

Puisque cette région compte parmi les seuls plateaux de tout le nord-ouest du pays montagneux, les soldats de l'armée communiste, autant Laotiens que Vietnamiens, s'y regroupaient, protégés par l'épaisse jungle. Les scientifiques de la vénérée compagnie Monsanto se sont alors penchés sur cet encombrant bouclier végétal, et après des années de démence, ils ont mis au point l'Agent Orange . Un herbicide composé de dioxine, le produit le plus toxique qui existe sur terre, encore à ce jour. Ce merveilleux Agent, oh génie, provoque une fine pluie orangée au contact de la terre, toute vie périssant sur le coup, principalement les porteurs de chlorophylle. Seuls les arbres massifs et centenaires arrivent à opposer une féroce résistance avant de mourir, deux ou trois jours après.

Les Américains ont tiré des leçons stratégiques de leur première *jungle warfare* en Indonésie et ses environs, contre le Japon. En effet, lors de la deuxième guerre mondiale, la malaria a éliminé plus de soldats états-uniens que l'armée japonaise au grand complet. Ainsi, grâce à l'Agent Orange , on éliminait les moustiques, donc la malaria, et toute végétation qui pourrait camoufler l'ennemi… L'Oncle Sam a tout compris.

Et il s'est acharné particulièrement sur cette zone du Laos, car il voulait absolument débusquer la célèbre piste *Hô chi minh* qui débute à quelques kilomètres d'ici, utilisée par les Nord-Vietnamiens pour ravitailler leurs Viêtcongs retranchés au sud. C'est pourquoi entre 1965 et 1966, les Américains ont largué 800 000 litres d'herbicide le long de cette région, détruisant non seulement toute forme de végétation, mais empoisonnant aussi toutes les récoltes et les cours d'eau.

Je me disais que puisque cette partie du monde est si difficile d'accès — trajet d'autobus compliqué par une route qui serpente de vallée en sommet et de sommet en vallée —, que ce serait sûrement une zone délaissée par l'homme blanc. Et là où l'homme blanc n'a pas encore trop posé sa main (pour ne pas dire son poing), est là où l'homme blanc que je suis peut en apprendre le plus.

Intouchée par la main de l'homme blanc ? Quelle erreur ! Le village m'accueille avec ses habitations qui reposent sur des fondations de métal… un métal portant l'emblème de la *U.S. Air Force*. Des carcasses d'immenses bombes ouvertes en deux et soudées pour soutenir les maisons. Les clôtures sont faites de barils d'essence de l'armée américaine, martelés jusqu'à ce qu'ils soient plats. Les plus chanceux ont décoré leurs jardins de casques, d'obus, de pièces d'hélicoptères.

Je me dirige vers un champ pour pisser. Une femme m'interpelle sèchement. Oups… rouge de gêne, je remonte ma fermeture éclair. Elle agrippe mon bras, me ramène vers le sentier puis me pointe ses pieds. Je ne comprends pas trop… Elle me fait signe de la suivre.

Dans les ruelles de terre du village, nous croisons l'aire de jeu que des enfants se sont improvisée. Dans un coin, au virage du chemin, la femme me désigne un bout de bois entouré d'un barbelé.

À l'aide d'un bâton, elle déplace méticuleusement le morceau de bois. Sous celui-ci, une bombe de la taille d'une orange repose. « Boom » me dit-elle. Boom. Et les enfants qui jouent tout près. Mais les habitants ne disposent ni du matériel, ni de la connaissance, ni du désir de se faire exploser pour éliminer cette menace…

Je comprends alors ce que la femme m'expliquait. Dans les champs, dans les bois, en tout temps, il faut marcher là où d'autres ont marché avant nous, là où l'on aperçoit des traces de pas, un sentier. « Boom ! », me répète-elle. De temps en temps un buffle doit exploser au loin : *fresh meat*.

Je remarque un enfant qui s'amuse avec les autres… debout sur ses genoux. Il a dû perdre ses deux jambes dans une explosion. Non, il se retourne, j'aperçois deux petits pieds, déformés, sans vie, traînant derrière lui. Des amas sans muscles. Ses genoux sont recouverts d'une peau épaisse, lourde, adaptation du corps pour vaincre la douleur du déplacement.

J'avais déjà entendu parler des effets de l'Agent Orange sur les humains, mais de le voir est autre chose. Cette fameuse dioxine, vaporisée si généreusement, demeure encore bien présente. Année après année, elle descend, rejoint lentement mais sûrement les nappes phréatiques. Chronique d'une mort annoncée.

Au Vietnam voisin, lors du recensement national de 1985, un tiers du pays était considéré selon les normes comme un *toxic wasteland*. Incultivable, imbuvable, animaux immangeables, invivable. Le *Wall Street Journal* — qui a avantage à réduire ses estimations —, avançait qu'en 1997, 500 000 enfants vietnamiens souffraient de déformations graves à la naissance causées directement par les armes chimiques américaines. Et ici le système social ne nous rattrape pas. Il faut arriver à travailler si on veut arriver à se nourrir.

Des cinquante types de produits chimiques que les Américains ont largués durant cette guerre, l'Agent Orange gagne haut-la-main le prix de la persistance. Lorsqu'ils ont quitté la région, les *G.I.* se sont assurés que leurs rivaux ne se relèveraient pas de sitôt. Avec un pays complètement rasé, des millions de morts, de vastes pans de terres empoisonnés, qui a dit que les communistes avaient gagné la guerre du Vietnam ?

La femme replace le barbelé sur la bombe puis commence à gesticuler sur un autre ton, aigu, strident. Elle paraît nerveuse... Elle répète probablement les mots les plus simples qui existent, mais je ne suis pas encore rendu là dans ma maîtrise du Laotien. Devant son découragement, un jeune s'approche, il a étudié l'anglais. Ce que je comprends de ses incompréhensibles envolées concerne les H'mongs noirs, tribu vivant dans les montagnes environnantes.

Les Américains ont armé ces tribus lors de la guerre du Vietnam, leur promettant le pouvoir s'ils se battaient à leurs côtés... et mouraient à leur place. Désaméricaniser le conflit, c'était la promesse de Nixon. Que le sang coule, mais qu'il ne soit plus nôtre.

Le communisme n'est pas tombé, mais leurs mitraillettes fonctionnent toujours. Des H'mongs se sont retranchés dans les montagnes avec leurs armes et ont développé la fâcheuse habitude d'attaquer des autobus et de massacrer tous les passagers, pour faire pression sur le gouvernement. Un gouvernement qui voudrait les faire descendre des montagnes pour abolir la culture de l'opium. Depuis un bon moment, ils étaient sur une lancée paisible, mais il semblerait que cet armistice soit terminé. Des autobus ont été attaqués dans cette région au cours des dernières semaines. Un camion traverse le village à vive allure, bondé d'hommes armés. Quelque chose se trame, une attaque se prépare, un coup de balai. O.K., c'est le temps pour moi de partir.

Je fais signe au chauffeur de l'autobus qui, dans un bruit de freins mal ajustés, s'immobilise devant un kiosque où le charbon réchauffe une soupe. C'est son terminus, l'arrêt officiel. Un jeune homme entre à ma suite, Kalachnikov à la main, s'assoit le banc derrière moi. Habillé en civil, c'est le militaire désigné pour *protéger* cet autobus. L'enfant qui m'a suivi jusqu'au kiosque me l'a expliqué : désormais tous les autobus doivent avoir un passager militaire. Il a aussi ajouté à mi-voix que c'était peut-être les militaires eux-mêmes qui organisaient les attaques pour que le gouvernement soit obligé de leur accorder plus de ressources ($). Moi, tout ce que je sais c'est que si un groupe armé décide d'attaquer notre autobus, notre militaire se retrouvera bien seul. Et devant ses coups de feu isolés, la riposte des *méchants* sera encore plus impitoyable…

Sur la route qui longe avec trop de sensualité chaque montagne, nous croisons de temps en temps un homme armé sur le côté de la route, mitraillette à la main, qui nous fait signe d'arrêter. Habillé en civil, je ne peux savoir s'il est *bon* ou *mauvais*… Le chauffeur, quant à lui, continue son chemin en lui lançant simplement quelques cigarettes par la fenêtre. On en croise un autre, *cigarettes*, puis un autre, puis un autre. Le chauffeur n'arrête pas, reprend sa vitesse de croisière… *Pan pan pan !* Une rafale de mitraillette est tirée, l'autobus s'immobilise lourdement. Un homme entre, réprimande d'un cri le chauffeur, puis se tourne vers nous, scrute les passagers l'un après l'autre. *Bingo !* Je tombe dans son champ de vision comme une boule de bowling sur un pied. Il s'avance en faisant claquer ses bottes, regardant ailleurs comme s'il ne venait pas vers moi, subtil comme un tracteur, puis comme prévu me dévisage soudainement et me demande… quelque chose. Il insiste ! Mais j'insiste moi aussi : je ne comprends absolument rien. Il perd patience. Sa mitraillette pendue à son épaule se balance directement devant mon visage, canon frôlant mon front. Je lui tends mon passeport, l'ouvre à la page photo… Il le rejette, me fait signe en approchant les doigts de sa bouche. Ah cigarettes ! Je n'en ai pas, lui dis-je en reversant mes poches. Il insiste, violemment. Un homme devant moi lui offre son paquet. Le soldat sort de l'autobus en se plaignant, nous reprenons notre route. J'ai eu l'impression qu'il était prêt à me tuer pour une cigarette… j'imagine les H'mongs qui tuent pour obtenir des droits. Ces militaires armés, isolés, en manque de nicotine, ne sont pas la plus sécurisante des protections.

Plus nous progressons, plus la jungle nous isole. Chaque tournant devient l'endroit idéal pour une embuscade. Le chauffeur ralentit. Une grosse pierre occupe le plein centre de la voie. Voilà... L'embûche parfaite. Le chauffeur sort, cible facile. Déplace la pierre lentement, offrant tout son dos aux tueurs. Il remonte lentement dans l'autobus... et nous repartons, rien. Je dois vraiment chasser mes idées noires. Je vais mourir d'avoir peur de mourir. Tout va bien, tout est correct. J'avais oublié le militaire derrière moi qui me protège ! Les méchants ne voudront jamais prendre le risque de l'affronter, lui. C'est sûrement un véritable *G.I. Joe* des autobus, entraîné dans les meilleures écoles militaires spécifiquement pour cette tâche, provenant d'une cellule antiterroriste ou quelque chose du genre, avec simulations d'attaques spécialisées, *Rambo* tireur d'élite. Même à vingt contre un. Pas de doute ! Pas de stress. Avec un gros respir de soulagement, je me retourne pour signifier à mon protecteur que j'ai confiance en lui, clignement d'yeux pour le remercier : la bave dégoulinant de sa bouche ouverte, il dort profondément, sa mitraillette comme oreiller.

ព្រះរាជពណ្ណនាចក្រកម្ពុជា

En bateau, en autobus, en mototaxi et même une fois assis sur des sacs de riz autour de six fermiers sur leur tracteur, j'ai descendu lentement le Laos pour parvenir aux *Thousand Islands*, la partie la plus large du Mékong, constituée de milliers d'îles dont la moitié disparaît à la saison des pluies. Englouties. Mais les gens tentent quand même leur chance pour avoir ces terres, bâtissent des maisons près des pirogues qui leur servent de refuge deux mois par année. Deux mois par année où ils circulent en bateau dans leur propre maison inondée. Le marché se compose de dizaines de pirogues allant et venant, chacune vendant son produit. Poissons, viandes, fruits, légumes. Le boucher dépèce son bœuf au gré du courant. Lorsque c'est une mangue que l'on veut, il faut savoir ramer plus vite que son vendeur pour le rattraper. Dans chaque maison, la peinture des murs est plus foncée du sol jusqu'à trois ou quatre pieds, la hauteur à laquelle l'eau monte.

Profitant de l'absence marquée d'étrangers en cette terrible crise du *SRAS* — qui pourtant aura fait en tout et partout moins de 800 morts sur la planète, alors que la canicule du mois d'août de la même année a causé 14 802 décès en France seulement —, je paie mon bungalow sur pilotis soixante-sept sous par nuit.

Bien sûr, c'était angoissant de découvrir que j'étais le seul dans tout l'avion qui ne portait pas de masque. Angoissant aussi de se faire filmer par une caméra infrarouge aux douanes, toux ceux ayant la peau bleue, donc à plus de quarante degrés centigrades, se faisant automatiquement mettre en quarantaine. Mais ce sont des détails qu'on oublie rapidement, couché dans un hamac aux abords de la rivière. La grosse vie sale à soixante-sept sous... Et nul besoin de payer en petite monnaie, car le billet le plus important qu'ils ont à la banque ne vaut que quelques sous. En changeant le peu d'argent que me coûte une semaine de vie ici, je suis sorti de la banque avec une liasse de billets improbable ! Impossible de l'engouffrer dans mon portefeuille, chacune de mes poches débordait d'un magot de billets. Le millionnaire. Étrange sentiment, on y prend goût rapidement.

Mais cette fortune semble vouloir se dissiper lorsque, arrivé à la rivière qui sert de frontière au Cambodge, le douanier laotien décide de me charger un dollar U.S. de taxes pour un « permis de sortie ». J'ai le temps, tu ne m'auras pas. J'argumente, m'assoie devant lui, refuse de bouger, lui promets d'avertir ses supérieurs, lui dis que je sais qu'une telle taxe n'existe pas... Il place alors mon passeport dans sa poche de chemise, referme lentement son bouton. Si je ne paie pas, il ne me le remet pas. Argument plutôt convaincant, je dois dire.

Le précieux dollar payé, je me dirige vers les pêcheurs pour trouver un *lift* vers l'autre rive, l'autre pays. Ils se tournent, s'éloignent. Partout dans ce pays, je provoquais exactement l'effet contraire. Au lieu de s'attrouper autour de moi, on m'évite ! C'est incompréhensible. Je répète une dernière fois ma demande alors que les yeux des pêcheurs se tournent vers un homme richement habillé. Vêtements de style occidental, cheveux graissés vers l'arrière, prestige social. Il vient directement à moi, parle même anglais. Bateau pour traverser la rivière, 25 $. 25 $! Dans un pays où ma dernière nuit m'a coûté moins qu'un sac de chips, *no way* ! Je le contourne, vais vers les bateaux, approche des gens... Ils n'osent même pas me regarder. Les menaces pour les empêcher de traiter avec les touristes semblent très convaincantes.

Je retourne voir le douanier couché dans l'un des sept hamacs accrochés en file sous sa cabane sur pilotis. Un brin d'herbe dans la bouche, il me regarde approcher d'un air surpuissant. Moi qui l'ai fait chier en refusant de payer son dollar de taxe, en faisant une scène, menaçant ridiculement de tout révéler à ses supérieurs... me voilà maintenant en quête de son aide; les rôles s'inversent.

Après un plaidoyer qui s'étire en longueur, jouant le jeu jusqu'en période de prolongation, le douanier finit par me répondre que c'est vrai que 25 $, c'est un peu cher... il dit qu'il va m'aider. Il s'adresse alors à l'occupant du hamac voisin, qui a assisté à toute la scène, en lui offrant une cigarette. L'homme argumente, puis se lève à contrecœur et me fait signe de le suivre.

De mauvaise humeur, en replaçant son chapeau, l'homme m'explique que les propriétaires des bateaux doivent prendre les clients à tour de rôle, alors leurs *honoraires* sont parfois étirés sur de longues périodes... Il n'a pas besoin d'ajouter que le douanier se réserve à chaque fois une belle commission. Alors sans me plaindre, j'accepte le tarif de 15 $ qu'il me propose, résigné. Un peu plus et je me sentirais coupable de me faire voler.

Je traverse la rivière et le douanier du Cambodge m'accueille sous son drapeau national. Comme suite à sa brève salutation, il prend mon passeport et commence à me parler de son maigre salaire de 20 $ par mois qui ne suffit pas à subvenir aux besoins de ses cinq enfants... Je le vois placer mon passeport dans son tiroir, le refermer. Je sens que je vais devoir remettre la main à la poche.

*

Le soleil finit de s'étendre sur l'horizon, s'en va se coucher avec la lumière. J'ai suivi sa course dans le ciel. Les derniers mètres, sprint final, il est littéralement tombé entre les sommets des temples qui ont adopté quelque temps la couleur de son feu. Moi-même au sommet de l'un de ces temples, je contemple une fois de plus *Angkor Wat* devant moi, ses tours se dressant aux quatre points cardinaux, ses bas-reliefs extraordinaires, considéré par plusieurs comme étant l'un des monuments les plus inspirés et les plus spectaculaires jamais conçus par l'esprit humain.

Son architecture est toute en courbes, en pointes étranges, des ornements dans chaque recoin. Quels dieux inspirants ils devaient avoir ! Rien de comparable à ce que j'ai vu auparavant dans ma vie. L'inspiration de l'Europe, inspirée par les Romains, inspirés par les Grecs : philosophie, culture, langue, c'est en gros ce qui règne partout sur ma partie du monde.

J'entrevois sur ses piliers, entourées d'une mare de fleurs de lotus et d'un océan de jungle, les gravures qui recouvrent ses façades, relatant en détail la vie de leur peuple. Ses arts, ses guerres, scènes de marché, de la vie de tous les jours… Bas-reliefs sculptés dans la pierre, beauté dans chaque détail, les seuls témoins de l'histoire de cette civilisation.

Au 19e siècle, les colonisateurs français explorant les nouvelles terres conquises pour maximiser leur investissement — nouveaux champs; des mines pourquoi pas… — sont tombés sur une pierre taillée en plein cœur de la brousse la plus dense et la plus distante des centres habités. Puis une colonne… Une sculpture, là sous les racines ! La nature avait complètement englouti une véritable cité. La capitale, centre administratif et religieux de 400 kilomètres carrés, d'un des empires les plus puissants d'Asie, dont même les habitants locaux n'avaient connaissance : les temples d'Angkor sous les branches, broyés par des racines, écrasés par des troncs. Construits il y a plus de mille ans, alors que la civilisation khmère était à l'apogée de son extraordinaire créativité, summum d'architecture. Partout des salles, des portes, des sculptures. La vie humaine remplacée par la végétation. On s'y promène comme sur une autre planète, essayant d'imaginer ce que devait être la vie il y a dix siècles.

Les quelque cent temples se trouvent malheureusement aujourd'hui en plein cœur d'un pays où la corruption est coutume. C'est ainsi que la vente des billets pour visiter le site est géré par

Sokimex, une compagnie pétrolière locale. La majeure partie des frais d'entrée va donc dans les poches de cette compagnie privée, et des politiciens qui ont donné leur accord à cette entente. (*Je pensais justement vendre les chutes du Niagara à Pétro-Canada. Monsieur Pétro, appelez-moi et faites une offre.*)

La noirceur va bientôt se pointer, et je ne veux pas redescendre ces étroites marches sans les voir. J'emprunte le sentier vers ma bicyclette. Une puissante ambiance de début du monde entoure cet endroit, une puissance profonde. Mais je dois quitter, et faire de la bicyclette sur les étroites routes sans éclairage n'est pas particulièrement prisé par ma prudente conscience. Puisque ma *guesthouse* se trouve à Siem Reap, j'ai un bon quinze minutes à pédaler pour rejoindre cette ville qui borde le parc archéologique.

Une armée d'enfants m'entoure à la course, levant vers moi leurs cartes postales, leurs bouteilles d'eau. « Non merci ! ». « Bonjour ! », me lance aussitôt une jeune fille dans un français mélodieux. Du haut de ses douze ans, elle m'apprend qu'elle parle l'anglais, le français, le vietnamien et l'allemand, en plus de son khmer natal. Aucun cours, aucune leçon. Seulement à force de côtoyer les touristes.

« Désolé, non… non… Non, désolé non… Non merci… Non… Non… Non, en fait je n'ai pas soif… Non, non…. Non… Non merci, non… » et un dernier « non… non vraiment non… non ! », en repoussant les cartes que les enfants glissent entre ma clef et mon cadenas de bicyclette. Coup de tonnerre. Oh oh… L'horizon s'est couvert d'un noir inquiétant. Un courant d'air me soulève les cheveux, le vent a tourné. Ça y est, la pluie vient de nous prendre en chasse et ici, lorsqu'il pleut, il pleut pour la peine. L'air est remplacé par l'eau; essuie-glaces ou non, impossible de rouler.

Ma bicyclette possède le regrettable désavantage de ne pas être pourvue de toit. Et comme ma *guesthouse* ne disposait pas de casier de sûreté, sous mon nombril se trouve le contenu intégral de ma pochette de sécurité, que j'ai dû traîner. Mes papiers, cartes, reçus importants, tout ce qu'il ne faut pas mouiller. Je vais pédaler à mon maximum, tenter de rentrer avant que l'ennemi ne m'ait rejoint, mais sceptique que je suis face à ma capacité physique de remplir ce mandat, je place toutes mes possessions dans un sac de plastique, y glisse ma caméra, mon portefeuille, ma pochette. Un bon nœud, la voilà prête à recevoir la colère des nuages. Il faudrait un sac pour mon corps aussi, mais bon. Je place le tout dans le panier du guidon, c'est parti !

Bonne chose : le vent me pousse dans le dos. Mauvaise chose : plus il est fort, plus la pluie est proche. Je presse mon coup de pédale devant le temple *Bayon* où chaque mur est recouvert par le jeune visage d'un roi du Xe siècle, qui contemple l'horizon paisiblement aux quatre vents. L'émerveillement se dissimule derrière chacun des regards que je détache de la route. Plus d'un millénaire d'histoire extirpée du cœur de la jungle, comme une pépite d'or dans le sable d'un ruisseau. Un royaume centralisé, stable. Une civilisation avancée, artistique, d'inventeurs en symbiose avec leur environnement. Éliminée par un empire de marchands, venu piller leurs richesses. Un désormais classique.

Un camion me frôle, me force à quitter le pavé. Pas de voie d'accotement. Adrénaline en rafale, chute évitée de justesse, niveau de concentration revenu à son maximum.

Les habituelles nuées de mobylettes m'évitent sans problème. Je vais presque à la même vitesse qu'elles. C'est plutôt les voitures et les camions qui menacent, la seule loi étant celle du plus fort (du plus lourd dans ce cas-ci). Et dans cette partie motorisée qui se joue autour de moi, je suis le maillon le plus faible, le seul qui constitue une cible universelle. Le petit pion qui attend de savoir par qui il se fera manger.

Trou à éviter ! Je le contourne vers la route, m'éloigne un peu trop. Je sens le vent d'une carrosserie me cajoler. Tout est de plus en plus obscur, aucune lumière dans ce corridor d'arbres, sauf celle balayée par mes rivaux, qui me lèguent des nuages de fumée. Ce doit être les employés d'entretien, les vendeurs; le site d'Angkor vient de fermer, la route est achalandée seulement dans ce sens. Bruits de moteurs à mes côtés, je vais aussi vite que l'un d'eux. Mes jambes valent bien un vieux Honda... surtout qu'ils sont deux sur l'engin. La main du passager arrière glisse sous mon nez. Il saisit mon sac. La mobylette démarre en trombe. Mon sac ! Moteur à fond, il s'éloigne. Je me dresse sur les pédales. « STOP ! STO-O-O-O-P ! » La mobylette se faufile entre les autres, me distancie. « STOP HIM ! » Pleine vitesse, je le poursuis ! Debout, je m'écrase contre les pédales à l'aide des poignées. Je pèse le bouton on qui active mes jambes bioniques. CLAC ! En pleine poussée, la chaîne casse. Mon pied se précipite au bas du pédalier, entraîne la bicyclette vers la droite... les arbres. Craïsch ! Je m'effondre, tout mon poids multiplié par toute ma vitesse.

B l a c k

La bicyclette est entortillée entre mes jambes. La roue avant tourne encore. Un lit de branches m'absorbe. Chaque morceau que contenait mon sac défile un à un comme une parade de mode dans ma tête : argent... cartes d'identité... cartes de crédit... Et ça ce n'est que pour la sous-section A-1 : *portefeuille*. Le défilé final, pièce de résistance, collection *pochette de sécurité*, est bien plus extravagante : un magnifique billet d'avion dans un superbe emballage bleu ciel, de pratiques chèques de voyage dans leurs habits kaki confortables, et le clou du spectacle, dans son veston bleu presque noir agrémenté d'une garniture or, mon *must* de la saison, le passeport.

Je suis étendu dans les buissons et je ne sais pas... je n'ai aucune envie de me redresser, aucun désir de me relever. Rester... ne plus bouger... Juste fermer les yeux... Des bruits de freins, une lueur qui fait demi-tour, une moto s'arrête près de mon épave. L'espoir que ce soit quelqu'un qui me ramène mon sac et toutes mes possessions me fait relever la tête. Eh non. C'est n'est qu'un curieux qui a entrevu deux longues jambes blanches émerger de la jungle et saigner sur la route. Ah oui... mon genou a tenté de freiner mon corps en s'agrippant à l'asphalte, y laissant sa trace. Il a tout donné.

Le dessus de mon gros orteil lui a prêté main forte, en sacrifiant sa peau. Juste une mince couche de peau, mais bien que l'absence de sang la rende moins spectaculaire, son allure anodine est inversement proportionnelle à la douleur qu'elle m'inflige.

Le joyeux samaritain qui s'est arrêté commence à s'énerver. Moi je suis couché dans la jungle, ne fais que saigner. Il pointe mon genou, me fait signe qu'il va m'aider. Il retourne vers sa mobylette, soulève le banc qui recouvre son engin. Une trousse de premiers soins ? Non. Il sort un vieux chiffon noirci de graisse, ouvre son réservoir d'essence et y trempe un bout dans le gasoil pour finalement diriger le tissu brunâtre vers mon genou. Je recule la jambe. « Non, non, non ! » Il me fait signe de la tête : « oui, oui, oui ! » « Non, non, non ! » Il insiste : « oui, oui, oui ! » Je m'efforce d'envenimer mon « Non, non, non ! » pour ne pas laisser de place à la réplique. Désolé, mais je ne crois pas que le gasoil soit recommandé pour ma plaie ouverte. Pour le moment, j'ai envie que rien de gluant, ou de brun, ne se mêle à mon sang. Il me fait savoir que c'est comme ça qu'on fait ici, et que c'est bon. Je lui demande d'aler avertir la police. Il ne semble pas comprendre… « Police ? » J'insiste ! Il s'en va. Je suis enragé, je les déteste ! Je me fais voler en pleine circulation, en pleine foule et personne n'a rien fait pour m'aider, personne n'est parti à sa poursuite, ils m'ont regardé me planter dans les arbres !

Je ne veux pas être ici. Je ne veux plus. Je me lève et boite en bordure de la route, poussant la bicyclette sans chaîne. Les phares m'éblouissent, me frôlent. Personne n'arrête et c'est tant mieux.

Je sors de la jungle. Enfin une apparition civilisée. J'avance pour apercevoir un policier couché dans un hamac près de sa motocyclette ! Une vraie chance ! Je gambade vers lui, lui explique. Je me bute à son incompréhension, il ne parle ni anglais, ni français. Je lui désigne mes poches vides et le sang qui rejoint mes bas. Je lui demande d'appeler de l'aide à la radio. Il me fait signe qu'il n'a pas de radio. Ni radio, ni téléphone ! Impossible de communiquer entre policiers ! Ridicule ! Je hausse le ton. Une foule s'attroupe autour de moi. On va chercher un vieil homme qui parle français. Je lui explique ce qui m'arrive. Il traduit au reste de la foule… puis ils me regardent tous et commencent à discuter entre eux. « Appelez la police, je veux que vous appeliez la police ! » « Qu'est-ce que tu t'es fait voler ? » Je lui réponds. Il traduit à la foule intéressée… Personne ne fait rien. Ce ne sont que des spectateurs de ma mésaventure, personne ne veut tenir un rôle actif. « Il faut appeler la police ! » Je perds contrôle, je crie. L'homme me fait signe de me calmer, m'apprend que la *Tourist Police* va venir. Je m'effondre. Écrasé sur le sol, je n'ai plus la force de parler ni d'entendre.

Un petit policier bedonnant ouvre la porte de son moderne et fraîchement lavé *Tourist Police Vehicule*, tout beau, tout touristique, tout contraste. Il parle un anglais approximatif, mais bon… Il me demande de lui expliquer ce qui s'est passé, d'énumérer ce que j'ai perdu. Je m'exécute en détail, avant de réaliser qu'il n'écrit rien du tout, ne prend aucune note. Curiosité personnelle. Je suis à bout ! J'arrête aussitôt et lui demande de mettre ma bicyclette dans sa voiture. « Oh non ! La bicyclette n'entre pas. Il faut marcher. » Je ne sais pas si c'est parce qu'effectivement elle n'entre pas, ou s'il a juste peur d'égratigner la belle peinture de son *Tourist Police Vehicule*, mais je n'ai plus l'énergie de contester. J'avance en boitant. Le sang imbibe mon bas, colle sous mon pied à chaque pas. Le policier roule à mes côtés en voiture, fenêtre baissée pour me parler. Il me demande si je veux aller à l'hôpital. Non, une trousse de premiers soins sera suffisante. Son auto me devance, il semble vouloir me forcer le pas. Je comprends soudainement pourquoi, dans une douche froide de pluie qui se décharge sur moi. Mon compagnon lève les épaules pour s'excuser du fait qu'il remonte sa fenêtre. Il me regarde comme à travers un aquarium.

J'entre au poste, m'assoie dans sa seule pièce. Le policier appelle son *chef* au téléphone. Je demande la trousse de premiers soins, pour désinfecter ma plaie. Il interrompt sa conversation : « on n'a pas ». N'a pas ! La *Tourist Police*, cette police de luxe, mise sur pied exclusivement pour les touristes de l'endroit touristique par excellence du pays… n'a pas de trousse de premiers soins ! Un simple diachylon ! « N'a pas. » Je lui demande de m'indiquer la salle de bain pour au moins me rincer. « Oh, pas de lumière. Pas électricité. » Je prends une foutue chandelle, me dirige vers la salle de bain au fond de la cour. Des policiers autour d'un large bassin d'eau stagnante se douchent dans le noir. Ils vivent dans un dortoir à même le poste. Je verse un bol de cette eau sur mon genou. À la voir couler, je ne suis pas certain que c'était une bonne chose. Finalement, le gasoil devient envisageable…

Je reviens à l'intérieur, surprends le policier en train de s'allumer une cigarette contre le fil métallique qui entoure une impressionnante matraque électrique. Il débranche aussitôt la prise de courant qui la relie au mur. Devant mon regard, il la recache derrière la porte : « C'est pour rats », me dit-il, gêné. Je n'aimerais pas être un rat lors d'un interrogatoire à coups de 220 volts dans le corps…

Toussant pour regagner mon attention, le policier m'apprend que son *chef* dort… Devant mon air : *c'est en te parlant qu'il t'a appris ça ?*, il rectifie son tir. « Euh, il peut pas se déplacer. » Je dois remplir un rapport, le chef viendra le signer demain.

Un rapport…

Le voleur, avec ce qu'il vient d'empocher, se mérite l'équivalent du salaire annuel de ce policier. Il peut disparaître partout au pays sans problème, et y vivre grassement pendant des mois. Qu'est-ce qu'un rapport peut apporter, rédigé dans une langue qu'ils ne comprennent même pas, entre les mains de policiers qui n'ont pas même une simple ampoule dans leur toilette ? Formulaire de formalité.

Le pire dans tout ça est que de tout ce que je viens de me faire dérober, argent, billets, cartes, passeport… rien ne me fait plus de peine que le simple film qui se trouvait dans ma caméra, rempli de mon voyage depuis le Laos… de tous ces temples, de tous ceux que j'ai rencontrés, de tous mes souvenirs. Une partie de moi vient d'être amputée. En même temps, à travers son merveilleux trésor, ce même film est la seule chose qui ne vaille absolument rien pour le voleur. Il le jettera, sans aucun regret en bordure du chemin. Déchet pour l'un, trésor pour l'autre. Tout ce que je sais c'est que je n'ai plus rien.

*

En cas de vol ou de perte, rien de plus simple !
Vous n'avez qu'à appeler l'un de nos préposés,
vingt-quatre heures sur vingt-quatre,
et ce, à frais virés de partout à travers le monde.

Oh comme c'est beau la vie dans les petits dépliants de carte de crédit ! Mais en vérité je vous le dis, les appels à frais virés n'existent pas ici. La petite madame qui sourit sur la page couverture sourirait pas mal moins sans un sou, au Cambodge.

Mais au moins, pas besoin de me forcer pour faire pitié, ça me vient naturellement. En mettant en évidence mon genou pas encore cicatrisé, boitant un peu plus que nécessaire pour me rentre au comptoir, la belle caissière du bureau de change accepte, me laisse faire un interurbain, à ses frais, sur son cellulaire. « Quoi ? » Pour obtenir une nouvelle carte de crédit, je dois disposer d'une adresse fixe pendant plus d'une semaine ! Pour de nouveaux chèques de voyage… venez les chercher dans la capitale ! Phnom Penh… Elle se trouve à seulement quelques centaines de kilomètres d'ici, mais en considérant les facteurs suivants : routes complètement détruites par trois décennies de bombardements américains, de guerres civiles et de règne des Khmers Rouges, qui les ont transformées en cratères lunaires…, les deux heures que prendraient normalement ce parcours se transforment en neuf heures de torture.

Et ce trajet, il faut le payer. Durant celui-ci, il faut manger. Avant celui-ci, je devrai passer la nuit. Je déteste ce pays. Les gens me regardent bizarrement. Dès que je fouille dans mes poches, deux ou trois m'épient, observent attentivement ce que je vais en sortir, comme pour en étudier le contenu… mieux me voler. Je regarde sans cesse par-dessus mon épaule. Est-ce qu'on me suit ? Le vol de mon sac était certainement calculé, prévu. On m'a vu mettre mes possessions dans ce sac, on m'a suivi. Une caméra, passeport sur le marché noir, argent… Pour l'équivalent d'une année de travail, il vaut bien la peine de suivre un touriste toute la journée, pour attendre patiemment le premier moment d'inattention et le saisir. Et même si ça n'arrive pas aujourd'hui, des mois de salaire contre deux ou trois jours de travail, ça vaut le coût. Je ne veux que partir, quitter ce pays où je ne me sens pas bien. Je me réveille le matin et je veux être ailleurs.

Devant mon air écrasé, mon rejet de son offre de nourriture, ma réponse à peine audible, mes yeux qui scrutent le sol, le propriétaire de la *Happy guesthouse* m'offre, d'une tape sur l'épaule, de passer la nuit gratuitement. « Mais dis à tes amis Cambodge venir ! » La femme au bureau de change aussi insistait pour que je raconte à ma famille que le Cambodge était un beau pays malgré tout. Hum… L'histoire d'un voyageur qui s'est fait voler au Cambodge, qui n'a pas aimé son expérience, pourrait se répandre comme une traînée de poudre et nuire au tourisme dont leur survie dépend. C'est la seule carte dans mon jeu.

La nécessité est la mère des prétentions. Je me rends au terminal d'autobus et joue mon rôle au chauffeur… boite jusqu'à son patron, lui expose la grande tristesse de ma situation. Direction Phnom Penh, il me tend un billet. « Mais dis tes amis Cambodgiens *friendly* ! »

*

Le parcours devient si complexe, étroit, laborieux, pour éviter ces gigantesques trous, chaussée manquante, qu'on pourrait presque marcher au même rythme que l'autobus. Deux heures de complétées, et mon dos me supplie déjà de l'achever. Plus que sept… Rien d'autre à faire que de penser, le vrai voyage est intérieur.

Pause-collation, je sors déplier mes jambes. Longeant la route, des draps de tissu blanc sont attachés à des néons, agrippent le vent, tels des voiles. Ils trempent étrangement dans de petits bassins. Je m'approche, haut-le-cœur. Les piscines qui leur servent de base sont remplies d'une eau noircie par les centaines de grosses sauterelles qui s'y noient. Attirées par la lumière des néons la nuit, elles foncent dans le tissu, tombent et meurent dans l'eau. Une femme s'approche à grands pas, voyant mon intérêt pour la chose. Sur sa tête se tient un immense plateau rempli de ces insectes, frits. Elle m'en propose aussitôt un pour goûter. La sauterelle grosse comme un pouce s'approche de ma bouche, toute huileuse. Désolé, non. Devant mon refus, elle appelle une collègue qui s'avance à son tour avec un plateau d'énormes araignées bien viandées qui me contemplent. Juste de savoir que des araignées de cette taille existent ici me traumatise… Je décrète que mes jambes sont suffisamment dégourdies, je retourne à l'autobus. La fumée qui m'y rejoint provient de ces chaudrons où les insectes sont frits. Je ferme la fenêtre, préfère la chaleur.

Mes co-passagers, qui reviennent à leur tour, n'ont pas eu la même réaction que moi, bien au contraire. Les cornets de sauterelles frites m'entourent. Les *crouchs* sonores me prouvent que les carapaces sont bien coriaces. J'entends les gens cracher un peu partout, les pattes arrière ne semblent pas comestibles. La fillette, à genoux sur le banc derrière moi, d'un sourire bien intentionné, me caresse doucement les cheveux avec son insecte/repas. Je n'en peux plus. Je suis au bord de la crise de nerfs. Tout me paraît stupide, laid, repoussant. Sa mère rit, la petite me présente une autre sauterelle. Je me retourne avec un ravissant sourire qui signifie pourtant : je veux quitter ce satané pays ! N'importe où sauf ici.

*

— Désolé, pas de chèques de voyage sans passeport.

— Oui, mais je vais devoir payer pour obtenir un passeport !

— Pas de chèques de voyage sans passeport…

À court d'arguments, je quitte la caissière avant d'en arriver à frapper quelqu'un. Sur la porte principale, je remarque l'affiche qui m'a fait rire à mon entrée dans la banque. Un avertissement visuel en couleur, doté d'une traduction : *Grenades interdites à l'intérieur*. Ha ha… Grenades interdites… Mon rire devient songeur, hum, s'ils l'annoncent officiellement… Je regarde les gens défiler dans Phnom Penh, les mains dans leurs poches. Paranoïa. Il faut que je bouge ! Direction ambassade canadienne.

Cette capitale est parsemée de la plus belle des architectures, de musique envoûtante, et de l'histoire politique la plus tordue que je connaisse. Un pays qui a traversé des siècles de colonialisme et de féodalisme agraire, vingt-trois ans de guerre civile, dix ans de communisme et d'isolation, dix ans d'occupation militaire vietnamienne… Et du jour au lendemain, le monde a décidé, en claquant des doigts, de le transformer en pays en développement, démocratique, capitaliste, ouvert. Au cours de cette difficile transition — tourbillon anarchique de prostituées, drogue et violence — c'est devenu un lieu où l'immoral est acceptable, où la folie est normalité.

Un immense 4x4 *Landcruiser* me dépasse, flanqué de gardes du corps, manquant de renverser un conducteur de taxi-cyclo qui vit sur le banc de sa bicyclette, car il ne peut se permettre un toit à 8 $ par mois. De petits enfants courent nus autour d'une pile de déchets qui occupe le centre de la rue de terre.

Vers le ciel, dans une myriade de couleurs, le palais royal s'élance. Comme s'il était inconscient de ce qui l'entourait, il fait virevolter son toit en terrasse, pavée de tuiles oranges et vertes qui scintillent au soleil.

« L'ambassade canadienne ? » Je demande autour de moi, scrute toutes les cartes de la ville. Les lettres khmères sont formées de lignes fluides, créant de mystérieuses et hypnotisantes courbes. Anciennes et nobles, il faut certes être doué en dessin pour pouvoir tracer ces lettres. Et il faut être plus doué que moi pour pouvoir les lire.

Pas d'ambassade canadienne au Cambodge ? Je croise un touriste, lui demande son guide de voyage. Oui ! Il y a un consulat canadien… annexé à l'ambassade d'Australie. Je parviens à la magnifique villa de l'Ambassade australienne, passe les gardiens et le détecteur de métal, arrive dans la belle cour gazonnée, me dirige vers la luxueuse automobile stationnée devant la grande porte… « *No, no ! That way !* » me crie le garde. Mes yeux tombent de la magnifique villa vers un édifice sur le bas-côté, une sorte de garage rénové, où flotte l'unifolié. Le consulat canadien en retrait dans la cour, comme s'il habitait chez ses parents.

Épuisé, déprimé, découragé, je veux mon passeport pour quitter ce pays. Je n'ai plus rien sur moi. Je souhaiterais presque me faire prendre par des voleurs dans un coin, brandissant leurs couteaux, pour rire à gorge déployée en leur montrant mes poches vides : « trop tard ! ». Plus rien à voler. *Loosers !*

Je me réfugie dans cet espace canadien, échappatoire de la folie qui règne à l'extérieur. Enfin, les choses vont fonctionner comme chez nous. Mon monde, ma culture, l'efficacité… Finie la lenteur, finie la corruption, enfin la civilisation. Et de l'air conditionné en plus ! Une belle affiche m'accueille : *Nous parlons français. We speak english*. Enfin retourner à ma langue maternelle, mon âme a besoin de tous les baumes qu'il peut trouver. Tout joyeux, j'aborde la petite dame cambodgienne qui se présente derrière la vitre du comptoir :

— Bonjour !

— *Sorry, I don't speak french.*

— Comment ça, *you don't speak french ?*

Je lui pointe la pancarte. Elle remue la tête négativement. Une ancienne colonie française, et le gouvernement canadien n'est même pas foutu de… Bon, calmons-nous. Je m'explique en anglais. Elle me tend des formulaires à remplir. Je lui demande les versions françaises. « *Oh, sorry, we don't have anymore.* » O.K., je suis une roche, plus rien ne m'affecte. Je vais même signer mon nom en anglais s'il le faut. Je remplis ses satanés papiers, lui remets :

— *How much time ?*

— *About four weeks.*

De quossé ? Un mois ! Un foutu mois pour un simple passeport ? Je n'ai pas même le temps de répliquer, la petite dame enchaîne, les quatre semaines sans pouvoir quitter le pays ne sont que l'introduction. Le coût : 87 $, plus 25 $ en frais d'administration… « *But only* » précise-t-elle, « *in U.S. dollars.* » Le consulat canadien n'accepte pas les vulgaires dollars canadiens, ces pesos d'Amérique du Nord. C'est l'effet qu'a le Cambodge sur la logique. Et pour le montant payé en *U.S. dollars*, un reçu me sera imprimé sur des factures de l'ambassade australienne, au sceau officiel des kangourous… Vive « le plus meilleur » pays au monde !

Je ris, à défaut de pleurer, ne suis plus capable de me contenir. Mais le visage de la caissière se ternit. Elle a quelque chose d'autre à ajouter. Elle me demande de sa toute petite voix douce si je connais — depuis au moins deux ans — soit un avocat, un médecin, un juge ou un directeur d'école… qui vit au Cambodge. Attends voir… laisse-moi y réfléchir. Hum… Je suis dans ce pays depuis quelques jours, est-ce que je connais quelqu'un ici depuis plus de deux ans ? Mon « NON ! » sert de prélude à *l'uppercut* final : *Pow.* Puisque je suis dans l'impossibilité de faire assermenter ma photo par un « professionnel » du pays, c'est l'ambassadeur lui-même qui doit le faire… pour 37 $ U.S. de plus. Est-ce que je dois le rencontrer, au moins le voir quelques secondes pour lui prouver que je suis vraiment celui sur la photo ? Non. L'ambassadeur, qui n'est même pas au consulat, va trouver ma photo sur son bureau demain matin et, ne m'ayant jamais vu, ni aucune de mes cartes d'identité, va apposer sa *signature-en-étampe* derrière. Au fond, ce 37 $ U.S. supplémentaire sert à couvrir ses dons de clairvoyance, car seulement en manipulant ma photo il peut prouver qui je suis.

Des larmes de fierté occupent mes yeux, le *Oh! Canada* s'entame dans ma tête pour célébrer ce pays si noble, si efficace, où la corruption n'existe pas, où tout roule sur les roulettes de l'efficacité et du bon sens. Un pays si avancé qu'on reçoit des factures déductibles d'impôt pour les pots-de-vin. Bien sûr, ces factures portent ici le sceau de l'Australie, mais bon, rien n'est parfait...

« *You have another option* » conclut la caissière devant mon air absent. Si je prouve que je dois absolument quitter le pays immédiatement, il m'est possible de disposer d'un *passeport d'urgence*, valide quarante-huit heures seulement. Émis sur-le-champ, il ne doit pas être expiré avant d'arriver au Canada. Considérant qu'uniquement le vol dure plus de vingt heures, et qu'à cela il faut ajouter quatre escales... j'aurais tout juste le temps de me rendre immédiatement à l'aéroport pour saisir le premier billet disponible.

Je ne suis plus capable, je ne veux parler à personne, je ne veux voir personne, je me sens constamment observé et suivi, je ne veux que m'enfermer dans ma chambre et dormir d'un long sommeil qui terminera ce cauchemar. Mon ici n'est plus plaisant, ce n'est plus un trip.

Mais repartir comme ça... Revenir la queue entre les jambes, ayant gâché mon opportunité, mes amis me demandant des nouvelles et moi de leur répondre que j'ai dû revenir en catastrophe parce que je me suis tout fait voler, ce voyage demeurant pour le reste de ma vie un mauvais souvenir... Je ne peux pas. Je ne dois pas. Je ne veux pas.

Non, pas de *passeport d'urgence*, donnez-m'en un vrai. Je vais traverser ce mois ! Je négocie pour que le tout soit payable sur réception : j'ai quatre semaines pour trouver les sous... et survivre d'ici là.

Je fais des photocopies du curriculum vitæ que je me suis apporté pour enseigner l'anglais à Taiwan, à la fin de mon périple, dans le but de me rembourser ce voyage. Mais je crois que finalement l'argent, c'est maintenant...

À chaque école que je croise, je laisse mon C.V.. *English teacher, English teacher.* Dans un champ, une autre se dresse. Sans conviction, je me présente à un professeur. Il me mène aussitôt dans une salle bondée, en vue d'offrir mes services; près d'une centaine d'étudiants me fixent en silence. Comme ça ? Je n'ai aucune idée quoi dire. Je fige. Pas de plan, laissé à moi-même. Qu'est-ce que je fous là ? Je leur dis que je reviendrai, je sors et m'enfuis. Ce n'est pas que mes poches qui sont vidées. Je ne suis pas un prof d'anglais, je ne serais jamais capable.

Assis dans la rue, je ne sais plus quoi faire, je n'ai même pas la force de pleurer. Je suis détruit. Moi qui ai toujours cru à ma bonne étoile, elle vient de me laisser tomber comme un poisson pourri. Écrasé sur l'asphalte, je ne suis ni à la bonne place, ni au bon moment, je le sais au plus profond de moi, le sens jusque dans mes entrailles, et ça me terrorise. Mon ange gardien n'est plus là, mon bouclier est tombé, je suis à découvert, nu, vulnérable. Chacun de mes gestes devient incertain. J'ai l'impression d'être sorti du film de ma vie, que je n'arrive plus à suivre mes instincts, que ma peur noie ma conscience, que la vie ne me guide plus. Chaque geste, chaque décision, porte le poids du chaos. J'ai l'impression que je pourrais mourir seulement en traversant la rue. Abandonné par mon karma, quittant le sentier vers mon destin, tout le poids de l'inconnu s'abat sur moi. Nul si découvert. Je dois partir… partir !

Un autobus me frôle, il affiche comme destination : Sihanoukville. Au sud complètement du pays, la région qui se marie à l'océan. Si j'ai quatre semaines à errer, à attendre que le temps s'écoule, autant le perdre à dormir sur le sable, vagabonder sur une plage, m'oublier dans les vagues. Cueillir des noix de coco ou pêcher. N'importe quoi pour ne plus être ici.

J'engage la conversation avec le chauffeur, il me tend une cigarette, je lui raconte mon histoire, blague sur l'incompétence de mon ambassade. Il rit. C'est dans la poche.

Hasta la vista city.

*

Je me balance sur un hamac devant l'océan, le temps se consume comme la marée avale la plage au rythme des vagues. Je ne suis entouré que par la mer et des rizières parsemées de palmiers à sucre de cent pieds de hauteur. Je ne sais pas ce que je fous ici, mais je ne sais pas ce que je foutrais ailleurs. Je n'ai que la douleur de la perte qui se ressasse en moi. La peur du destin : quelle joie c'était de ne pas y prêter attention ! Et mon voyage... ruiné par cette attente forcée. Quand on a de courtes vacances, il faut qu'on coure nos vacances, avant d'être à court de vacances.

Une mobylette arrive et s'arrête; deux étrangers se débouchent une bière sous le toit de bambou voisin. Je les salue, ils viennent aussitôt vers moi, rareté oblige. Un Sud-Africain et un Australien, concentration maximale pour vaincre leurs accents. Le traditionnel « Comment t'es-tu retrouvé ici ? » attire mon anecdote du vol. « Alors, tu dois aller chez Mama ! » me répondent-ils en cœur. Eux-mêmes, voulant épargner pour pouvoir durer, ont trouvé un temps asile chez elle.

Mama ? À l'extrémité de la plus grande des plages du coin, bordée de palmiers, cette femme a construit un bar en bambou directement sur le sable, à quelques pas des vagues. Son deuxième étage, sous le toit de feuilles, est parsemé de matelas recouverts de filets à moustiques. Les petits ventilateurs sont la cerise sur le *sundae*. Et le tout, totalement gratuitement. « C'est certain que lorsqu'il y a fête en bas, on se rend compte que le plancher de bambou ne constitue pas une très bonne protection entre notre oreille et les haut-parleurs... », avoue en riant le Sud-Africain. « Mais de toute façon », renchérit l'Australien « le but d'être là, c'est justement d'être de ceux pour qui les haut-parleurs hurlent ! ».

Party sur la plage, hébergement gratuit : un signe en néons fluorescent dans le ciel pointe dans cette direction. Je quitte mes informateurs, me plonge les pieds dans l'eau salée et je parcours la plage en croissant de lune. Les voyageurs, sources d'anecdotes, sont plus précieux qu'une bibliothèque, en terre inconnue. Le sable est fin, les vagues sont hautes, l'eau est turquoise, j'ai une destination, je souris. Ça semble vouloir s'aligner. Moi qui étais terrorisé à l'idée de perdre mon temps, je viens de réaliser que rien n'est plus beau que de disposer de temps à perdre.

Devant la dernière hutte de la plage, un écriteau m'attend : *Shiva's shack*. La Mama vient à ma rencontre, enjouée. J'amorce un bref résumé de ma situation, pas la peine de terminer, elle m'indique déjà un matelas, « reste ici aussi longtemps que tu le désires », et me cuisine des nouilles.

J'engloutis le plat, les pieds dans le sable, au bruit des vagues, chaise longue au bar bien garni en bouteilles de toutes sortes. *Paradise* ! Quelques touristes m'entourent, jeunes, enterrés par les flots. Barbe involontaire, bermudas faisant office de veston-cravate, cheveux rebelles blonds, l'un d'eux s'approche d'une jolie Australienne. Vraisemblablement Français, il lui proclame dans un anglais où les *w* sont des *v*, et les *th* sont des *z* : « When I look at you, I think of the ocean » « Why ? », lui répond-elle. « But because… j'ai envie de te plonger dedans, quoi ! » Tout ça en la regardant droit dans les yeux. Mais plus maintenant… il doit se contenter de son dos alors qu'elle s'éloigne. Insulté, il lance tout haut : « Merde cette salope, lorsqu'elle va arrêter la drogue, elle va se rendre compte qu'elle est lesbienne. » Je pouffe de rire, impossible à retenir. Il se tourne vers moi, comprends que je parle français. Plus le choix, je me présente.

— Et moi Régis, répond-il.

— Tu la connaissais cette fille ?

— Elle ? Non, je ne sais même pas son nom.

— Et tu lui as servi la passe de l'océan comme ça ?

— Oui mec ! Moi ce que j'aime, c'est séduire. Le sexe, c'est trop facile ! Si tu savais le nombre de nanas que j'aurais pu baiser... mais je suis trop *gentleman*. Ici, les filles mouillent carrément pour les Français. Dès que tu leur déballes que tu es Parisien, c'est automatiquement + 10 points ! » Puis il prend une pause, me regarde sérieux, adopte un ton pour ne pas me froisser : « Bon, bien sûr si tu leur dis que tu viens du Québec, c'est - 20... » Son ton remonte avec énergie. « Mais sois sensé mec ! Dis-leur que tu viens de Paris, et voilà ! »

Tout content, il se frotte les mains. J'essaie de sauver les meubles et mon estime pour lui en changeant de sujet, lui explique à quel point je suis heureux d'avoir trouvé cet endroit, Mama qui me traite déjà comme un fils...

— Mais fais gaffe ! m'avertit-il. Ici, tu te réveilles avec le bruit des vagues, tu va te baigner, tu rencontre de superbes filles, tu dors un peu sur la plage, le soleil se couche, alors tu commences la fête de la soirée, tu dors ta nuit sans débourser un rond... et tu te réveilles avec le bruit des vagues. *Pouf*, les journées disparaissent, le temps s'évapore. Je te dis, c'est une autre dimension, un *warp zone*. Les gens viennent ici passer trois jours, ils y passent trois mois... davantage... Boire, se baigner, aucune préoccupation, aucun stress. Plusieurs ne sont tout simplement plus capables de repartir. C'est tellement facile, tellement relax, on en devient accro. Plus tu passes du temps ici, plus tu deviens mou, plus tu as peur de quitter et d'aller vers le vrai pays, celui où les gens ne te comprennent pas, celui où on ne te sert pas de *western food*. Mais, après un sérieux coup de pied au cul pour décoller, lorsque tu négocies ton bol de soupe aux tripes de poulets avec une femme de l'ethnie Bai vêtue d'un immense chapeau rouge et de vêtements multicolores, des bijoux en argent traditionnels lui pendant jusqu'au nombril, et que l'espace d'un instant vous vous souriez, l'espace d'un instant vous vous comprenez parfaitement... alors tu es vachement heureux d'être sorti de la Mecque touristique. Mire l'Anglais là, dans le hamac. Il était venu seulement pour passer, le temps d'une nuit. Ça fait des mois qu'il est ici. Tout ce qu'il fait c'est lire des livres, se baigner puis se soûler le soir. À chaque fois que je lui parle, il me salue en me disant qu'il part le lendemain. Le lendemain il s'allume un gros joint et se couche dans le hamac jusqu'à la fête du soir... En fait, tout ce qu'il fait de ses journées est égrainer, rouler et fumer des joints.

— Et comment il fait pour survivre ?

— Il enseigne l'anglais aux enfants... Je m'imagine mal ses cours, car il se fume toujours un de ces pétards juste avant de partir. Non, je te le dis, je ne veux pas finir comme lui... un *lifer*.

Régis m'explique alors qu'il existe deux types d'étrangers ici, dans ce *warp zone*. Les voyageurs sont au Cambodge temporairement, même s'ils y restent longtemps. Ce qui les allume est la musique ou la politique, les paysages ou les coutumes, les femmes ou la drogue, ou n'importe quelle combinaison de ceux-ci. Mais ils demeurent toujours conscients qu'il existe un monde extérieur, et désireront y retourner éventuellement.

Les *lifers* pour leur part n'ont plus cette faculté. Ils viennent au Cambodge pour trois raisons : *guns*, *girls*, or *gangja*. Ils finissent par rester dans cette facilité, où un petit travail sans conséquences leur paie un paradis sans comparaison. Mais comme Pinocchio se transformait peu à peu en âne dans le parc d'amusement, ces *lifers* semblent perdent peu à peu leurs capacités de survivre hors du Cambodge. Toute ambition disparaît... motivation, initiative. Homère semble avoir visité le Cambodge lorsqu'il a décrit son Île aux Sirènes, de laquelle les hommes ensorcelés ne pouvaient plus partir. Les rues de ce pays enferment les Occidentaux qui ont brûlé leurs cellules sur la drogue, ou fait l'amour à tant de jeunes prostituées qu'ils ne pourraient simplement plus retourner en Occident. Ils sont mariés à de jeunes et belles femmes pour qui l'amour est la dernière des priorités, derrière la sécurité financière et la santé qu'elles garantissent à leur famille. Plusieurs étrangers ne sont pas ici en quête, mais bien en fuite... loin de leurs problèmes. Mais pour résoudre des problèmes, il faut entreprendre un voyage à l'intérieur de soi, et non à l'autre bout du monde.

Et Régis poursuit :

— Les années te surpassent comme un train à plein régime lorsque, gelé, enseignant l'anglais trois heures par jour, tu te réveilles un matin en criant : Merde ! J'ai soixante-cinq ans ! Qu'est-ce que je fous encore ici ! Et enlevez cette pute de mon lit !

— Est-ce le Cambodge qui déstabilise des gens qui autrement seraient rationnels, ou bien ce sont les dysfonctionnels mondiaux qui sont attirés par ce pays, comme par un aimant ?

— Regarde-moi, j'étais venu passer trois jours ici ! Trois putain de jours ! Mais c'est terminé ! Je me casse, je me tire ! J'ai donné ma démission ce matin, et dès demain je me pousse.

— Démission ? Tu avais un travail ?

— Oui, je bossais dans un bar à l'autre bout de la plage. Mais c'est terminé !

— Euh… ils vont avoir besoin de quelqu'un pour te remplacer ?

Déçu de voir qu'il perd mon attention, Régis me répond simplement : « Va voir Philip, le bar se nomme le *Unkle Bob's*. »

Les pieds dans l'eau, je repars vers l'autre extrémité de la plage. Des tables sont remplies de bières fraîches, des chaises longues se prélassent sous l'ombre d'un gigantesque arbre. Voilà le *Unkle Bob's*. Déjà les chaises longues m'invitent. Elle ne possède que deux types d'inclinaison : *Lazy* et *Super cambodian lazy* où il faut redresser la tête pour prendre une gorgée.

Une partie de volley-ball de plage se déroule sur la musique de *Suzie Q*. Attroupement autour de la table de billard, plantée en plein sable : un grand blond chante à tue-tête, fumant sa cigarette d'une main, tenant sa queue de billard de l'autre. Visiblement affecté par l'alcool, un joyeux luron. Je demande Philip, on me pointe justement ce blond, la chemise ouverte au vent.

— *Hi, you are Philip ?*

— *Yes.*

— *Cool ! My name is Ugo. Euh, where are you from ?*

— *Montreal.*

— Montréal ? T'es un québécois 'stie ?

— Ben oui, tabarnac !

Sans lâcher sa poignée de main vigoureuse, grand sourire, il me présente à ses amis et au personnel cambodgien, puis m'offre une bière. Entre deux gorgées, je lui explique ma situation.

— Tu as déjà travaillé dans un bar ?

— Euh… oui…[2]

— Parfait mon gars, t'es engagé.

— Excellent !

— Je vais en parler au *boss* demain.

— Mais… Ce n'est pas toi le *boss* ? Il ne voudrait pas me voir avant de m'engager ?

— Ben non, fais juste te pointer ici demain, c'est correct.

— À quelle heure ?

— Est-ce que tu joues au volley-ball ?

---

2 J'y travaille à vider leurs bouteilles… Nul besoin de lui spécifier.

— Oui.

— Alors viens pour le coucher de soleil.

Malaise. Engagé sans savoir ce que je vais faire, sans même avoir rencontré le patron... « Tu veux le rencontrer ? » termine Philip en me pointant une porte derrière le bar. J'y cogne. Un grand blond presque chauve m'ouvre, les yeux vitreux, complètement soûl. Erling, le propriétaire.

Déjà qu'à jeun son accent norvégien doit être difficile à déchiffrer, dans son état actuel il est tout simplement incompréhensible. Complètement déconnecté, chancelant, la tête penchée vers l'avant, il semble sur l'acide. J'ai l'impression que je pourrais passer ma main à travers lui tellement il paraît absent. Les yeux vitreux à moitié clos, la bouche pendante, Erling balbutie quelques mots à propos de réduire les coûts de fonctionnement, maximiser les profits, puis retourne se coucher en plein milieu d'une phrase. O.K. Je commence demain. Mais quoi ?

*

Ouf ! *Què mal à la cabocha.* Aille. Je parcours lentement le corridor qui me mène au bar, à la lumière. Le soleil me brûle les yeux. Le vent du large me caresse. Déjà quelques clients sirotent leurs boissons. Le Unkle Bob's est un bar pour touristes. Et les touristes, ici, sur cette plage, au bruit des vagues, sont en vacances... en grosses vacances. Et quand on est en grosses vacances, il n'y a pas d'heure pour boire. C'est précisément pourquoi le Unkle Bob's est ouvert 24 heures par jour.

Avec deux cuisinières, un cuisinier, une gardienne et deux serveurs, Erling a déjà tout le personnel nécessaire. Mais il veut une présence *occidentale* pour attirer les touristes, leur parler, faire jouer leur musique... Car pour un voyageur à l'autre bout de la planète, entendre de la musique qu'il connaît et échanger avec quelqu'un qui le comprend est un cadeau du ciel.

Cambodge égale guerre civile, pauvreté, instabilité, danger, DAN-GER ! C'est ce que j'adore ici. Cette belle réputation qui effraie les autobus de ti-vieux, les *tout-incluïstes*, les gens qui ont trop de res-ponsabilités pour tenter ce qu'ils considèrent comme un risque. Alors, ceux qui viennent ici sont pour la plupart jeunes, aventuriers, ont l'esprit ouvert, sortent des sentiers battus... Comparer nos expériences autour d'une bière, sur l'air du dernier album de *Red Hot Chilli Peppers*, est un job que je suis capable d'accomplir. Gérant d'un bar sur une plage, ça manquait définitivement à mon C.V..

Même après vingt-cinq ans de guerre civile brutale, de dictature répressive et de stagnation économique, les Cambodgiens ont un humanisme profond, chaleureux, fait de joie de vivre. Rien à voir avec les gens de ma ville, qui semblent des automates ayant cédé une partie de leur âme pour joindre la société moderne.

Mon salaire consiste en un logement directement sur la plage, en argent de poche, en nourriture du resto à volonté et en *open bar*. Ce dernier item est particulièrement apprécié dans la liste, et consti-tue un bel incitatif à me considérer moi aussi en vacances. En gros-ses vacances sales.

Aussitôt l'océan salué, je plonge la main dans le frigo. Je subis le léger choc électrique rituel au contact de la canette. Ma main a choisi pour moi : *Beer Lao*. La première gorgée rappelle à mon esto-mac les vagues brûlements qui ont couronné ma soirée d'hier. J'ai un peu abusé. Mais il faut abuser de l'abus.

Trop tôt pour avoir une bière entre les mains ? Peut-être. Je ne sais pas, je ne porte plus de montre. Ça fait... déjà trois semaines que je travaille ici ! Incroyable saut dans le temps ! Depuis trois semai-nes je ne porte ni t-shirt, ni souliers, ni montre. Je ne porte que ma barbe, tel un écriteau permanent dans mon visage qui dirait : en vacance. *No shirt, no shoes, no problem.* Pieds nus dans le sable, assis sous l'ombre de l'arbre, je considère le menu et pense peut-être sauter le déjeuner pour passer immédiatement à une bonne pizza hawaïenne. Les vagues roulent lourdement dans un bruit de tonnerre. Elles appellent une bonne bataille, je vais aller les confronter. Mon activité préférée de la journée : les attendre de pied ferme et les transpercer de l'épaule, plaquer ces colosses qui s'abattent sur moi. Mais avant, créer une ambiance pour le bar. Je fouille le catalogue à CD, un bon disque de jazz. On va débuter ça mollo. La guitare embarque en solo, je plonge à l'eau, voilà déjà une bonne partie de mon travail de complété.

Un étrange diseur de bonne aventure s'approche de moi sur la plage et me demande : « Tu veux connaître ton futur ? Tu veux savoir ce qu'est le bonheur ? » Je retire ma main qu'il a prise dans la sienne et réponds : « Je crois que le bonheur est de ne pas connaître son futur et de le découvrir par soi-même. » Sans dire un mot, il se retourne et part.

L'après-midi se pointe, le soleil commence à perdre de sa vigueur, je sors le ballon de volley-ball. Autour du filet s'attroupent ceux qui, presque inévitablement, se déboucheront quelques bières avec moi plus tard. Recrutement plaisant. Je vois Erling qui nettoie une table pendant que je rejoins le terrain de volley, bière à la main. Une chance que c'est lui le patron ! C'est un bon job : peu de responsabilités, sur la plage à longueur de journée, avec des gens qui veulent faire la fête et de l'alcool à volonté… le seul qui travaille vraiment est mon foie.

Sihanoukville n'est pas encore devenue un *banana pancake paradise* suggéré par le *Lonely Planet*. Pas encore. Son espérance de vie est extrêmement limitée, son succès garanti, mais je profite pleinement de ses derniers souffles de tranquillité.

Mon regard se perd sur cette longue plage dorée. Ici, pas de bikinis. Les Cambodgiennes se baignent en jeans, en chemises longues sous leur chapeau. Le confort avoisine le zéro. Rien de religieux… ou au contraire, la religion qu'est devenue l'image. Une teinte de peau foncée témoigne d'une classe sociale inférieure, de paysans qui doivent cultiver leur terre au soleil. Comme nos *red neck*, les cous rougis par le soleil du champ. *Standing* social oblige, les femmes évitent donc le soleil comme des vampires, utilisant chapeau, foulard, tout pour protéger leur peau. Lors de mon premier jour passé sur la plage, la cuisinière avait presque pleuré ma blancheur disparue : « *Why ? Why !* » J'étais si blanc, si parfait, si noble… j'avais tout ruiné !

Smash ! Je plonge pour empêcher le ballon de rejoindre le sable, l'effleure. L'adversaire marque un point. Mais seulement d'atterrir dans ce sable m'est une récompense. Puisqu'il me recouvre le ventre, je déclare une pause, cours les cinq pas qui me séparent de l'océan, y plonge. L'eau est presque aussi chaude que l'air, aucune adaptation requise. Parfait.

Les haut-parleurs propulsent la voix de Bob Marley. Les chaises longues parsemant la plage sous l'ombre de notre grand arbre sont presque toutes occupées. Les tables sont remplies de bières. Ça promet pour ce soir. J'augmente ma pause en courant au bar m'ouvrir une *Chang beer* glacée, la pose sur mon front. Une petite main saisit la mienne, un jeune vendeur d'à peine huit ans, plateau de fruit sur la tête… Une partie de billard ? D'accord, je fais signe, la joute de volley-ball survivra très bien sans moi. De nouvelles recrues se sont ajoutées.

Mon petit adversaire, qui a posé son plateau de fruits sur le comptoir, doit se tenir sur la pointe des pieds pour arriver à voir les boules. D'autres enfants, paniers remplis de fruits de mer ou de chips sur la tête, s'attroupent pour regarder. C'est déjà dimanche ? La journée des enfants. *Warp zone.* Alors que tout autour est si lent, le temps, lui, sprinte comme un effréné ! *Hotel California* envahit les haut-parleurs. Comme dans la chanson, je ne pourrai jamais quitter cet endroit.

La partie terminée, je prends le ballon de soccer et cours, entouré des enfants qui abandonnent leur travail, le temps de quelques coups de pieds. Enfants de la rue, très jeunes, leurs ventes assurent leur survie. Le tourisme représentant une véritable manne, certains ont quitté la prostitution pour tenter de regagner leur amour-propre. N'ayant nulle part où dormir, par les nuits de pluie ils venaient par dizaines dormir sous les toits des bars ouverts sur l'océan… ou sous notre table de billard. Les propriétaires cambodgiens les chassent à coups de bâton, comme des chiens. Et à force de se faire traiter ainsi, ils en viennent à croire qu'ils en sont. Mais Erling a décidé de leur construire une maison. Une supervision adulte, un refuge, et une fois par semaine, une partie de soccer et un cola gratuit. Tout un monde qu'il leur offre. C'est qu'Erling est sensibilisé à la cause : sa propre fille, il l'a retirée de la rue.

Dans la nuque de la petite Dha, des vers avaient établi résidence, créant une énorme déformation. Une bosse. Sa mère prostituée, incapable de lui payer des soins, l'a louée à une vieille aveugle qui quêtait au marché. Avec la petite qui attirait la pitié, les passants étaient beaucoup plus généreux avec la vieille. Affaires florissantes. La petite tenait le chapeau, remettait l'argent.

Quand la maladie lui a finalement retiré toute énergie vitale, sa mère a approché la femme d'Erling, et lui a vendu l'enfant… 80 $. 80 $ pour une petite fille qu'ils ont ramenée à la vie, et voici Erling avec une enfant qu'il adore comme la prunelle de ses yeux.

En quelques années de vie, la petite a frôlé la mort lors d'une opération majeure, a vécu la pauvreté, l'abandon de sa mère prostituée, l'adoption, le divorce de sa famille d'accueil… Son passé rend difficile l'apparition d'un sourire. Il se cache derrière une cloison quasi impénétrable. Erling l'a nommée Dha, car lorsqu'il est allé la chercher, elle ne bougeait plus, semblait morte, dure comme la pierre. Ressuscitée. Dha signifie « de roche » en khmer. Mais lorsqu'un de ses sourires transperce ce mur, il illumine la pièce comme une explosion de feu. Dha.

Dha, qui me contemple chaque fois avec un regard distant, semble appréhender dans tous et chacun la graine du mal qui pourrait éclore. La douleur potentielle. Chaque matin, je dois la convaincre de ma bonne foi, lui prouver que mes intentions ne sont pas malsaines. Un effort sans cesse renouvelé, mais cent fois récompensé lorsque finalement sa barricade tombe, que son visage se détend, que sa main se dirige vers la mienne pour me demander d'aller me baigner avec elle. Et dans les vagues contre lesquelles nous nous butons, dans mes bras qui la protègent, elle devient l'enfant qu'elle n'a jamais été, apprécie l'instant d'oubli, le cœur remplace la pierre. Dha.

Nous retournons à l'intérieur, des cris nous signalent que quelques invités sont déjà arrivés... Des enfants de la rue rassemblés pour célébrer sa fête : aujourd'hui, Dha a 5 ans. Je mets un vidéo de *Mister Bean*, tous les enfants s'attroupent, rient à gorge déployée, retrouvent l'innocence qui leur a été volée. Dha déballe son cadeau, les lettres de notre alphabet en styromousse coloré. Quel beau cadeau éducatif. Un jeune garçon saisit immédiatement le « F », le tourne en saisissant les pattes, et s'en fait une mitraillette, bruits de balles accompagnées de salive. « *Para-pa-pa-ra !* »

J'oublie trop souvent le passé de ce pays, que même les adultes d'à peine trente ans ont vécu le règne des Khmers Rouges où leurs proches s'entre-tuaient, se dénonçaient, lors d'un règne de trahison et d'autodestruction qui a conduit au massacre de près de deux millions de leurs compatriotes. J'oublie que dans ce coin du monde bordé de palmiers, même les enfants de sept ans ont vécu une guerre civile meurtrière. Leur lourde histoire se reflète sporadiquement dans les gestes des Cambodgiens, teinte leurs comportements. On la décrypte dans les jeux d'enfants qui se donnent quelques vrais coups de poings, chez les adolescents qui s'amusent à se lancer des pierres. Cet après-midi, un homme a traversé notre cours, lance-roquettes sur l'épaule... Tout est là, parsemé dans cet incroyable paradis sur terre. La beauté de ces gens et de leur culture n'a d'égale que l'immense souffrance qu'ils ont connue. Le summum humain matérialisé dans les temples d'Angkor; toute sa démence matérialisée en Pol Pot.

Dans toutes les familles, des trous laissés par les Khmers Rouges. Deux millions de trous. Les pagodes et les écoles ont été transformées en prison ou en centre de torture. Pourtant aucun membre des Khmers Rouges n'a jamais été inculpé. Certains sont même présentement membre du gouvernement. Eux qui sont pourtant responsables de l'élimination de l'équivalent du tiers de la population actuelle du pays... Tous les Cambodgiens possédant une éducation, la maîtrise d'une langue étrangère ou de quelconques aptitudes qui les cataloguait comme « intellectuels » — comme le simple fait de porter des lunettes — ont été assassinés. Connaissances bourgeoises, ennemies de la vie de paysan productif, moteur du communisme. Tous les professionnels, médecins, intellectuels, professeurs, ingénieurs, moines et artistes : disparus. Tous ceux dont le Cambodge moderne aurait vraiment eu besoin pour se reconstruire... Laissant derrière les nouvelles générations pour s'autoéduquer, sans leurs sages. Repartir à zéro. Et de toute façon, quel intérêt représente pour les jeunes d'aujourd'hui cette éducation qui a coûté la vie à des millions de leurs parents ?

Comme 36 % des Cambodgiens, ces enfants qui m'entourent souffrent de malnutrition. Ils ont vécu la guerre, ils ont vu les morts, ils ont entendu les coups de canons, ils ont vu les leurs s'entretuer, ils ont vécu la peur. Derrière leurs rires innocents, comme leur cœur doit être lourd. Tout ça pour la folie de quelques avides de pouvoir. Un proverbe cambodgien résume bien cette réalité : lorsque les éléphants se battent, seules les fourmis meurent.

*

Ces derniers jours, le bar est presque vide, nous avons des chambres vacantes : les élections présidentielles du Cambodge effraient les touristes. Depuis quelques semaines, d'immenses parades, défilés populaires, envahissent les rues avec leurs chaînes de camions débordants de partisans et leurs mobylettes munies de drapeaux aux couleurs des partis.

Lorsque les milliers de participants portent un chandail blanc, c'est un défilé du CPP, *Cambodian Popular Party*, dirigé par Hun Sen, celui-là même qui, après avoir perdu les dernières élections de

1997, a fait descendre l'armée dans la rue et déclenché une guerre civile… jusqu'à ce qu'on lui octroie de nouveau le pouvoir. Bien sûr, ceux qui participent à ces défilés reçoivent essence, nourriture et eau, une journée de salaire quoi. Mais l'effet de masse est impressionnant et influence les votes. On arrive presque à oublier que ce Hun Sen n'est pas grand chose de plus qu'une marionnette placée au pouvoir par les Vietnamiens qui, après avoir chassé les Khmers Rouges en 1979, ont occupé le Cambodge militairement pendant près de dix ans… et continuent de considérer ce pays plus ou moins comme une colonie. Comme les Français en Afrique et les Américains en Amérique du Sud, les Vietnamiens ont compris que la présence de l'armée n'est pas nécessaire si on place un *ami* à la tête du pays.

Autrement que par les parades, les élections du Cambodge sont aussi influencées par le fait que le seul opposant sérieux, Sam Raimsey — progressiste ayant été congédié du gouvernement pour avoir osé parlé de droits humains et de liberté de presse — voit ses colloques marqués par des attentats à la bombe. Non pas des alertes à la bombe… des attentats à la bombe. C'est plus fâcheux.

Hun Sen a déjà prédit avec succès quelques attentats chez son rival, l'accusant du même coup de ne pas être apte à défendre le peuple. La blague est qu'un chandail au logo de Sam Raimsey est comme une cible : il attire les balles.

L'ONU a déjà tenté de superviser les élections, reconnaissant que Hun Sen les avait perdues, mais avec comme résultat qu'on lui a remis le pouvoir, en autant qu'il arrête sa guerre civile. Le peuple cambodgien sait donc pertinemment que la communauté internationale ne les défendra pas et s'en fout. Alors autant élire le dictateur sans histoire, pour pouvoir passer à autre chose. Le sang a bien suffisamment coulé, personne ne veut retomber en guerre civile.

Il est clair que pour que la démocratie vive au Cambodge, Hun Sen doit mourir. Mais en attendant patiemment ce jour, les Cambodgiens ne veulent que la paix.

Nous suivons le déroulement des élections à la télé. Tout de même, il est préférable d'être informés si des tanks prennent d'assaut la rue. La Thaïlande peut être rejointe facilement, il suffit de partir à temps. Bien sûr, sans passeport, c'est une autre histoire…

CNN annonce, entre les sports et la rescousse d'un chat pris au sommet d'un poteau électrique, que l'élection au Cambodge se déroule bien. Jusqu'à présent, on ne compte qu'une vingtaine d'assassinats politiques, des candidats de l'opposition pour la plupart. Une grenade a explosé au quartier général de Sam Raimsey, mais ce dernier n'y était pas, et deux bombes ont été trouvées au Palais Royal, mais désamorcées à temps… Les observateurs internationaux sont satisfaits. Ils signalent quand même de graves anomalies au niveau du scrutin, mais rien à voir avec les dernières élections, où la radio avait annoncé en grande pompe que le gouvernement avait réquisitionné les services d'un satellite capable de lire les bulletins au moment même où on les cochait, et que ceux qui ne votaient pas pour Hun Sen auraient à s'expliquer devant des foules enragées.

Hun Sen va être élu sans trop d'histoire. Un lourd silence d'impuissance envahit les Cambodgiens qui, pour espérer vivre, doivent signer leur arrêt de mort.

Sur les vagues calmes, le soleil se couche, met le feu aux nuages. Comme un univers parallèle, difficile de croire que nous nous trouvons dans le même pays où se déroule cette élection. À cette heure où les baigneurs, après avoir passé leur journée à la plage, se demandent s'ils vont retourner à leurs chambres, je referme la porte du lecteur CD sur le disque de *Coldplay*. Musique entraînante, connue, sentiment de sécurité à l'autre bout du monde, la réalisation qu'on se sent heureux, le bien-être retrouvé, même si présentement notre chez nous vit la tête en bas. Le sourire se propage, des bières sont commandées, la fête commence. J'avance vers les vagues pour admirer le soleil se fondre à l'horizon. Le ciel se recouvre progressivement, en partant de l'horizon opposé, de milliers d'étoiles.

Un Américain débarque avec sa guitare et son sourire. Détestant Bush, ouvert d'esprit, c'est quand même rassurant de se rappeler qu'on ne peut pas toujours généraliser. Entre deux chansons, il m'explique sa façon de voyager. Il s'impose des règles, comme par exemple ne rien dépenser pendant trois jours. Pas un rond. Il s'enfonce en auto-stop dans le centre du pays, loin des touristes, et il doit alors parler aux gens par signes, rencontrer des habitants, leur jaser et être sympathique jusqu'à ce que l'un d'eux l'invite à manger... à dormir. Alors, il vit dans des familles, dans des maisons, dans des cuisines, un univers personnel que les autres voyageurs ne côtoient plus depuis des mois. Il entre dans la bulle des vrais Cambodgiens. Sans un sou, il fait le plus riche voyage de nous tous.

Je retourne au bar, le temps d'un *refill*. Un Néo-Zélandais — « *I'm a kiwi mate* » —, me demande la suggestion du barman que je suis devenu, en traversant le comptoir. J'ai quand même bien étudié, je dois avouer. Devant ce bar rempli de bouteilles de toutes sortes, de marques de bières qui n'existent pas en Occident... j'ai décidé de maximiser la diversité. Mon travail ardu de dégustation intensive s'est soldé par une nouvelle page dans le menu : les *Unkle Bob's Special Drinks*. Un choix par jour, tel que suggéré par mes papilles gustatives. Je lui sers la suggestion du jour : le *Lazy Sunday*, lait frappé au chocolat, généreusement agrémenté de Bailey's. « Bah... » me répond-il en repoussant le verre, « peut-être pour demain au *brunch*, mais ce soir je veux quelque chose de solide ». Oh... Un bon client en perspective ! Alors sans parler, faisant seulement un clin d'œil au *kiwi*, je me mets à l'élaboration d'un *bucket*. La solution clef-en-main, pour ce genre de demande. Je remplis la chaudière de glace, y vide une pleine flasque de whisky, aromatise le tout à l'aide d'une canette de cola et d'une de *Red Bull*. 500 ml de whisky qui, nom comique, car la couleur est effectivement identique, se nomme *Mékong*. Les papilles gustatives hésitent en découvrant que le *drink* comporte autant de whisky que *d'accompagnement*, mais elles sont bien vite soûlées et le mélange devient explosif. C'est la tradition des plages de Thaïlande, et les idées que j'aime, je les transporte avec moi. Avec les prix ici, le *bucket* comprenant un plein demi-litre de whisky, ne coûte que deux dollars… À ce prix, on oublie que ce devait théoriquement être un drink de *groupe* et on en vient à former son propre groupe.

La soirée avance. L'Américain me salue, tout en continuant son solo d'*air-guitar* sur sa baguette de pool. Au rythme de *Radiohead*, un plancher de danse s'est improvisé sur la plage, la fête bat son plein, les *buckets* s'accumulent.

Sotti vient me trouver au cœur de ma danse. Serveur du bar, approchant la vingtaine, il est mon partenaire de tous les instants. Premier levé, dernier couché, il est le seul Cambodgien que je connaisse bien et qui rende cet endroit vivant, frais, agréable. Les après-midis, un coup d'œil complice et il accourt chercher le ballon de soccer. Sous la brise de l'océan, nous plongeons à pleine course dans les vagues pour faire la tête victorieuse qui nous permettra de marquer le but gagnant du *Mundial*. Notre plaisir se répand et détruit la barrière invisible qui subsiste : autant Occidentaux que Cambodgiens nous rejoignent sur la plage, les différences se dissipent.

Le feu au charbon de bois est éteint, les derniers poissons pêchés ce matin ont été mangés. Le BBQ est fermé. Mais Sotti s'inquiète. Le *kiwi* est parti à moto. Je me retourne. C'est vrai, il n'est plus dans les parages. Et il était assez joyeux merci. Hum… dangereux. « Il est probablement parti au *boom boom* » me dit Sotti. Le *boom boom* ? « Le *chicken market*… » renchérit-il. Quoi ? Une discothèque ? Sans m'expliquer, il me fait signe de monter derrière lui sur sa mobylette. Nous allons le chercher.

La vent de la nuit balaie mes cheveux. Sotti contourne les trous dans la chaussée, dépasse l'essaim de mobylettes aux moteurs défoncés, les chariots tirés par des chevaux ou des motos, des buffles… Comme seule protection, ma chemise ouverte au vent, beau petit *buzz* de vitesse, je suis au Cambodge et je me sens bien !

Je repense à un ami qui m'avait demandé, avant mon départ, pourquoi je dépensais une telle somme pour un billet d'avion, alors qu'avec le même montant j'aurais pu m'acheter une voiture.

« Quand tu vas revenir après ton voyage tu n'auras rien, alors qu'au moins une auto… »

Je n'aurai rien ? Aucun montant d'argent ne peut acheter ce que je ressens présentement. Je ne me suis même pas donné la peine de le contredire. Lorsque des valeurs se confrontent, un changement de sujet est requis.

De petite taille, boule de muscles, le teint basané et les cheveux noirs traditionnels, je n'ai aucune difficulté à voir au-dessus de Sotti, que je dépasse d'une bonne tête. Je lui demande comment il a rencontré Erling. Il me répond que l'an passé, son père, polygame, s'est marié avec une jeune femme qui l'a ruiné, en jouant tout son argent au casino. Il a dû vendre la maison pour payer les soins de santé de sa première femme — la mère de Sotti —, qui est morte il y a deux mois. Il rajoute qu'Erling, ami de l'un de ses oncles, a eu vent de l'histoire et l'a engagé comme serveur. Avoir un emploi, chance rare en ce pays.

Mais la véritable opportunité demeure celle de côtoyer des étrangers. Marier une étrangère qui le ramènerait dans son *pays riche* est le but ultime, et la pression familiale à cet égard est grande. Une récompense en argent a même déjà été amassée pour la future femme qui ouvrirait les portes des États-Unis à Sotti. *American dream*. Le mythe qui veut que dès que Sotti foulera la terre promise, il enverra des masses d'argent à sa famille, tout le village passera de l'enfer au paradis. Et même si ce n'est pas Sotti qui y arrive du premier coup, eh bien ses enfants, ou les enfants de ses enfants, auront la chance de connaître la grande vie… et de planter un arbre généalogique dans celle-ci. Mais Sotti n'a pas l'air trop enthousiaste.

— *Future dead… Future dead*, murmure-t-il.

— Quoi ?

Tout en roulant, il extrait une photo pliée de son portefeuille. « Pas grave, rien n'est important » poursuit-il. Je déplie la photo, j'ai toute la difficulté du monde à le reconnaître, à peine huit ans, cheveux rasés, vêtu des toges rouges magnifiques d'un novice bouddhiste, encerclé par les membres de sa famille, souriants. Ils lui tendent des offrandes, leur fierté est manifeste. Son entrée dans le temple bouddhiste est signe de prestige et de chance pour tous ceux qui l'entourent.

— Tu es resté combien de temps ?

— Un an, me répond-il.

Contrairement à la vocation de prêtre catholique qui est l'investissement d'une vie, le bouddhisme encourage tous et chacun à devenir moine pour partager les connaissances. Il est possible d'y séjourner aussi peu que trois mois et d'en sortir, non pas comme ayant échoué, mais au contraire, estimé. Car les enseignements qu'on y reçoit sont considérés comme indispensables pour mener une vie enrichissante. Leçons, méditation, philosophie de vie, enseignements, sagesse, qui influencent la trajectoire complète de celle-ci.

Cependant, comme tout ce qui repose trop longtemps entre les mains de l'homme, les philosophies et les idées ont été teintées par sa bêtise. Abaissement de la conscience.

À partir de l'enseignement qui disait simplement qu'on ne devrait pas s'attacher au monde matériel, car tout ce qui s'y trouve est éphémère, des moines ont décidé de faire répéter inlassablement, à des enfants de huit ans comme Sotti, en guise de méditation : *future dead*. « Ta mort et la disparition de tout ce que tu connais peut arriver à tout instant. » À quoi sert-il de s'investir pour son futur, d'espérer un lendemain meilleur, de demander mieux à la vie, de travailler pour acheter une maison, d'entreprendre, d'étudier, se dépasser et espérer, quand chaque seconde pourrait être notre dernière ? « Le seul vrai but est d'améliorer notre karma, afin que notre prochaine vie soit meilleure. » Puisque cette existence-ci est difficile, mauvaise, autant la consacrer à prier pour que la prochaine soit plus heureuse. Le plus tôt cette vie de misère se terminera, le mieux ce sera.

Cela m'attriste. Un type brillant, jeune, avec la vie devant lui. Sotti se tourne vers moi : « Ugo, tu es comme frère. Je suis content être avec toi aujourd'hui, et aujourd'hui est seul jour qui compte. » Il évite de justesse un profond nid de poule ; ça en devient un art ici.

Le port se présente à nous, ses bateaux de pêcheurs multicolores dormant sur la rive. Nous tournons sur une petite rue sombre en terre battue. Drôle d'endroit pour une discothèque. Un autre nid de poule est évité de justesse dans le noir..

De petites cases en bois bordent la rue; devant l'une d'entre elles, une lueur s'allume. Puis une deuxième, une troisième, puis toutes. Des néons entourent les portes d'entrées des habitations. Étrange. On dirait que tous ont bénéficié de la même vente d'entrepôt, car tous les néons sont de couleur identique : rose-rouge. Puis, un cri féminin me ramène à la conscience, je réalise ma stupidité. Le « *boom-boom* »... Le « *chicken market* »... Sotti ne parlait pas d'une discothèque... Devant chaque bloc, devant chaque porte, cinq, six, huit, dix filles s'empressent de sortir, s'alignent dans une position invitante, vêtues d'un chemisier de nuit pour les unes, soutiens-gorge pour les autres, leur G-string ne dissimulant en rien leurs longues jambes. « *You, you, go sleep ! Go boom-boom ! Mister, you boom-boom ?* » me lance l'une d'elles, en frappant solidement sa main contre son poing. Jeunes, très jeunes. Belles, très belles. Elles me tendent les bras, m'invitent ouvertement, me démontrent les combinaisons potentielles pour multiplier mon plaisir... Je n'ai plus qu'à cueillir. Elles se disputent mon attention, mais restent en ligne, en position. La règle est stricte : discipline.

« Elles pensent que je suis ton chauffeur... » me confie Sotti. Évidemment, un blanc sur une mobylette conduite par un Cambodgien signifie dans l'esprit de beaucoup : *tourist-guide*. « Elles donnent une bonne commission aux chauffeurs ! » poursuit-il en me faisant un clin d'œil moqueur. La commission ne peut être énorme, car les plus belles des belles ne coûtent que dix dollars l'heure. La rumeur circule que certaines vietnamiennes sont mêmes liquidées à trois dollars. Je commence à douter du véritable but de notre quête, un malaise s'installe. Mais Sotti poursuit sa route sans broncher. À la recherche de la moto du kiwi. Gardons la mission en tête.

Toutes les habitations de ce qui me semble un véritable village sont converties en bordels. Seule exception à la règle, les quelques marchands vendant les à-côtés : nourriture, alcool, condoms. Il se trouve certainement dans les parages un de ces *kiddie's corner*, raison pour laquelle l'Asie du Sud-Est est devenue la Mecque des pédophiles. Depuis peu, un homme canadien qui achète un billet d'avion seul, pour visiter cette partie du monde, est automatiquement répertorié par la GRC comme *pédophile potentiel*.

Et Erling, qui se démène pour la qualité de vie des enfants de la rue, qui est un véritable père pour eux, qui a mis en place un système pour dénoncer les pédophiles sur la plage, qui a sauvé Dha de la mort, qui l'adore comme sa propre fille... ne peut la ramener en Norvège. Un fonctionnaire européen qui reçoit la demande d'un homme seul ayant déménagé au Cambodge, puis voulant revenir avec une fillette de cinq ans... refus automatique. Évidemment. Préjugés obligent[3].

Sotti arrête, au bout de la ruelle, aucun signe du Néo-Zélandais. Il est absent... mais les filles, non. Quelques-unes ont interprété notre arrêt comme une décision de ma part, le choix de leur établissement, et elles viennent me présenter la sélection. Elles sont superbes, belles asiatiques, jeunes, un rêve... Des hôtesses de jambes en l'air. Au Cambodge, la distance qui sépare un fantasme de sa réalisation n'est toujours que de quelques pas. Tout comme chez moi, je pourrais d'un coup me dire : « Wow, j'aimerais bien manger un hamburger » et me rendre impulsivement à un restaurant. Ici la même chose est possible... pour la drogue et le sexe. Le quartier est comme un immense dépanneur du sexe, ouvert 24 heures sur 24, sept jours par semaine.

---

3 Pourtant, selon l'Unicef, les États-Unis abritent davantage d'enfants prostitués — à la fois en nombre et en proportion (300 000 sur une estimation de un million dans le monde entier) — que le Cambodge ou la Thaïlande.

Mais, au-delà de ma testostérone qui hurle à la lune, j'arrive tout de même à percevoir dans leurs regards la jeunesse volée de celles qui parfois sont enchaînées à leur lit, la nuit pour prévenir toute fugue. Une vie devenue esclavage... Dans un pays où l'on peut acheter une femme pour 400 $ — un peu plus si elle est éduquée, dans un pays où les familles défavorisées des villages pauvres élèvent parfois une fille dans le seul but de la vendre, je n'arrive pas à chasser la douleur que je devine sous leur beauté, la tristesse qui réside derrière leur sourire, les blessures non cicatrisées sous leur peau basanée. Que peuvent-elles bien penser des hommes ? Ceux qui les achètent.

Malgré tout, les hormones travaillent. La motivation fond souvent comme du beurre au soleil. Se faire plaisir avec une magnifique femme, s'oublier dans ses bras, croire à ses *je t'aime*. Je repense en riant à Régis qui me racontait qu'il allait régulièrement au bordel, mais « comme je les respecte trop, je ne les baise pas, oh non ... Je ne leur demande qu'un massage... mais complet, quoi. »

Le plus vieux métier du monde est une quête éphémère pour vaincre deux des pires souffrances qui existent : la femme qui tente de combler sa pauvreté; l'homme qui tente de combler sa solitude.

Sotti finit son demi-tour, repart en sens inverse. Pourvu qu'il n'arrête pas, qu'il ne décide pas lui-même d'en profiter. Je m'empêche d'accepter, mais je n'aurais probablement pas le courage de refuser.

Le voyage du retour a l'effet d'une douche froide, progressivement mon cœur se calme, l'adrénaline me laisse tranquille... Les hormones sont une drogue très puissante. Voilà le sanctuaire du *Unkle Bob's*, je demande asile !

La musique joue encore à tout rompre. Mais quelle musique ? Du *Johnny Cash : Ring of fire*. Ma présence est requise ! DJ d'urgence ! Je réintègre mon rôle, rejoins le stéréo en croisant la piste de danse improvisée. Et en voyant le sourire sur leurs visages, la joie, l'oubli... je me laisse gagner à mon tour.

À voir les yeux de certains, je devine qu'ils se sont laissés tenter par une *Happy herb pizza*, pizza à la marijuana, que sert la cabane/restaurant voisine. Carrément dans le menu, souvent les touristes pensent qu'il s'agit d'un attrape-nigaud, mais le dernier couple que j'ai rencontré qui a mangé une pizza au complet est demeuré treize heures enfermé dans sa chambre, trop gelé pour en sortir. Avec de la marijuana finement hachée, formant un étage entre la sauce et le fromage, le tout constitue une unique et délicieuse expérience culinaire. Mais il ne faut surtout pas sous-estimer le pouvoir de la pizza. Ne jamais la commander *Extra-happy*.

Quatre Australiens qui se sont rasé le crâne sur un coup de tête en voyant le *Docteur Evil* du dernier film *Austin Powers* me commandent une pleine bouteille de vodka. La fête n'est pas sur le point de finir. Philip est suspendu aux poutres du plafond, la tête en bas, et tente de faire du karaoké sur une chanson cambodgienne. Changement de cap, mes jambes visent le frigo. *Beer time !* Avoir les mains vides lorsqu'on bénéficie d'un *open bar* est une grave insulte, que je m'efforce de ne pas commettre. La piste de danse est encore pleine, pleine d'énergie malgré qu'il soit très tard... ou très tôt, c'est selon. C'est le secret du célèbre *bucket*, avec son whisky mélangé au *Red Bull* : même aux petites heures du matin, même si on est soûl comme une botte, les *Red Bull* en Asie contiennent de vraies amphétamines, ce qui ne nuit pas du tout à la poursuite de la soirée. Fête assurée. La version occidentale n'est qu'une pâle copie.

Sur la plage, l'Américain vient de s'acheter vingt grammes de marijuana pour trois dollars. Mais comme il part demain matin pour la Thaïlande, il ne veut pas se risquer à la passer aux douanes. Mission : tout fumer ce soir. Il nous impose une diète stricte, un gros cône aux quinze minutes. Entre la marijuana et le papier à rouler, le papier à rouler est de loin l'ingrédient le plus dispendieux... Il y a tant de joints qui tournent qu'il manque de poumons pour les inspirer. La vision d'un gros cône se consumant lentement dans le cendrier ferait pleurer un Québécois qui paie son gramme quinze dollars… J'en ris, soudainement, sans raison apparente, signe que la *vita e bella*. Je réalise à quel point il serait facile de décrocher de ma vie, et de simplement demeurer ici, au Cambodge. Je me couche dans un hamac sur la plage, contemple les étoiles, regarde une autre journée se terminer. Assoupi, je me demande bien pourquoi je retournerais dans ma course folle, simplement pour arriver à joindre les deux bouts. Avec le coût de la vie, de la nourriture, de l'alcool, de la drogue, si bas… un mois de loyer chez moi suffirait ici pour vivre confortablement une année complète, avec la fête comme unique priorité. En regardant autour de moi, je réalise que plusieurs ont justement compris cela. Le *warp zone* est en train de me gagner.

Dans le silence séparant deux chansons, la musique des vagues me rejoint. La nature reconquiert l'espace. J'entends tous les sons qui sont habituellement perdus en ville, quand la douche remplace le battement de la pluie sur un toit de tôle, quand le ventilateur remplace la rumeur du vent qui agite les feuilles, quand un réveille-matin remplace les vagues qui embrassent le sable…

Je quitte la piste de danse, m'approche de l'eau. Habitude prise au *Full moon party*, j'apprécie pleinement ma pisse, le regard perdu dans l'océan.

Étrange. Est-ce le reflet des néons ? Les vagues qui cassent sont étrangement teintées d'une lueur. Leur moutonnement semble coloré d'un faible vert lumineux. Peut-être les gorgées de bière que je viens d'avaler étaient-elles de trop. Une autre lueur, au loin. Pâle, mais quand même. Je m'éloigne du bar, marche le long de la rive. J'entre dans l'eau en diagonale, pour m'éloigner en même temps des lumières du *Unkle Bob's*. Mes pieds… mes genoux… sont recouverts d'une sorte de lumière verdâtre. J'avance toujours. L'eau est si claire, que même lorsqu'elle rejoint mon cou, j'arrive à voir mes pieds qui, lorsque je les secoue, s'illuminent d'une sublime phosphorescence. Une lueur que je manipule du bout des doigts, qui recouvre chacun de mes mouvements...

Je reviens à la course au bar et dérange Erling pendant son coup de billard pour lui demander ses masques de plongée, tubes, palmes. Sans qu'il comprenne, je lui ordonne de me suivre. Je tire Sotti par le bras, mon visage d'illuminé lui fait bien comprendre qu'aucun refus ne sera accepté.

Masque sur la tête, palmes aux pieds, ils me suivent, incrédules, dans l'eau. Sotti, le premier, explose d'un rire spontané. L'eau remuée par ses palmes prend vie. J'accélère... aux genoux... ça y est je plonge. Mon rire s'engouffre dans mon tube. Contre mon visage, des gerbes de lumières se projettent, accompagnant les bulles provoquées par mon entrée. J'observe mes doigts; en les remuant, ils s'enveloppent de lumière, comme des lucioles. Sur mon corps... Sur ma peau... Je pousse mes mains vers l'avant brusquement, lance un flot d'étoiles, flammèches qui tourbillonnent à même le courant dans une course chaotique, avant de disparaître. Je m'imagine dans *Fantasia*, magicien lançant des sorts, étoiles projetées à même mes doigts, accompagnées des sons que mon tube fait résonner. « *Pwsschiou* »

Erling m'explique que c'est une sorte de plancton microscopique qui voyage dans l'eau. Nos mouvements provoquent une réaction chimique similaire à celle des lucioles, déclenchant la luminescence. Mais comme ce plancton voyage au gré du courant, impossible de savoir où il va, ni quand il arrive. Le hasard pur guide sa vie. Bien heureux que nos trajectoires se soient croisées.

En un coup de palme, je me propulse dans l'eau. En gardant mes doigts devant mon masque, nageant à pleine vitesse, une myriade d'étincelles pleuvent sur moi dans leur course folle, m'illuminant au passage. J'ai atteint la vitesse de la lumière dans la *Guerre des étoiles*. Un froid me frappe la nuque. Je me redresse, la pluie débute. En sortant de l'eau, la phosphorescence me colle à la barbe, s'écoule le long de mon corps. Je retire mon masque pour entendre les rires d'émerveillement d'Erling. Partout autour de nous, dans cet océan noir comme l'encre, chaque goutte de pluie, lourde, qui entre en contact avec l'eau s'illumine. Petites décharges de lumière. La pluie augmente sa cadence, les gouttes explosent hors de l'eau, brillent dans les airs. Sotti s'approche, essoufflé : « Jamais… vu ça ! » Le sourire jusqu'aux oreilles, les yeux brillants. Aucune parole n'est nécessaire. Des éclairs nous illuminent, comme des *flashs* de caméra, restent collés à nos rétines. La pluie se déchaîne d'un coup, froide, comme si les écluses du ciel venaient de céder. Nous rentrons au bar. Les clients nous voyant arriver avec nos ensembles de plongée, mouillés jusqu'à l'os, sourires béats, n'y comprennent rien. Mais la danse reprend aussitôt, on s'habitue vite à n'y rien comprendre, dans cette partie du monde. Je prépare un autre *bucket*, tous ceux qui sont encore debout mériteront leur part. D'ici peu, le soleil se lèvera pour son spectacle matinal sur l'océan. Il faut être fin prêt pour l'accueillir, comme il se doit.

Erling se rue sur son ordinateur, afin de partager par courriel cette expérience. « Ugo, tu as un message ». Un message ? Je regarde l'expéditeur… L'Ambassade ! Ma poitrine se crispe, la nouvelle tombe comme une brique : mon passeport est prêt. Ça fait déjà un mois que je suis ici, j'ai l'impression d'être arrivé hier. Pire encore, puisque mon visa cambodgien est expiré, je dois quitter le pays immédiatement.

Sotti entre dans le bureau pour y ranger le matériel de plongée. Il voit à mon regard que tout a basculé. Je lui explique du mieux que je le peux. Il me répond simplement : « Quitte Cambodge, achète nouveau visa, puis reviens ! ». Oui, je pourrais… Mais… je suis venu en Asie du Sud-Est pour en faire le tour, visiter autre chose. Je ne peux pas me permettre de rester ici durant tout mon voyage. En fait, je ne veux pas me le permettre… Pourtant, je suis ici dans ma famille, le rythme de vie y est paradisiaque, et mon travail c'est d'avoir du plaisir… Mon instinct me dit de planter ma tente ici. Ma logique me dit que d'autres destinations m'attendent, que je dois poursuivre, découvrir. Pourquoi chercher ailleurs quand on possède déjà ? Pour trouver mieux ? Est-ce que ce mieux existe vraiment ? Le système essai-erreur ne fonctionne que lorsqu'on fait des erreurs. Mon esprit n'est que points d'interrogation.

Débat entre mon cœur et ma tête. Qui écouter ? Mon cœur est passionné, intense, mais souvent changeant. Ma tête est froide, rationnelle, mais a l'avantage de se préoccuper du long terme. Et à long terme, je sais que je regretterais de n'avoir pas saisi l'occasion de découvrir le Vietnam, qui m'attend au bout d'un simple trajet d'autobus. Et la Chine, un peu plus loin... Un autre univers à ma portée, une nouvelle planète où atterrir.

Sotti me contemple, désemparé, incapable de comprendre. Comment lui expliquer que je me suis greffé à sa vie ici, complice de chaque moment, mais que soudainement je décide de partir, de voyager pour le simple plaisir, sans but réel, sans vraie destination. Lui qui est enchaîné ici, qui n'a jamais vraiment eu de choix. Et moi qui décide de changer d'existence, presque sur un coup de tête, avec pour toute motivation celle de prétendre à d'autres bons moments... Ailleurs, avec d'autres. Se sentant trahi, des larmes remplissent les yeux de Sotti. Je le serre dans mes bras, ému. Son murmure me coupe le souffle : « *Future dead, future dead* ».

Dans ce remue-ménage, Dha s'est réveillée; elle apparaît dans le corridor, sa couverture sous le bras, les cheveux défaits, dans sa longue jaquette. Elle me contemple avec son regard en coin, celui qui s'attend au pire, celui que je devrais contredire, rassurer. Mais cette fois, je ne le combats pas. Sa peur de l'abandon, cette nuit, est justifiée. Elle redevient de roche, une égratignure de plus. Dha.

Erling pose sa main sur mon épaule. Il me tend une enveloppe remplie d'argent, « de quoi te dépanner ». Peu importe le moment, peu importe l'année, il m'assure que toujours je serai le bienvenu.

Dans leurs yeux, je comprends la richesse de ce que je viens de vivre, les relations que j'ai tissées, l'expérience dont je me suis nourri. Ce pays que je détestais s'est gravé en moi. De la pire épreuve que j'ai vécue — le vol de tout ce que croyais important —,

est né ce cadeau magistral que jamais je n'aurais pu vivre autrement, et qui est certainement l'un des plus beaux souvenirs de ma
vie : barman chez *Unkle Bob's*.

Việt Nam

Non. Je reste en troisième, conserve de l'accélération à portée de main. *ViiiiIIIImm.* Je tourne la poignée au fond, pleins gaz. Le vent me fouette les cheveux contre le front. Plus ça pince, plus j'ai un *buzz*.

C'est certain que je suis loin de Jacques Villeneuve. La petite mobylette qu'on m'a louée ne dépasse pas les quatre-vingts kilomètres-heure. Et ce, dans une pente descendante, vent dans le dos. Mais je n'ai pas besoin de plus. Comparé aux autres mobylettes que je croise sur la route, je suis en Cadillac. Je les surpasse comme une Ferrari en Formule Un. Oui, on est dans la même course… ciao, je t'attends à l'arrivée.

Pas tant d'ennemis que ça à éviter devant moi. Je voulais justement fuir les *Saigon*. J'ai fêté mes vingt-huit ans en franchissant la frontière vietnamienne, Hô Chi Minh *city* m'a accueilli, avec ses 3,5 millions de motos — pour une population de 7 millions. Un flot continuel et ininterrompu de deux roues et leur nuage bleuâtre. Pour traverser une rue, nul autre choix que de foncer dans le tas, pénétrer l'essaim d'un pas lent et constant, espérant que les conducteurs nous évitent. On reconnaît en riant les touristes fraîchement débarqués, parce qu'ils attendent aux intersections une *occasion* qui ne viendra jamais.

Sans casque, t-shirt, contournant les collines qui surplombent les rizières, un panorama de vert éclatant à chaque virage, je frôle la limite de ma peur. Les tout étroites roues, les freins limités… Un gros trou, un camion et c'est *just too bad*. Mais je ne laisse pas ma peur contrôler ce moment, il est à moi. Une courbe me place nez à nez avec la vallée, j'accélère dans la pente.

Les champs se glissent contre les flancs des montagnes, les escaladant tout en paliers. Petits réservoirs remplis d'eau, les rizières ne peuvent exister en pente… sauf si on sculpte ces pentes en étages. Comme d'infinies marches qui permettraient à un géant d'accéder aux nuages.

Là où les pousses n'ont pas encore recouvert la surface, le soleil se reflète dans l'eau, entouré de ses nuages. Ce monde vert pâle débute dès la sortie de la ville : sans entre-deux, immédiatement l'éden.

Je dois rapatrier mes yeux. La route, la route, la route. C'est elle que je dois contempler. Les camions sont mes ultimes ennemis. Trop lents en montée, trop rapides en descente. En voilà un devant qui dépasse son rival, dans ma voie, face à moi. Il n'a aucune intention de se tasser. La loi du klaxon entre en vigueur : celui qui sonne le plus fort a droit de vie ou de mort sur les autres. C'est à moi, le moustique de la chaussée, de céder le passage en quittant dans un glissement l'asphalte. Perte de contrôle momentanée dans ce sable instable. Sueur instantanée. Je ne fais pas le poids.

Je reprends mon souffle, plus personne à l'horizon à présent, les courbes se laissent attaquer, le vent me tabasse le front, les arbres tentent de s'étirer vers le centre de la voie, veulent me cajoler. Je charge dans le virage. Mon derrière ballote, glisse. Je dois ralentir, j'ai dû atteindre les limites de ces vieux pneus. Pourtant, je n'exagère pas. La tenue de route n'est certes pas exemplaire… Le mot inquiétant me vient en tête alors que je contemple le ravin qui sert de bordure à la route. Ça ne s'améliore pas. Mon derrière danse le cha-cha-cha. Coup d'œil rapide à l'arrière : crevaison. Voilà. Merde.

Évaluation rapide de la situation. Je me trouve entre deux collines, dans une forêt traversée par une route sinueuse qui n'a pas croisé de civilisation depuis… longtemps. Quand on est heureux au point d'oublier l'existence du temps, ce dernier en profite pour foutre le camp. Je ne sais pas exactement depuis combien de dizaines de minutes je suis parti, mais je sais que c'est beaucoup trop. En m'arrêtant, le pneu s'est retiré complètement. Impossible de continuer à rouler, et la mobylette est vraiment lourde à pousser.

Je ne veux pas revenir sur mes pas, l'enfer. Les côtes… et le dernier village beaucoup trop loin. J'avance. Vers l'inconnu. J'espère le prochain. Mais j'ai un doute. Du haut de la colline je n'ai discerné que quelques habitations en tout et partout dans la vallée, rien de plus. C'est justement pour cette absence de civilisation — enfin, quitter les villes trop animées — que j'ai traversé ce pays du sud au nord, que je me suis retiré du monde à Sapa, cœur de la chaîne de montagne qui sépare le Vietnam de la Chine. Mais c'est à présent que j'aimerais bien me retrouver dans une ville de dix millions d'âmes…

J'avance, un autre pas, lourdement, poussant l'engin handicapé. Un camion me croise, me fait signe qu'il ne peut pas s'arrêter pour ne pas perdre l'élan qui doit le mener tout en haut de la pente. Je ne lui en veux pas. À entendre son moteur expirer des colonnes de fumée noire, comme s'il roulait au charbon, je ne peux que lui souhaiter bonne chance.

Je poursuis, désespérant un peu plus à chaque enjambée lorsque, au loin, une petite éclaircie sur le côté de la route attire mon attention. Entre les arbres… Je vois… oui ! Une tache rouge, colorée… pas naturelle. Un hamac est suspendu entre de petits troncs d'arbres plantés là. Une présence humaine le gonfle.

La jante arrière de ma mobylette qui crie contre la chaussée devient ma carte de visite. Une tête s'extirpe du hamac, un homme se lève, arraché à sa sieste. Il n'y a rien autour, qu'un étroit sentier. Qu'est-ce qu'il peut bien faire là au milieu de cette jungle, à attendre dans son hamac ? En me voyant approcher, lentement, il finit d'attacher sa chemise, se penche et saisit une boîte contenant quelques outils, une pompe. Je n'en crois pas mes yeux.

Le Vietnam est l'un des cinq derniers pays du monde à être encore socialiste[4]. Pourtant, jamais ailleurs je n'ai vu pareil capitalisme. Cet homme s'est vraiment planté là, pour une journée ou toute la semaine, s'il le faut, attendant la providence dans son hamac. Et la providence, la voici. La crevaison d'un touriste égaré, désemparé, qui vient vers lui dans le besoin. *Libre entreprise.*

À l'aide d'une branche, l'homme extrait le boyau de ma roue. Efficacement. Visiblement, il en a vu d'autres. Mon boyau est une véritable mosaïque de raccommodages de toutes sortes. La surface originale est difficile à distinguer sous toutes ces *patches*. Visiblement, lui aussi en a vu d'autres.

Dans un petit récipient de plastique, mon garagiste improvisé verse un peu d'eau, un fond à peine, à même sa gourde. Il y mouille mon boyau, centimètre par centimètre, répand l'eau avec son doigt. C'est rudimentaire. Il ne trouvera… Ah ! De petites bulles baveuses se forment à la surface du caoutchouc mouillé. Voilà le trou.

Il taille le bout d'un vieux boyau déchiqueté, un peu de colle qui semble sa denrée la plus précieuse, et applique le tout sur le trou. Le voilà bouché.

Ne reste plus qu'à gonfler. Petite pompe à pied, minuscule par rapport à la roue, pas même de poignée. Il utilise son récipient d'eau pour pousser sur la tige de métal, pomper. Après quelques minutes, il me fait signe que c'est à mon tour. Pompe et pompe et pompe. Le foutu pneu ne semble pas bouger. Presque pas. Ce presque — qui se traduit par une élévation de π millimètres — est cependant tout juste suffisant pour accréditer le fait que sa pompe fonctionne bel et bien. Tout ce que l'on peut faire, c'est pomper. Alors, je pompe.

Pompe et pompe et pompe. Peut-être aurait-ce été moins d'effort de retourner carrément au village à pied. Pompe et pompe et pompe. Satanée roue. Elle n'est pas suffisamment gonflée, mais à bout de patience, je décrète qu'elle est au maximum de la capacité de la

---

4 Vietnam; Laos; Chine; Corée du Nord et Cuba.

pompe. Ce devrait être suffisant pour me permettre de retourner au village engueuler celui qui m'a loué cette mobylette handicapée.

Le *pompiste*, puisqu'il fait du service à la pompe, m'offre une place dans son hamac. Assis les deux, épuisés dans notre sueur de gonfleurs, il sort de sa boîte une bouteille contenant un liquide jaunâtre, visqueux. *A job well done.* Cul sec ! Traditionnel alcool de riz. En le sentant carboniser chaque centimètre de ma gorge au passage, je comprends que le double avantage de ce produit est qu'il peut certainement aussi servir d'essence d'appoint pour ceux qui tombent en panne. L'homme m'offre un autre verre. Je lui fais signe que… Je ne sais pas si… Il me le verse presque directement dans la bouche. Et la brûlure fut.

Je ne comprends pas un mot de ce qu'il dit, ni lui aucun des miens. Pour égayer notre conversation silencieuse, il commence à chanter dans l'étrange tonalité vietnamienne. Il rit avec moi, et tout en chantant pointe mon pneu et sourit. Je lui tape l'épaule. C'est lui que je voulais rencontrer ! La majorité de ma traversée du Vietnam s'est déroulée autour d'attraits touristiques — le manque de temps m'y contraignant — où les seules personnes qui m'abordaient voulaient inévitablement, et par tous les moyens, me vendre quelque chose. Prêts à marcher des centaines de mètres à mes côtés jusqu'à ce que j'accepte de visiter leur boutique « juste pour regarder », puis jouant avec ma culpabilité comme avec un jeu de cartes pour me faire sortir mon blé. Deviner les armées de vendeurs agressifs qui assiègent les plus beaux sites est presque assez pour décourager de les visiter. L'impression de n'être qu'un portefeuille sur deux pattes est embêtante : mes beaux billets verts, bien pliés dans ma poche, ne demandant qu'à être dépensés sans compter.

C'est que le Vietnam a fermé ses frontières au monde extérieur durant de longues années. Mais en pleine crise économique — la chute de la colonne vertébrale du communisme, l'URSS — le gouvernement vietnamien a dû ouvrir ses portes à la pernicieuse influence impérialiste, aux ennemis idéologiques qu'il faut presser comme des citrons jusqu'à la dernière goutte d'argent. Ce peuple qui m'entoure a perdu trois millions de ses pères, oncles et enfants à cause de la guerre qui a opposé ma civilisation à la sienne[5]. Je suis surpris qu'ils m'offrent à boire, qu'ils chantent avec moi. Mais leur gouvernement, qui s'est fait ruiner par cette guerre, n'a pas oublié. L'administration traite l'étranger comme on traiterait un panda de prix. En aucun cas on ne doit faire du mal au panda. Mais il faut, d'autre part, le surveiller à chaque instant. Il ne doit pas trop influencer. Tout est mis en œuvre pour que les touristes demeurent dans le réseau touristique, qu'ils paient les gros montants et qu'ils entrent en contact avec le moins de gens possible. Il leur est interdit de prendre les autobus locaux, d'habiter dans des hôtels pour locaux; un certificat *Hôtel pour étrangers* est nécessaire pour que ce soit légal d'y passer la nuit… Diminuer au maximum les risques d'infection. Un menu bleu pour locaux, un menu rose pour les touristes. Les mêmes plats, cinq fois le prix. Infime revanche.

Pourtant tous ces pays ravagés par les États-Unis — le Laos, le Cambodge, le Vietnam… — ne jurent aujourd'hui que par l'argent U.S.. Moi qui refusais d'amener de l'argent américain, je me suis buté à la réalité dès la douane, le visa vietnamien n'étant payable qu'en dollars de l'Oncle Sam.

Il y a tant de dollars américains en circulation à l'extérieur des Etats-Unis que si tous les pays abandonnaient cette devise, l'échangeaient contre l'Euro, par exemple, il ne serait plus possible pour les Etats-Unis de financer leurs guerres. Leur économie serait ravagée. Mais bon, pour l'instant, tout ce qui est touristique se paie en dollars américains. Avec le sourire.

Enfermés dans ce parcours *forfait Vietnam*, ne rencontrant que des vendeurs harcelants et des hôtels de luxe, la majorité des voyageurs que j'ai rencontrés et qui ont parcouru l'Asie du Sud-Est, ont détesté le Vietnam. J'en suis venu à me détester moi-même, ayant développé le regrettable réflexe de répondre directement « Non, merci » dès qu'une personne m'abordait dans la rue. Et malheureusement, trop souvent, c'était la bonne réponse.

---

5 Pour plus de détails sur la guerre du Vietnam, voir annexe 1.

Difficile pour moi de parcourir ce pays sans avoir de la nostalgie du *Unkle Bob's*... Est-ce que j'ai fait le bon choix ? Était-ce une erreur ? Je ne saurai jamais. Tout ce que je crois, c'est que les erreurs ne se produisent que dans l'absence de décision. J'ai fêté mes vingt-huit ans le jour où j'ai quitté les routes cahoteuses du Cambodge pour arriver à la douane de béton armé — cubisme-modernisme communiste —, de la douane vietnamienne. Du bord de l'oncle Hô, les routes sont larges, asphaltées, et des centaines d'antennes de télévision recouvrent les maisons. La différence est totale. Mais me voici à l'autre bout du pays, son extrême nord. Me dirigeant lentement, mais sûrement, vers la mère du communisme moderne, la Chine.

C'est la folie touristique que je voulais fuir, rencontrer de vrais habitants. Son chapeau conique posé près de ses outils, l'occasion se présente enfin sous la forme d'un garagiste. Mais mon occasion semble assez affectée par les derniers verres. Il me fait signe qu'il me quitte pour une petite sieste. L'alcool l'aura tapé plus fort que prévu.

Je ne veux pas retourner au village immédiatement, lui fais signe que je laisse la mobylette ici quelque temps. Je me dirige droit vers la vallée, les rizières : direction *nowhere*. Je l'aurai mon Vietnam !

Alpha, Tango, Bravo, Charlie ! Je me glisse entre les arbres. La végétation est épaisse, ennemie de l'homme. Je repense à un vieil Américain que j'ai rencontré au Laos, traversant le pays sur sa fidèle bicyclette. Il me raconta qu'il avait combattu durant la guerre du Vietnam. Parachutiste, ses missions consistaient à être largué au beau milieu de la jungle, au cœur du territoire ennemi, ne sachant pas au départ où se trouvaient ses camarades. Seul, encerclé. La brousse devient terrifiante lorsqu'elle cache la mort derrière chaque feuille. Il savait que sous lui des tunnels serpentaient, remplis d'ennemis; des trappes étaient camouflées partout, des tireurs d'élite abattaient les membres de son équipe comme des mouches, un à un, autour de lui. Des jours complets de combat sans apercevoir un seul ennemi. Tirer dans la forêt sans savoir qui l'on vise. *Bad trip.*

Aujourd'hui, il se pédalait un tour de l'Asie du Sud-Est, d'un bout à l'autre, à répétition, mais sans jamais retourner au Vietnam. En me disant cela, il s'était effondré en sanglots, marmonnant que ceux qui n'avaient pas connu la guerre ne pourront jamais imaginer sa vérité. L'ennemi est fermier le jour, Viêtcong la nuit. « Quiconque a fait cinq mètres à travers les herbes géantes en sachant que l'ennemi l'entoure, mais sans savoir où il se trouve, mérite une médaille ! »

Depuis 25 ans, il pédalait pour exorciser l'horreur qu'il avait vécue. Pédaler, méditation comme une autre, belle façon de cesser de penser. Depuis 25 ans, il chassait ses démons, s'approchant toujours plus de la frontière, mais ne la traversant jamais. Vietnam, le pays de ceux qu'il ne pourrait regarder dans les yeux. Après 25 ans, sa terreur était toujours présente, rien ne l'avait effacée. 58 183 victimes américaines inscrites sur le *Vietnam Veteran Memorial* de Washington. Mais ce chiffre ne tient compte que des morts qui ont cessé de respirer.

Je m'approche des rizières, emprunte une des digues qui séparent les bassins remplis d'eau vaseuse. Partout autour de moi, le vert pâle occupe les plateaux grugés à même le flanc des montagnes. Au détour d'un champ, une jeune fille à peine plus haute que les buissons arrive face à moi. Elle pousse un cri, sursaute… puis se met à rire. Je regarde mon pied gauche, que j'ai malencontreusement inondé de boue en perdant l'équilibre sur la digue humide. Mes pantalons roulés pour ne pas les salir, mon chandail baigné de sueur, mon expression perdue… Je comprends un peu mieux pourquoi la petite rit. Certainement la blancheur de ma peau et la rondeur de mes yeux y sont aussi pour quelque chose. Elle regarde autour, puis son attention retombe sur moi. Elle rit de plus belle.

Par ses gestes, je comprends qu'elle me demande ce que je fous là. Qu'est-ce qu'un *étranger* fait au beau milieu d'un champ, ici, seul ? Elle ne cesse de rire, doit avoir neuf ans. Habillée d'une robe bleu foncé et d'un chapeau de tissu aux motifs brodés, portant une ceinture large aux couleurs de son clan, des bracelets d'argent aux poignets, sacoche colorée à la taille, c'est une H'mong, tribu qui vit dans ces montagnes les plus hautes du Vietnam. Peuple un peu nomade, un peu sédentaire, un peu de rien. Ignoré par le gouvernement, étranger sur ses propres terres. Minorité à qui est attribué une minorité de droits. « Daang Pô » me dit-elle en se présentant. Ma prononciation bâclée de son nom la fait rigoler.

J'observe la tige qu'elle mâchouille, cueillie dans le champ qui nous borde, j'examine les grains. Du poivre ! Je n'en avais jamais vu pousser. Devant mon air intrigué, sa tête se redresse, lueur dans les yeux. Elle grimpe dans un arbre et m'offre de curieux fruits, amers, mais bons. Elle comprend que tout est nouveau pour moi. Je partage avec elle une pomme achetée au marché. Daang Pô me fait signe de la suivre. Ça y est, je viens de trouver un guide pour le martien que je suis. Parfait.

Elle a beau n'avoir que neuf ans, l'incompréhension se dissipe, elle est ma voie d'accès vers ce monde, je la suis comme si je venais de découvrir la *Yellow brick road*. Mon destin est entre ses mains.

Nous parcourons champs et rizières, dévalons des pentes, grimpons un éboulement de terrain boueux qui menace de glisser de nouveau, mes jambes enterrées jusqu'aux genoux. Mais Daang Pô marche d'un pas assuré. Elle connaît le chemin pour traverser cette végétation, a toute l'assurance du monde, et se met à chanter. Je tente d'imiter, autant sa musique que ses paroles… Mon échec devient un succès : son rire est contagieux.

Le soleil fait briller un rayon de lumière qui descend des nuages, comme une intervention divine… mais qui annonce en fait qu'il pleut sur ces montagnes, et bientôt sur nous. À l'horizon se dresse un arc-en-ciel qui relie le ciel aux montagnes, revêtu de couleurs si lumineuses, si intenses, qu'on les croirait absolues, libres de la contamination de la pollution ou de tout ce qui pourrait les atténuer. La pureté de cet endroit est totale. Hô Chi Minh, l'oncle du communisme vietnamien, désirait justement acquérir cette pureté, mais au niveau moral, libéré de toute contamination de l'Ouest. Pourtant, je n'ai jamais eu l'occasion de voir un capitalisme aussi sauvage qu'ici, un bastion tellement communiste qu'ils enseignaient le russe comme langue seconde dans les écoles… La victoire des Américains a certes été à retardement, mais avec la restructuration économique des dernières années et l'ouverture presque totale du marché, elle fut définitive.

J'ai eu beau tenter l'expérience, donner chance après chance, dans l'espoir de traverser le pont entre nos cultures, toujours j'en suis sorti sort déçu. Déçu de savoir que n'importe quelle question qu'ils me posaient pour m'aborder, qui les rendaient sympathiques et curieux, était presque inévitablement détournée en une requête monétaire. C'est la réalité lorsque l'on est emprisonné dans le circuit touristique, mais je veux m'en sauver. Et je ne peux pas me sauver plus loin qu'ici, les pieds dans l'eau de cette rizière, à suivre cette jeune H'mong.

Une habitation se dresse, haut perchée sur la colline, longée par un puissant ruisseau. Daang Pô me la pointe. Je comprends notre destination : la maison familiale.

Deux maigres poulets s'enfuient à notre arrivée. Le bruit de leur course attire une femme qui, la porte entrouverte, se cache aussitôt de gêne derrière le cadre, ne laissant transparaître que la moitié droite de son visage. La petite l'interpelle, et me fait signe d'entrer. Dans la maison de bois, sans plancher sauf la terre, des bassins pour teindre le linge reposent ci et là. Tous leurs vêtements sont teints de la même couleur, un bleu foncé, caractéristique de leur appartenance. Chaque tribu possède sa couleur, ses broderies, ses caractéristiques, ses spécialités.

La mère de Daang Pô me sourit timidement alors qu'elle se fait conter l'histoire de ma rencontre improbable. La petite a de la difficulté à imiter mon interprétation de sa chanson tant elle rit. Une forte odeur de fumée plane dans l'air, elle est déchirée par les rayons du soleil qui se faufilent entre les craques des murs. Des planches sous le toit créent un demi-deuxième étage, qui contient les lits. L'échelle qui s'y rend est petite et tremblante.

Je ne voudrais pas avoir à la descendre tôt le matin, encore à moitié endormi.

Le bruissement du ruisseau submerge le silence, les remous de l'eau sont anormalement forts. Je m'avance. Le son me guide vers un coin de la pièce, inondé de façon perpétuelle. Le cours d'eau qui cascade le long de la maison est détourné, mini-barrage, pour aboutir à l'intérieur des murs dans un gros récipient d'argile. L'eau y est projetée, le vase déborde de façon continuelle, l'excédent rejoint une tranchée qui le retourne aux cascades. Dans le fond de cet énorme récipient, la nourriture est entreposée, au froid, baigne dans ce flot constant provenant des montagnes. Réfrigérateur maison.

Dans le coin opposé de la pièce, entouré de fleurs, l'autel occupe la place d'honneur. Le tremplin pour communiquer avec les âmes des ancêtres, protectrices de la lignée. Véritable téléphone vers l'au-delà à qui l'on s'adresse en premier pour demander la guérison, le succès de la récolte, la bonne réussite d'une mission. Sur cette chapelle miniature dédiée aux esprits, à la mémoire, à la dévotion et à la cohésion familiale, des tablettes de bois sont gravées du nom de tous les ancêtres jusqu'à la quatrième génération. Au-delà de la quatrième génération, les âmes des disparues deviennent inaccessibles, car réincarnées.

Croyances trop profondes pour être citadines ? Hanoi, la capitale elle-même, fut édifiée suivant des règles strictes de géomancie, une architecture très précise où l'emplacement des constructions civiles et militaires répond à des critères d'orientation astrologique et ésotérique. Pour abriter les génies des montagnes, sans lesquels les génies des eaux s'ennuient, on a même construit des collines artificielles de plusieurs dizaines de mètres de haut en plein centre-ville.

Daang Pô s'incline devant l'autel, j'en fais de même. Sa mère me fait cuire un épi de maïs sur le feu. La pluie passe au dessus de nos têtes. Je mange avec elles, en silence. Aucun mot ne peut être échangé. L'incompréhension règne, mais n'est pas un obstacle à vaincre à tout prix. L'absence de parole est confortable, bienvenue.

La pluie cesse. Je les remercie, les salue, me relève une fois le repas terminé. Dehors, d'étranges lueurs multicolores — comme des taches d'huile sur une flaque d'eau d'autoroute —, entourent le soleil dans le ciel. Une sorte de halo aux couleurs de l'arc-en-ciel. La petite sort de la maison derrière moi, n'y voit rien d'anormal. Ah bon. L'extraordinaire devient coutume.

Daang Pô me fait comprendre qu'elle doit se rendre au village. Je lui fais savoir à mon tour, en imitant le mieux possible le moteur brûlé de ma vieille Honda, que je dispose d'une mobylette, et que le village est justement ma destination. Elle me tourne le dos et part à la course. Je ne comprends pas trop sa réaction, ai-je mal imité la moto ? Je l'attends quelque temps, puis désespère. Elle est tout simplement disparue. Je commence donc à descendre le sentier, longe le ruisseau. J'espère être capable de me retrouver ! Puis j'entends de petites voix. Daang Pô réapparaît dans le sentier à la course, suivie de deux amies. Ça sent le transport en commun.

Le vieux garagiste m'attend, assis dans son hamac. Il a même pris la peine de nettoyer un peu ma mobylette. Je lui souris et prends place, deux petites arrivent à se comprimer sur le banc derrière moi. Daang Pô est devant, debout entre mes genoux, et se tient au guidon. O.K., rouler lentement. Déjà que le pneu arrière n'est pas trop stable…

Le soleil va bientôt se coucher. Le vent dans les cheveux, les petites chantent, sont vraiment heureuses. Mon *lift* leur évite une marche de cinq heures en montagne. Toute énervée, Daang Pô m'indique au passage des fleurs spéciales, des animaux, m'offre à boire.

Nous entrons au village comme un défilé. Les petites saluent les passants de la main. Daang Pô me fait signe de les laisser au marché. Elles me remercient chaleureusement, moments précieux.

Je vais porter la mobylette, reviens vers le centre du village. Comme un peu partout dans ce pays, une certaine affiche m'attire comme un aimant, comme une amante. *Bia hoì*. Et oui, miracle, je suis capable de lire ! Yé !

Un jésuite débarqué ici au 17ᵉ siècle pour convertir les *barbares* au christianisme, Alexandre de Rhodes, a décidé de transcrire tous les caractères vietnamiens en caractères latins, et a présenté cela comme l'écriture de Dieu. Bien sûr, il s'est buté à un problème particulier quand il est arrivé aux multiples intonations sonores qui modifient complètement le sens des mots. Alors, il s'est vu forcé d'utiliser tout ce qu'il avait à portée de main : tous les accents qui existent. Sur les lettres se trouvent des accents graves surmontés d'accents circonflexes, des trémas jumelés à des points d'interrogation, des cédilles en l'air. Toutes les combinaisons possibles et imaginables, utilisées comme accents pour traduire les variations. Mais quand même, pour la première fois en Asie, je comprends les lettres, j'arrive à détecter les mots qui signifient soupe, poulet, riz… Savoir que c'est un restaurant… Et lire mon désormais célèbre : *Bia hoì*. Bière fraîche. 3000 dôngs — lorsque 10 000 dôngs valent un dollar — permettent d'acheter un litre de bière en fût. Mais elle est douteuse. Les compagnies nationales de bière, dès qu'elles ont une batch qui ne répond pas aux standards, que ce soit degré d'alcool ou autre, se débarrassent de leur stock à ces vendeurs de rue. Quelques caisses de bois, de petites tables, un fût à bière, *Bia hoì*.

Une petite télé sur une caisse de bois diffuse un *soap*, probablement japonais. Tous les personnages sont traduits par le même traducteur, la même voix masculine monotone qui interprète aussi bien les femmes que les enfants. Comment peuvent-ils comprendre qui dit quoi, lors d'un dialogue ? Manque de budget oblige.

Surplombant le carrefour, de grosses boules de néons tentent d'imiter des feux d'artifices, de rappeler que le pays est moderne. On oublie qu'il est communiste, à voir les différences criantes qui séparent les riches des pauvres. En fait, il me semble que ceux qui affirment être communistes sont ceux qui s'en mettent plein les poches. Les pauvres sont ceux qu'on a obligés à être communistes.

Le symbole par excellence qui représentait la lutte des classes ici, le Rickshaw, où un pauvre tirait une carriole sur laquelle s'assoyaient deux riches, emblème par excellence de la lutte des classes, est revenu en force. Les cyclo-pousses sont partout. Seule amélioration : le *pauvre* dispose maintenant de pédales, et il pousse au lieu de tirer... Hô Chi Minh se retournerait dans sa tombe.

Je prends un cure-dent, me rappelle brusquement l'*étiquette* culturelle en vigueur : d'une main je me cure les dents, de l'autre je me masque la bouche. Personne ne doit voir mes dents durant l'opération, ce serait une insulte. On a le droit de cracher en se raclant la gorge bruyamment pendant le souper, se fouiller dans le nez allègrement en pleine conversation, mais de se curer les dents est tabou. Je tente l'opération secrète, assis tranquillement à siroter ma bière sur le pavé, quand tout à coup les vendeurs de cerfs-volants, pieuvres séchées, soupes, qui m'entourent partent à courir, décampent sur leurs bicyclettes/restaurants. Les clients autour de moi se redressent, prêts à filer. Je n'y comprends rien. Puis je vois un *pick-up*, caisse arrière remplie de policiers, tourner le coin. Tous ces vendeurs itinérants sont illégaux. Pourtant, les policiers passent sans s'arrêter, jetant seulement un regard menaçant derrière leurs mitraillettes, pour rappeler à tous qui est au pouvoir. Les amendes/permis de vendre doivent être réglées régulièrement. Mais l'art réside dans le dosage : si le vendeur fait faillite, le revenu du policier disparaît. Alors, il faut calibrer. Soutirer juste assez pour le laisser en vie. Sangsue intelligente de la corruption.

Une fois la menace passée, tous les vendeurs réinstallent leur matériel mobile, la *Bia hoï* recoule, les soupes, plats sautés ou cuits à la vapeur réapparaissent en un tournemain.

Le propriétaire qui sert des pots de bière doit être à jour dans son paiement de pot-de-vin, car il ne s'est pas enfui avec beaucoup de conviction. Une femme passe devant moi, portant, aux extrémités d'un long bambou en équilibre sur ses épaules, d'un bord un plateau de calmars secs, de l'autre le brasero fumant sur lequel les cuire. Chaque vendeur réinitialise la cloche qui le distingue. Le son qui fait connaître à tous qui il est. La cloche grave pour l'un, le battement de gros ciseaux de métal pour l'autre, un troisième qui frappe une bouteille vide. On reconnaît chaque vendeur au klaxon qui lui est propre.

Des canards à qui l'on a cassé les pattes s'écrient le long de la route. Ils ne peuvent ainsi pas se sauver, nul besoin d'être attachés. Les véhicules les frôlent à quelques pouces. Une femme en mobylette s'arrête pour en acheter un. En tailleur, talons hauts, tellement élégante sur sa petite bécane.

Au loin, j'aperçois mes petites H'mong marcher en formation, Daang Pô à leur tête. Tout heureux je me lève, me dirige vers elles. Je les vois abordant un homme en lui proposant des bracelets. Elles sont au village pour vendre leurs bijoux d'argent et quelques morceaux de tissus, afin de rapporter des sous à la maison. Elles resteront ici jusqu'à ce qu'elles aient tout vendu, même si cela prend plusieurs jours. D'ici là, elles sont entièrement responsables de leur nourriture, de leur logement. *Pow*. La réalité me rattrape. Neuf ans : dans la rue.

Je voudrais bien, mais ne peux les inviter à partager ma trop grande chambre, un Occidental seul dormant avec trois petites… pas trop recommandé. Les abus de quelques-uns ont souillé la réputation de tous les autres. Mais elles ne m'ont rien demandé, à l'assaut de leur pain quotidien, sans hésiter. À neuf ans, elles sont déjà des femmes.

Quand dans les endroits les plus reculés de ce pays même les minorités ethniques se débattent pour vendre un n'importe quoi aux touristes, il faut se rendre à l'évidence : après trente ans, le bilan indique clairement que les capitalistes ont bel et bien gagné la guerre du Vietnam.

Je rejoins Daang Pô, ma guide, et ses acolytes, partenaires de ma moto-autobus. Un sourire m'envahit les lèvres, si content de les revoir ! Comme si elles ne me reconnaissaient plus, comme à n'importe quel touriste, elles me présentent leurs bracelets, m'implorent de les acheter, revêtent leur visage le plus triste, jouent avec ma culpabilité. Terminé, chacun reprend son rôle. *Exit* amitié, *enter money*. La course à la survivance est recommencée.

中国

Un mur, fin abrupte, je dois virer ma bicyclette. Un autre cul-de-sac. Toutes les maisons de ce village se touchent pour former des corridors qui quadrillent la zone, véritable labyrinthe. Aucun ordre, aucune logique, aucun panneau. Tourne à droite, tourne à gauche, un autre mur. Je dois traverser ce village; je suis arrivé du champ à l'ouest, et je veux déboucher sur le champ à l'est, mais aucun chemin ne semble s'y rendre.

La Chine aussi m'a accueilli avec un mur. Le mur de Chine n'est pas celui que l'on croit : il est psychologique. Le mur de ne pas comprendre la langue, la culture, les panneaux... 56 000 pictogrammes dans l'écriture chinoise. Les plus éduqués des habitants connaissent environ 7 000 caractères. Pour comprendre un simple journal, il est nécessaire d'en connaître plus de 2 000. Loin de mon alphabet à seulement 26 lettres, j'arrive à peine à reconnaître le symbole qui représente l'homme dans les toilettes publiques...

Et les noms ! 25 % de la population chinoise porte l'un des cinq prénoms suivant : Li, Wang, Zhang, Liu ou Chen. À Beijing seulement, plus de 5000 individus se nomment Zhang Li ou Liu Hui, ce qui multiplie les arrestations erronées, les erreurs bancaires, les opérations médicales pratiquées sur le mauvais patient... Les chefs politiques encouragent les parents à trouver des noms plus originaux à leurs enfants. Mais pour moi, c'est déjà un casse-tête, impossible de bien les prononcer.

Cette langue ! Même la réceptionniste de l'auberge de jeunesse ne parle pas un mot d'anglais. Impossible de m'expliquer où est la banque, où se trouvent les temples, quel moyen prendre pour atteindre les sites que je veux visiter. Je me suis retrouvé comme un enfant de six ans, perdu dans la ville sans ses parents. J'ai alors décidé de louer une bicyclette, m'acheter une carte des environs. Libre, ne dépendant que de moi-même ! Impossible. Les noms de rue sont des dessins, pour moi. Je dois comparer chacune des lignes de chacun de caractères pour savoir s'ils correspondent. Et les rues sont nommées par rapport à leur position dans la ville : rue Chiaong sud-ouest du troisième périphérique sud ; rue Chiaong ouest du troisième périphérique nord... Au fur et à mesure où l'on suit une même rue, à chaque centaine de mètres, à chaque intersection, son nom devient un nouvel ensemble de signes. Je ne peux pas m'orienter. Je suis perdu... Maman !

Nul autre moyen pour préserver ma santé mentale que de me donner un but atteignable : je vais vers l'est, sors de la ville. À défaut de connaître ma destination, je connais au moins la direction.

Mais, dans ce village que je viens de rejoindre, je finis toujours sur un mur, droite ou gauche, gauche ou droite.

Au-dessus de ma tête, entre les maisons, se dresse un épais voile de toiles d'araignées. Un filet constant, véritable drap de soie, qui tamise le soleil. Recouvrant complètement ce voile, un nombre incalculable de ces insectes à longues pattes, chacun occupant sa zone sur cette immense toile commune. Même la pluie doit difficilement passer. Mais, intouchables, les araignées sont symboles de bonne chance. J'espère seulement ne pas recevoir de chance par la tête...

Quelques affiches publiques présentent des photos *avant et après* de criminels exécutés, et une description de leur offense. Une autre section montre des victimes d'accidents de voiture, quelqu'un qui a fumé près d'un réservoir à pétrole... des choses à ne pas faire. « Suivez la route socialiste vers le bonheur. » Publicité convaincante.

Les chiens s'aboient des menaces mutuelles, quand ils n'en ont pas après ma bicyclette. Je traverse un pont de pierre qui surplombe un canal, le temps se suspend à un chant d'oiseau dans une cage, au parfum de fleurs venu des arrière-cours ou à l'odeur de pierres mouillées d'un vieux puits. Je croise un dentiste en train d'extraire une dent, un barbier luttant contre une barbe, des vieux en pleine partie de mah-jong, une jeune femme lavant ses dents au-dessus du fossé. Dans l'embrasure d'une porte, une vieille femme lit une lettre avec laquelle elle s'évente de temps en temps. Deux jeunes filles passent en mâchant des graines de tournesol.

À chaque habitant que je croise au détour d'un virage, je soutire un cri d'exclamation. La surprise de voir un *long nez* — comme ils appellent ici les Occidentaux —, apparaître dans leur patelin. Le fait de les saluer dans leur langue, « *Ni hao !* », les achève complètement, ils s'esclaffent d'un rire de surprise, joie instantanée devant l'extra-terrestre qui se présente chez eux comme si de rien n'était et qui les salue comme si tout était normal. Les enfants, eux, ne connaissent pas ce combat entre leur curiosité et *l'étiquette*, savoir-vivre qui est le lourd apanage des adultes. Les petits bondissent de surprise sans retenue, poursuivent ma bicyclette à la course en riant et en criant. Derrière moi, la nuée d'enfant me poursuit en me saluant de leurs voix aiguës : « *Hello, hello !* ». Mot miracle leur permettant de communiquer avec moi, un pas de géant vers le monde extérieur que leurs parents n'ont jamais connu. Je suis ambassadeur de l'ennemi idéologique. De 1949 à 1979, la Chine était totalement fermée à toute *contamination* du monde extérieur. Le rouge du communisme en était venu à être leur sang... et ma société : un coupeur de veines.

« *Ni hao !* » Je leur répète une dernière fois en les voyant abandonner mon escorte à bout de souffle. J'espère que ma tonalité est la bonne. Ce n'est vraiment pas évident. Complexes sont les langues ici, une racine totalement différente de la nôtre, mon oreille n'arrive pas à capter les variations qui sont leur base même. Dans chaque pays que je visite, je m'impose d'apprendre l'essentiel : *bonjour*, *merci*, les chiffres jusqu'à dix, et enfin, l'inévitable *combien ça coûte ?* Malgré le problème des multiples tonalités qui existent partout dans ce coin du globe, je suis toujours parvenu à me faire comprendre… minimalement. Mais pas ici. Le mandarin compte quatre tonalités : haute, ascendante, ascendante-descendante, et descendante, auxquelles on rajoute le neutre, l'absence de tonalité. Chacune peut être combinée dans de merveilleux arrangements qui semblent infinis, infiniment complexes. Pour chaque syllabe, la tonalité est capitale. La syllabe « ma » par exemple, en tonalité haute signifie *mère*, en tonalité ascendante signifie *engourdi*, en tonalité ascendante-descendante signifie *cheval*, et en tonalité descendante signifier *jurer*. Et ça, c'est une seule syllabe de la phrase !

Ordinairement, dans d'autres langues, si quelqu'un ne prononce pas correctement un mot, en se fiant sur le contexte on arrivera généralement à comprendre quand même. Mais pas ici. Une mauvaise prononciation signifie un tout autre mot. Même si je suis en train de demander combien coûte un paquet de cigarettes, que je le tiens dans mes mains et le pointe à la vendeuse en répétant mon « *Duo tchao zchienn* », que j'essaie toutes les tonalités que je peux imaginer, trop souvent elle n'arrive pas à comprendre. Car ici, ce n'est pas uniquement mal prononcer… c'est dire un mot totalement différent. Je m'imagine en train de regarder la vendeuse, pointant les cigarettes en lui répétant : « cheval, cheval ? » Normal qu'elle ne comprenne pas…

Alors, qui sait ce que je suis en train de dire vraiment en lançant aux enfants mon « *Ni hao* »… Je devrais leur dire *toi bien*, mais peut-être suis-je en train de leur crier que je suis un blé d'inde parfumé… Je n'en sais trop rien, à vrai dire, car peu importe ce que je dis, je déclenche des rires. Je ne peux pas me fier sur les réactions. L'improbable de la situation prend le dessus sur le reste. Et ils rient de plus belle.

Peu de petites filles… Depuis la politique de l'enfant unique, en 1978, pour contrer la surpopulation, les familles préfèrent avoir un garçon qui pourra travailler et les faire vivre plutôt qu'une fille qui, une fois mariée, se joindra à une autre famille. Ainsi, parmi les enfants issus de la politique de restriction des naissances, qui en 2000 sont rendus à l'université, on compte un excédent masculin de 20 %. Une génération de futurs hommes seuls : un chinois sur six ne trouvera pas à se marier. C'est plus qu'une question d'amour...

C'est le vrai bout du monde, la Chine est un univers en soi. Lorsque j'étais jeune, je croyais qu'en creusant un tunnel qui passerait par le centre de la planète, je débarquerais dans ce pays. Et ce n'est pas étonnant, il est vraiment à l'opposé de tout ce que j'ai connu.

Le monde extérieur à la Chine ressemble ici à une faible rumeur, un songe, comme les autres planètes le sont pour moi. Réalités trop distantes. Les nouvelles de la guerre en Irak, présentement en cours, m'apparaissent traitées ici comme une vulgaire bataille de rue en banlieue. *C'est dommage, mais ce ne sont que des enfants qui déconnent, un fait divers vite absorbé par l'histoire.* Les États-Unis sont aux contrôles de la planète depuis qu'ils ont vendu des armes lors de la deuxième Guerre mondiale, puis qu'ils ont reconstruit l'Europe en dollars U.S. du *Plan Marshall*. Mais ça ne fait que quoi... soixante ans ? Anomalie passagère pour les Asiatiques qui dominent l'évolution humaine depuis plus de cinq millénaires. Cela fait deux mille ans que la Chine représente le quart de l'humanité... Les enfants qui s'énervent dans la ruelle ne lui font pas peur.

Occident, Orient. Deux univers, deux mondes parallèles. On en a séparé l'histoire, les peuples, les religions, les accomplissements, comme s'il s'agissait de deux planètes distinctes. L'invention de l'imprimerie : un Allemand, Gutenberg, XVe siècle, la Bible. Hé bien non ! Les Asiatiques, près de mille ans auparavant, possédaient déjà cette connaissance, maniaient cette technique. Copiée.

L'invention de l'immunisation ? Pasteur, Louis de son prénom. Hé non, les Asiatiques, plus de 500 ans auparavant, en connaissaient déjà le procédé, et lorsqu'une épidémie menaçait, ils s'infligeaient une coupure et y répandaient la salive d'un malade pour s'auto-immuniser.

Cette séparation que l'on impose, cette distance que l'on implante entre nos cultures… Et nos révolutions, et nos inventions, et nos idéaux, et notre puissance, et notre sécurité. Tout n'est qu'apparence. Nous n'avons rien inventé. Il y a plus d'histoire dans la simplicité du village qui m'entoure présentement que dans tout mon Occident de gratte-ciel…

Le Canada existe depuis moins de 150 ans. Jacques Cartier a posé le pied en Amérique il y a moins de 500 ans. C'est ce que j'ai appris à l'école. Mon livre d'histoire aurait été beaucoup plus imposant s'il avait mentionné qu'ici même, des peuples cultivaient le riz dès 4 000 ans avant Jésus-Christ !

Le terme utilisé dans les langues occidentales pour désigner ce pays fait référence au nom de l'état qui réalisa la première unification politique de ce territoire, jetant les bases d'un empire de 2132 ans : le *Qin*, que l'on prononce *Ts'in*. Le nom officiel de l'état chinois est pourtant tout autre : *Zhonghua renmin gongheguo*, qui signifie littéralement « République populaire de la splendeur du centre ». *L'empire du Milieu, la terre du centre*. Tout le reste est périphérique, barbare.

Et ces barbares, c'est moi. Totalement étranger à tous les points de vue — culturel, religieux, politique, physique… —, j'évolue dans un univers dont je ne comprends pas les règles, même les plus élémentaires. Petit touriste du Canada ? Même pas. Pour la première fois lors de mes voyages, même le mot *Canada* n'existe pas dans la langue locale. Ici c'est *Jianada*… Un mur, un univers entre nous. Mais le pire est que je les traumatise autant qu'ils me traumatisent.

Les fermiers me regardent arriver à bicyclette, sans charge ni destination, n'étant même pas capable de prononcer une simple phrase dans leur langue. Certains ont pitié de moi, se demandent comment je vais me débrouiller pour manger mon prochain repas, pour survivre. C'est vrai que mon destin dépend entièrement de la générosité des gens, je ne peux me débrouiller qu'avec leur aide. Mais jusqu'ici tout va bien.

À la croisée de la place centrale, entre les murs de chaux blanche, des couvertures sont étendues sur le sol : le marché. Le murmure des transactions y roule en écho. Je stationne ma bicyclette, un étrange silence s'abat, les yeux se tournent vers moi, puis des discussions silencieuses s'élèvent en vagues. Je suis la cible, ils me fixent... Je sors mon ultime arme de défense : je lève mes pupilles et rencontre leurs yeux... pour aussitôt détourner le regard de l'autre, gêné de s'être fait prendre, convention établie. Mais non ! Ici, mon bouclier ne vaut pas de la *shnout*, ça ne fonctionne pas. Ils ne bronchent pas. Réussissant pourtant dans ma société à faire fuir tous les regards, ici aucune honte, aucune gêne, les gens me transpercent de curiosité, me scrutent de long en large comme si j'étais une *superstar*. Des minutes, longues, sans interruption. Un examen détaillé de mon style vestimentaire s'amorce, mes manières... J'ai l'impression d'être non seulement étranger, mais quelque peu bizarre. On dirait qu'ils ne comprennent pas que le *centre du monde* peut être étrange pour des étrangers.

Faire comme si de rien n'était.

Une petite foule se rassemble, comme d'ordinaire, lorsqu'il se passe quelque chose d'aussi réjouissant qu'un étranger faisant des emplettes. Je progresse entre les tissus, sur lesquels reposent fruits, légumes, outils, n'importe quoi... Les produits proposés semblent aléatoires. Jouets, épices, culottes, poulets, marteaux...

Voilà quelque chose de simple ! J'avance entre deux allées, me dirige vers un étal de pommes. La vendeuse qui suit ma progression depuis mon *entrée* dans le marché me regarde me tourner vers elle, la bouche entrouverte; parmi tous les kiosques, je me suis arrêté au sien. Elle a un mouvement de recul, puis sans pouvoir le contenir, pousse un murmure d'étonnement pour répondre à mon « Ni hao ». Je lui pointe les pommes : « *Duo tchao zchienn ?* ». Elle écarte les yeux, incompréhension. Merde ! « *Duo ThcAo ZchIen ?* » Non. « *duO TCHAo zchiENN ?* » Non. Le chinois (mandarin) est la langue parlée par le plus d'humains. Mais moi je me trouve clairement dans *l'autre* camp. J'essaie toutes les intonations. Montante, descendante, montante puis descendante, descendante puis montante, élevée, moyenne, basse… du chinois pour elle. Je parle avec des signes, pointe les pommes. Les vendeurs des autres kiosques tendent l'oreille, s'attroupe. Ils veulent comprendre le mystère ambulant que je suis. Bon, au diable le marchandage, sans savoir le prix, je lui fais signe avec mes doigts que je veux trois pommes. Ah ! Sourire ! Elle comprend enfin quelque chose ! Elle place trois pommes sur une balance qu'elle tend du bout du bras. Elle lève un regard inquisiteur vers moi. Oui, c'est bon. Je lui tends mon pouce vers le ciel, *cool*. Aussitôt, elle place trois pommes de plus dans la balance. Non non ! Je secoue la tête, lui remontre mes trois doigts. Ah… Elle enlève les trois pommes superflues, il en reste trois. Excellent, je relève mon pouce, *c'est O.K.*. Elle reprend trois pommes supplémentaires et les ajoute encore une fois à la balance. Non ! Trois en tout, trois en tout ! Elle lève trois doigts, oui c'est ça. Puis elle lève son pouce. Oui c'est ça, c'est exact. Elle regarde ses voisins, désespérée, n'y comprend rien. La foule rit, chuchote, parle autour de moi. Bon, qu'est-ce qui cloche ? *Tilt, tilt, tilt.* Choc culturel. Communication brouillée. Découragée, elle place d'un côté trois pommes, puis de l'autre six et elle me demande de choisir. Elle pointe les trois pommes en levant trois doigts, puis pointe les six pommes en levant le pouce. Hum… Je comprends que je ne comprends pas. C'est déjà un premier pas. Je compte avec elle jusqu'à dix, en mimant les chiffres avec les mains. Jusqu'à cinq, elle me suit, tout va bien. Mais à six, elle lève son pouce tout en détachant légèrement le petit doigt. À sept elle assemble tous ses doigts sur son pouce. À huit, elle forme un fusil avec son index et son pouce. À neuf, elle plie l'index en deux, les autres doigts fermés. Et à dix, elle forme un X avec ses deux index.

Qu'ils lisent du haut vers le bas, je le savais; qu'ils possèdent une écriture qui n'est que dessins pour moi, c'est convenu; que leur langage me soit incompréhensible, bon… mais je ne savais pas que le gouffre était à ce point immense que même les signes les plus instinctifs étaient différents, langage informel divergent. Lever le pouce, mon *O.K.*, signifie ici *six*.

Une pression me crispe le ventre. Petite peur, soudaine comme une décharge électrique. Celle d'être dans une situation plus creuse que je ne suis capable de tolérer, trop profonde pour que je sois capable de remonter à temps. Mais elle se dissipe dès que la femme me tend mes trois pommes. Je lui tends ses yuan. Mission accomplie. Elle me sourit, je lui souris. Peu importe le gouffre culturel qui nous sépare, rien de mieux qu'un sourire pour oublier toutes les différences. Sans avoir partagé un seul mot, sans base commune, nous venons de clore la transaction, avons échangé. Même la communication la plus banale, dans un environnement qui nous est tout à fait étranger, devient une grande victoire. Le bref instant de ce regard, signifiant que l'on s'est compris, est bien plus riche que la majorité des conversations. Pendant une fraction de seconde nous avons franchi le pont, nous sommes rejoints...

On me bouscule, je suis dans les jambes, dans le chemin. Les conversations autour de moi resurgissent, comme autant de bruits. Retour à la réalité, environnement sonore étranger, je suis de nouveau déconnecté.

Je croque dans une pomme, retourne vers ma bicyclette. Au-dessus de la place veille une statue de Mao qui pointe son bras, doigt tendu vers l'horizon. Il me semble en train de dire : « Allez intellectuels, c'est par-là les champs ! »

Cette Chine colossale, contrée mystérieuse. Ce pays dont les Québécois achetaient les enfants pour quelques sous, dans les écoles primaires. Sur ce territoire dix-huit fois plus grand que la France, quand le soleil se lève sur l'Ossouri, au nord-est, il fait encore nuit sur les cimes du Pamir. Quand la neige recouvre les rives du Dragon noir, les premières pousses apparaissent dans les rizières de l'île de Hainan. Ce « géant endormi », comme l'avait baptisé Napoléon. « Laissons le dormir, car lorsqu'il s'éveillera, il dominera le monde » avait-il ajouté.

Depuis le col de Shanhaiguan, au bord de la mer de Mohai, jusqu'à Jiayuguan dans le désert de Gobi, un mur de 6400 kilomètres s'étendait à travers sa périphérie nord, séparant d'un côté la steppe immense, presque sans limites, partagée entre les hommes et les animaux, et de l'autre la Chine, espace protégé et modelé par l'homme, cultivé. Les premières pierres de ce mur furent posées deux siècles avant la naissance de Jésus-Christ, et on affirma qu'il était la seule structure humaine visible de l'espace. Malheureusement, cet argument avait été lancé avant même que le Spoutnik ne voie le jour, et les premiers astronautes confirmèrent le contraire.

Inventeur du papier, de l'imprimerie, de l'aimant qui mena à la boussole, et de la poudre à canon, la République Populaire de Chine a connu des révolutions sociales parmi les plus importantes de l'histoire de l'humanité. On m'avait un jour raconté que si tous les Chinois battaient du pied en même temps, un énorme tremblement de terre surviendrait. Bien que la thèse du tremblement soit peut-être farfelue, avec un milliard trois cents millions d'habitants, je préfère tout de même ne pas essayer.

Et cet incontournable Mao, qui me pointe fièrement l'horizon, brillant stratège militaire, un homme visionnaire et bien intentionné… qui pourtant a conduit son peuple à la famine et à la catastrophe économique.

Pendant la Révolution Culturelle, les Chinois étaient encouragés à dénoncer parents, amis, professeurs, quiconque remettait en question l'autorité. Écoles fermées; intellectuels, écrivains et artistes persécutés; publication d'écrits scientifiques, littéraires et culturels proscrits; temples pillés, monastères démolis; les souvenirs de la Chine pré-révolution, incluant les monuments et les œuvres d'art, détruits.

Toute la journée, les enfants récitaient les citations du président Mao, c'était là toute la connaissance qu'il suffisait d'avoir : « Nous adorons sans fin le soleil rouge de nos vies, le Président Mao ».

Abolition des marchés et de la propriété privée, du jour au lendemain; mobilisation générale des citadins pour les mettre à l'agriculture, à l'irrigation des rizières; rééducation de masse, collectivisation agricole et nationalisation de toutes les entreprises industrielles et commerciales. C'est le Grand Bond en avant. Transformer le pays en un paradis de productivité, répandre la sagesse des fermiers qui travaillent sans questionner, qui savent utiliser leurs mains, et qui n'exploitent personne d'autre qu'eux-mêmes. Ce faisant, la Chine s'est embarquée dans l'une des plus grandes catastrophes économiques de l'histoire, à l'origine d'une des plus grandes famine du XXᵉ siècle. Plus de trente millions de Chinois en sont morts[6].

J'imaginais la Chine vieille, traditionnelle, réservée. Mais ses villes m'attendaient avec des gratte-ciel, dotés d'immenses boules miroirs à leurs sommets, lasers, néons colorés partout, lumières aveuglantes, modernisme de science-fiction… et smog.

Un milliard trois cents millions de personne, ça laisse une trace : trois milliards de tonnes d'eau d'égout non traitée sont larguées chaque année directement dans les rivières, direction océan. Cinq des dix villes les plus polluées au monde se trouvent en Chine. Ce pays est en train de se mériter le prestigieux titre de plus grande source de pollution d'air de la planète. Il faut dire que ce géant dort encore… par manque d'énergie. Lorsqu'il réglera son problème d'approvisionnement énergétique, plus rien n'arrêtera sa domination du monde. Alors, il se lance sur cette voie en construisant d'énormes barrages hydroélectriques, submergeant ainsi des villes entières. Des populations complètes sont expropriées pour ce faire ; il est possible de visiter une ville de plusieurs centaines de milliers d'habitants, aujourd'hui complètement abandonnée, ville fantôme que l'eau recouvrira au cours des prochaines années. Mais en attendant, la Chine doit se pencher sur le charbon, d'où provient 70 % de son énergie. C'est donc 900 millions de tonnes de charbon qui sont brûlées chaque année, dont une bonne partie revient à la terre sous forme de pluies acides. Bien qu'à des centaines de kilomètres de distance, la Corée et le Japon lancent des appels de détresse en constatant les ravages que la pluie chinoise cause à leurs forêts.

---

6 Pour en savoir plus sur Mao Zedong et sa révolution, voir l'annexe 2.

Mais comme rien de tout cela n'est évident dans la verte province du Yunan, c'est ici que j'ai posé mon sac.

*

C'est elle ! La voilà, se dressant devant moi, cette montagne au cœur de la chaîne du Yunan. C'est elle mon objectif de la journée, décidé ce matin en réponse à ma première question dès mon réveil : qu'est-ce que ça me tente de faire aujourd'hui ? C'est la joie des voyages, les réponses se trouvent plus facilement que les questions.

J'ai dû m'équiper pour cette randonnée. Dans mon sac repose un demi-litre d'eau-de-vie de riz, 65 % d'alcool : 29 sous au marché. C'est un prix que j'appelle raisonnable. S'il fait froid au sommet, ce partenaire me réchauffera; s'il y fait soif, il me désaltérera; et si je me perds, il me consolera. Il est le kit tout-en-un du parfait alpiniste. Ne manque qu'un gros saint-bernard pour traîner la flasque à son cou... mais bon. Hop, je m'enfile une gorgée pour oublier que rien n'est parfait. Ouch ! *Oh-de-vie !* Espérons que la première gorgée soûle le passage pour les autres.

Je vais avoir besoin de ce remontant, à défaut de disposer d'un remonte-pente. Tout en haut, un belvédère donne accès à toute la vallée et au lac qui s'y berce. Belle motivation. La seule instruction que j'ai pu déchiffrer des gens que j'ai consultés est de ne pas trop m'aventurer vers le versant est de la montagne. Je comprends pourquoi, en voyant la première affichette colorée, clouée sur un arbre, montrant un homme se faire abattre par une mitraillette. Accès interdit, terrain militaire. Va pour l'ouest.

Je m'acharne contre les broussailles, les buissons de toutes sortes que je dois franchir. Je lutte contre les branches, traverse les plantes, plus hautes que moi, qui me tailladent les bras. Maudites mauvaises herbes... Mais ! Qu'est-ce donc ? Je reconnais une odeur, étrangement attirante. Un soupçon de moufette... Non, ça ne se peut pas... Oui ! Un immense plant de marijuana se dresse, du haut de ses six pieds et des poussières. Touffu comme je n'en avais jamais vu. Nous sommes à découvert, et le plant est bien visible. Bon... réflexe : je dois quitter l'endroit. Celui qui l'a planté ne veut certainement pas de moi dans les parages.

Je poursuis mon chemin, plus loin ... Un autre ! Non, c'est impossible. Il n'y a rien autour, il se tient seul, haut et fort. Il est intact, odorant... sauvage ! Les gens ne doivent pas connaître. Ou bien il y en a tout simplement trop... Je ne sais pas. Tout ce que je sais, c'est que, sourire aux lèvres, j'arrache quelques branches, à pleines mains saisis les vertes feuilles. J'entre complètement dans le plant, prends une douche de ses fleurs, il m'absorbe comme une mère, m'englobe de caresses... Et moi qui n'ai rien pour le fumer !

Je me rappelle en riant Rodrigo, un portugais rencontré au hasard à Kunming, qui partout où il allait se traînait une bible format poche. Dès qu'il voulait fumer, il arrachait une page; le papier biblique si mince, si fin... presque parfait. Mais, conscient de son acte de profanation — hérésie —, il prenait la peine de lire à voix haute la page avant de la rouler. « *Si ton œil droit est pour toi une occasion de chute, arrache-le et jette-le loin de toi, car il est avantageux pour toi qu'un seul de tes membres périsse, et que ton corps entier ne soit jeté dans la géhenne.* Bon, est-ce que quelqu'un veut une puff ? »

Mais moi, au pied de cette montagne, je n'ai pas de bible. Qui aurait cru qu'un jour j'allais le regretter si amèrement ? *Cling cling*, ma bouteille d'alcool de riz se manifeste dans mon sac. Hum... Je prends les feuilles que je viens de rassembler, les presse par l'ouverture, les insère dans la bouteille jusqu'à ce qu'elle déborde. Déjà l'infusion s'opère, l'eau-de-vie se teinte lentement de vert. Ça s'annonce bien. Avec ce *drink*, aucune montagne ne pourra me résister. *Bring it on !*

Je remarque un sentier qui monte, une voie entre les branches. Je l'emprunte. Puis un autre, vers la gauche. Puis un autre, à droite toutes. Un réseau complexe se crée devant moi, je choisis la direction qui m'inspire le plus. Cajolé par les arbres, je suis seul dans la vie qui m'entoure. C'est bien différent de ce que j'ai connu à date en Chine. Près des villes, tout ce qui est *nature*, montagne ou parc semble pourvu d'un gardien qui charge l'admission, on monte une montagne sur des marches en béton (s'il n'y a pas un remonte-pente), des caractères chinois sont peints sur les roches, des lumières colorées éclairent les chutes, des vendeurs s'adaptent à la météo pour vendre parapluies ou parasols, des haut-parleurs projettent une musique qui noie les oiseaux, et arrivé à destination, un photographe nous offre d'immortaliser le moment près du restaurant construit sur place... C'est étrange de se trouver seul en Chine !

Quelque chose se détache au loin. Une forme... puis d'autres. Je m'approche. Un cimetière ! Dans la forêt, à même le flanc de la montagne, camouflé sous la végétation. Voilà un endroit où les morts bénéficieront réellement d'un repos. Les pierres tombales sont blanches, en demi-cercle, recouvertes de caractères chinois dorés qui coulent le long des flancs. Des fleurs indiquent les pèlerinages. Une branche cassée dérange ce calme parfait. Un animal... sauvage, certainement, dans cette forêt. Poussée d'adrénaline. Dans les rayons du soleil qui se faufilent entre les arbres, un cheval apparaît, blanc, pur. Irréel. Je touche, incrédule, ma bouteille d'alcool de riz. Le cheval s'avance, je l'entends arracher l'herbe avec ses dents, prouvant qu'il est bel et bien réel. Il contourne les pierres tombales, la lumière se répercute contre son poil immaculé. Impossible de ne pas y lire un signe, quelque chose de prévu, un message. Je m'approche de lui, lentement. C'est mon ami ! D'un air chevalin, il me prouve le contraire en s'éloignant rapidement. Bon. J'aime les animaux mais ce n'est pas nécessairement réciproque.

Je m'assieds sur le muret d'un tombeau, respectueusement, et ouvre le bouchon. Ça mérite bien une autre gorgée. Allez, hop ! À l'horizon, entre deux arbres, je distingue l'étendue bleue du lac et les petites taches noires qui y flottent, les pêcheurs aux cormorans, ces ingénieux pêcheurs qui élèvent un cormoran dès la naissance et qui attachent un anneau au cou de l'oiseau avant de partir sur l'eau. Lorsque l'oiseau plonge et attrape un poisson, il

revient se poser sur le bateau, et l'anneau serré à son cou l'empêche d'engouffrer sa prise, qui tombe dans l'embarcation.
Le pêcheur lui donne en récompense un tout petit morceau qu'il
pourra avaler, mais qui ne comble pas sa faim, ce qui fait que le
cormoran repart à la quête d'un autre poisson... qui finira lui
aussi entre les mains du pêcheur, couché dans l'embarcation. Une
vie lacustre, au fil des jonques à voile carrée, leurs cormorans
mélancoliques juchés à la proue des bateaux. La pêche aux cormorans, un autre emploi potentiel dont on ne nous a jamais parlé
dans les séances d'orientation[7].

Bon, finie la pause. Le temps avance plus vite que moi. Je dois continuer l'ascension, je monte et monte. Je commence à être fatigueé.
Peut-être est-ce l'alcool qui me rend faible, lent. Tout ce que je
sais, c'est que le trajet est plus long que prévu. Des multiples
sentiers qui se croisaient, j'ai choisi le plus large, le mieux déblayé,
celui qui paraissait le plus piétiné, assumant que si plus de gens
l'empruntent, c'est qu'il doit être plus direct. Mais il me semble
qu'il ne me dirige pas vers ce que je crois être la bonne direction.
Ou est-ce moi qui suis déboussolé ?

Le sentier devient de plus en plus sauvage. Humide, rocailleux,
irrégulier. Pourtant, il est bien large et aucune végétation ne vient
le gêner. Il traverse la jungle... comme un ruisseau. Oh oh... Plus
j'y pense, plus je trouve qu'il ressemble bel et bien à un ruisseau
desséché... qui mène du mauvais côté de la montagne... ou pire
encore, vers une autre montagne, complètement. L'érosion est
évidente, les pierres, la largeur... On voit les traces que l'eau a
creusées. Merde ! Le sentier ne doit être utile qu'en saison des
pluies ! Alors je ne suis même pas sur un chemin, inutile de
continuer à me demander si c'est le bon...

---

7   Après des tonnes de questionnaires, de formulaires et d'études, l'ordinateur de l'orienteur de
    mon école avait sorti, suite à de savants calculs, les trois emplois auxquels mon profil corres-
    pondait : pilote d'avion, clown, prêtre. Ça m'a fait deux choses : de l'un, perdre confiance à
    tout jamais en la possibilité qu'un ordinateur sache ce qui est bon pour moi; et de deux, réalis-
    er qu'il faut un type de personnalité similaire pour être clown et prêtre...

Je ne veux pas me faire prendre par la noirceur, mais je ne veux certes pas non plus redescendre bredouille comme ça, ayant échoué ma mission, ratant le sommet… L'ego pèse fort dans la caboche. Qu'est-ce que je fais ? Je continue un peu ? Mes jambes sont alourdies de fatigue, mais je dois contrôler mon corps et mon esprit, ne pas les laisser nuire à mon appréciation de la vie. O.K. Si je ne vois pas de traces de vie bientôt, je reviens, si je ne… Quelque chose devant ! Un petit toit, une chaumière. Voilà ! Civilisation ! Ça ressemble à un petit abri, pour prendre une pause, c'est sûrement le bon chemin… ou du moins un chemin tout court. C'est déjà ça ! J'avance vers l'abri ouvert, l'intérieur est sombre… Aaaah ! Il y a quelqu'un ! Je fais le saut, recule, regarde. C'est une statue, une statue de grandeur humaine. Des yeux brillants… perçants, qui me traversent. Un homme, longue barbe noire, regard sévère, habillé d'une armure d'or, la main posée sur la poigne de son épée. Son air vengeur devrait être terrifiant, mais la sagesse se lit dans ses yeux. L'étrange impression qu'il en veut aux méchants, mais qu'il est l'ami des justes. L'étrange impression, apaisante, qu'il me protège, que sa puissance est divine. Je m'approche doucement, elle m'imprègne tout entier. Étrange puissance.

J'entrevois un autre abri similaire plus loin. J'y parviens et une vague me parcourt l'échine. À l'intérieur, un gros bouddha est assit en position du lotus, me regarde droit dans les yeux avec un magnifique sourire. Immédiatement je reconnais le but de ma quête. Je suis contemplé par des millénaires de sagesse. Une paix profonde m'envahit. Le sentiment d'être à la bonne place au bon moment, d'être là où je dois être, de prendre la place qui me revient dans cet immense engrenage qu'est la vie. Je me suis retrouvé.

Derrière moi, une éclaircie entre les arbres laisse filer la lumière. Voilà le belvédère ! Eurêka ! Sous mes yeux s'étend la vallée, les temples du village, les toits de tuiles d'argile noires aux coins relevés, qui caractérisent les habitations chinoises. Et, au-delà du lac qui se déploie sur tout son long, dansant sous le scintillement du soleil, de l'autre côté de la vallée, se dresse l'imposante chaîne de montagnes qui me sépare du Tibet. Je me retourne vers le Bouddha qui me contemple d'un sourire moqueur. Jamais de ma vie les choses n'ont été aussi claires. Je sais. Légalement ou non, je veux vivre le Tibet. J'entends clairement son appel.

བོད་ཡིག

Je n'arrive pas à dormir, entortillé comme une tortilla bien *wrappée*. Maudit monde, construit pour des 5 pieds 5 pouces. Mon 6 pieds 2 pouces a toujours été un obstacle à mon appréciation des lits, des bureaux, des tables, des avions, des autos... et autobus, surtout ceux de nuit.

En Chine, je dois l'avouer, j'ai quand même été agréablement surpris de découvrir les autobus à couchettes : pas de bancs, seulement trois rangées de lits superposés, jusqu'au fond. Un peu comme les passagers en état de congélation dans *2001, l'Odyssée de l'espace*, on s'y installe... et on ne bouge plus. Bien sûr, près des fenêtres on se fait arroser par la buée qui s'y forme. Mais c'est mieux que ceux du centre qui risquent de tomber en bas du lit à chaque virage. Prenez place, mesdames et messieurs, *step right in, the show is about to begin*.

Pourtant, quel bonheur comparé à mon banc, présentement, où même si mes jambes se terminaient à mes genoux je serais inconfortable. C'est que je ne suis plus en Chine, même si je me destine à une zone spéciale autonome... de Chine.

Après notre enrageant, mais obligatoire, *deux coins de rues et puis stop pour mettre de l'essence*, le départ ce matin s'est poursuivi avec un bon deux kilomètres avant la première pause-pipi. Quelques sacs tombant du toit ici et là, arrêtant à chaque source d'eau pour remplir le radiateur lors des montées, ou refroidir les freins lors des descentes ; je me doutais bien que le voyage serait long.

Mais ce chauffeur tente obstinément de prouver que j'ai tort, en contournant les montagnes à pleine vitesse, enfilant les falaises et les précipices comme des cônes. Véritable bombe. L'autobus ne devient que bruits de ferraille et grincements, sans compter les crises d'asthmes qui le secouent.

Une dizaine de sons mécaniques forment l'orchestre accompagnant le moteur. Voilà qu'un onzième se joint au concert, apparemment inoffensif, *hop !* le chauffeur freine en état d'alerte, se range sur le coté, bondit de la cabine, tâte le moteur, dévisse des bouchons, vérifie le niveau de l'huile et de l'eau, colmate une fuite, raboute des fils et plonge une clé à molette dans les entrailles du véhicule. Lorsqu'on repart, le onzième musicien a disparu.

Pour cette destination, un seul autobus. Pas de *V.I.P.* ou de *climatisé*. En Chine socialiste il n'y a pas de classe.

Le vrai courage ce n'est pas de mourir, mais c'est de vivre malgré les épreuves, malgré les souffrances. Mourir c'est facile, vivre… voilà qui est courageux ! Mais est-ce courageux de vouloir vivre sa mort ? Comme dans une course dont l'issue de sa vie dépend, notre chauffeur veut arriver le premier au bout de la route. Aucune concession. Premier, ou rien du tout. Premier, ou écrapouti.

Le plaisir de tenir le volant semble intimement lié à la joie de pouvoir klaxonner. Et il exerce ce droit à fond.

Gardez vos membres à l'intérieur du véhicule en tout temps.

Dès qu'un *ennemi* un tantinet plus lent se trouve sur la piste cahoteuse devant lui, automatiquement tout le poids de son pied écrase l'accélérateur pour l'attaque. Mais, comme la route se tortille à mesure que l'autobus essoufflé grimpe le flanc d'un plateau, le plein régime se transforme en dépassements interminables, l'adversaire ne se laisse prendre que pouce par pouce. Cette course d'escargots se déroule dans des courbes qui transforment la route en angles morts, en pentes qui donnent aux camions en sens inverse une vitesse difficile à freiner. Je me surprends à me redresser, presque debout, mes mains agrippant le dossier avant, criant dans ma tête : *Allez... allez !!!* Éventuellement le chauffeur se recale dans son siège, s'allume la cigarette de la victoire, pour découvrir cinq minutes après un autre véhicule plus lent devant.

C'est pourquoi je me suis stratégiquement placé à l'arrière de l'autobus, pour être certain que lors du face-à-face imminent, mon corps aura le temps de ralentir suffisamment avant de percuter le pare-brise. Mettons les chances de notre côté.

Mais, grand désavantage de ma position en retrait, je me trouve au-dessus du moteur brûlant, pris dans un nuage d'huile brûlée. Ceci ajouté au fait que la suspension arrière est chose du passé, et qu'ainsi chaque bosse me fait littéralement décoller. Je comprends un peu mieux pourquoi ces bancs étaient libres malgré le fait que je n'aie pas joué du coude en entrant. Il semble que la fumée du moteur soit propulsée directement à l'intérieur de l'habitacle ! Lorsqu'on monte une pente, les vagues des émanations s'élèvent en rasade autour de moi. Je préfère me plaquer la figure contre la poussière que les fenêtres me projettent, tente de me dénicher une parcelle d'oxygène.

S'il y a 300 millions de bicyclettes en Chine, c'est peut-être un peu parce que tout est mieux que d'être à la merci du système d'autobus !

Dans les Alpes, les autoroutes européennes ne sont qu'une série de tunnels dans le roc et de ponts d'une hauteur vertigineuse, au-dessus des vallées, faisant en sorte que la voie ne monte ni ne tourne, même à travers une chaîne de montagnes. Une flèche transperçant les immenses obstacles.

Je vis tout le contraire.

La légende dit que notre planète a été créée un peu trop large, et le ciel, un peu trop petit. Des cordes ont donc été attachées aux quatre coins de la terre et en se tendant, elles ont créé les collines et les vallées. Des roches et des pierres ont été ajoutées, question déco.

Et les graines d'arbres et de plantes ont été semées pour rendre les oiseaux si heureux qu'ils chantent de joie.

Mais moi, ces *collines* ne me font pas chanter de joie. Elles font plutôt chanter mon estomac en des tonalités que je n'aime pas trop. Ici aucun pont, creuser un tunnel impliquerait de traverser des pans de glace pure…

Cette route qui accède au plateau le plus élevé du monde, bien que droite sur la carte, traverse une fantastique chaîne de montagnes, en longeant chacune d'entre elles, en les caressant, en serpentant langoureusement chaque flanc, en contournant chaque forme, embrassant chaque falaise, visitant chaque sommet, dans une valse qui me lève le cœur.

Ma tête tourne, mon estomac brûle, mes yeux cherchent des options. Seule la partie supérieure de ma fenêtre s'ouvre, pas assez large pour ma tête. Comment faire pour ne pas asperger les gens autour de moi… Un homme se lève, tâte l'avant du porte-bagages qui surplombe nos têtes, en extrait une poignée de petits sacs en plastique. Il m'en propose un. Le coup était prévu.

Bien sûr, le fait que presque tous les passagers fument comme des cheminées ne m'aide pas. Les mains se tendent pour offrir une nouvelle tournée de cigarettes, avant même que les dernières n'aient terminé de se consumer. Refuser une cigarette peut passer pour un affront, antisocial. Ils fument plus que tout autre peuple que j'aie vu, 50 % de la population, selon mon guide de voyage ! Mais moi, non. Incapable de refuser, je me joins à eux, mais ne peux maintenir leur rythme… J'en ai maintenant deux d'empilées, une sur chaque oreille. Une par poumon.

Même pour l'aventurier blasé qui affiche clairement un air *been there, done that*, traverser les plus achalandés des boulevards sans attendre un trou de circulation, ou bien fumer un paquet de *Temple of Heaven brand* semblent des tentatives d'éluder la mort, les survivants se sentant, d'une certaine manière, élus.

Dans le même sens, un trajet d'autobus longue distance en Chine devient comme un rite de passage. L'enfer pour certains, une drogue dont ils ne peuvent plus se passer pour d'autres.

Je paie le prix d'être loin des *must see* du pays. Oui, la vue des pics enneigés qui s'élèvent dans le soleil couchant est magnifique, oui, quand on s'éloigne du sentier touristique chaque découverte est si inattendue que le moindre détail devient grandiose, mais présentement je ne me sens pas comme un explorateur — voir, découvrir, comprendre pour la première fois —, je ne me sens que malade.

Heureusement pour moi, mon chauffeur *Gilles-Villeneuve-en-herbe* ne rencontre presque aucune compétition sur son chemin... au contraire, son plus grand ennemi est justement la route elle-même. Chemin de terre longeant les falaises des énormes montagnes, chaque pluie y lègue de profondes cicatrices.

Cette route — rejetée par la nature, torturée par ses éléments — est le dernier tronçon qui me sépare du Tibet. Trois trajets d'autobus de 13 heures chacun pour m'y rendre, moi qui étais déjà à sa porte sur la carte. Sur cette voie aussi inhospitalière qu'impopulaire, aucune douane n'est installée. Aucun policier pour contrôler le fait que je ne possède pas le visa obligatoire, émis par Beijing, qui restreint l'accès au toit du monde.

Ce *permis spécial*, en plus de permettre aux autorités chinoises de contrôler l'accès à cette *province spéciale*, coûte un prix ridicule, et vient avec l'obligation de visiter Lhassa accompagné par l'agence de voyage officiellement accréditée par le gouvernement chinois. Une session de propagande — « les Tibétains sont heureux que la Chine les aide... » —, au prix fort. Avec la contrainte de séjourner dans les établissements chinois, commercer dans les boutiques chinoises, et dans la mesure du possible, ne parler qu'à des Chinois... Désolé Monsieur Mao, je préfère la porte arrière.

Mais je l'entends presque rire dans sa tombe. J'ai le visage collé contre ma fenêtre, pourtant je ne vois plus la route. Tout ce que je distingue sous moi, c'est un ravin dont je n'arrive pas à découvrir le fond. Je roule au-dessus des nuages qui camouflent la profondeur de ce gouffre. Le col que l'on vient de franchir se trouve à plus de 5 000 mètres d'altitude. En autobus, nous survolons des avions. Mais l'atterrissage serait plus rude.

Lors des récentes intempéries de cette saison des pluies, des torrents se sont créées, creusant la terre. Ils ont laissé en héritage sur la route d'imposants amoncellements de pierres grugées à même la falaise, que l'autobus doit éviter en les contournant vers le vide. Le chauffeur est en train de miser sur la largeur de ses pneus pour passer, calculant que la limite de la route ne doit pas excéder la moitié de sa roue. Clôture, barrière de sécurité ? Bien sûr que non. Seul le rebord de la voie, friable, s'écroulant vers le ravin.

Je dois garder confiance, malgré le fait que contrairement au Vietnam, notre autobus n'ait pas été béni par le chauffeur avant le départ, avec encens brûlant sur le pare-chocs et pop-corn coloré lancé aux quatre points cardinaux.

À chaque nid-de-poule, nous basculons vers la mort. Mes nerfs se contractent, toute ma concentration se porte vers le volant. L'autobus chavire, mon souffle coupe… puis il balance de nouveau vers la route, dans un glissement de roue. Stressé à mort, les nerfs du cou me brûlent. Je me sens intrinsèquement lié au chauffeur, j'ai l'insensée conviction que sa réussite dépend de mon effort de pensée. Si mon attention baisse, nous sommes perdus. Je n'arrive plus à me détendre. Les empilements dans la route, nous forçant à répéter les manœuvres vers le vide, sont alignés devant nous à perte de vue. La montagne s'est effondrée sur la moitié de la route.

Je me demande bien ce que foutent ces *réparateurs de route*. C'est à peine s'ils ont poussé les roches vers la falaise d'où elles sont tombées, juste assez pour laisser se faufiler le trafic. Ils sont pourtant une véritable armée, leurs tentes se dressant en grappes un peu partout en bordure de la voie, dans les fossés, dans les courbes.

Employés par le gouvernement chinois, vivant directement dans la boue provoquée par les nombreuses pluies, des centaines d'hommes habitent directement sur la route qu'ils sont employés à entretenir. Croupissant entre une falaise et un ravin, leur seul contact avec le monde au-delà de cette route consiste en son trafic.

Nous arrêtons devant l'un de ces groupes d'hommes pour leur larguer un sac de riz. Et nous voilà repartis. Cette voie dans les montagnes qu'ils regardent s'éroder, se remplir de terre et de roches, de troncs et de boue, qu'ils doivent rendre praticables avec pour unique matériel de petites pelles... C'est leur cauchemar et leur gagne-pain à la fois, leur enfer et leur paradis. Perdus dans cette chaîne immense, ils doivent se sentir bien petits à lutter contre les forces indomptables de la nature.

Contre ma fesse droite un ressort s'entête, jamais il ne perd l'espoir d'un jour sortir de sa prison. Au-dessus du chauffeur est fixée une photo de cet autobus lorsqu'il était flambant neuf. Je m'étonne de voir que les films couleurs étaient déjà inventés.

Des mouches ont trouvé refuge dans le car. Leur bourdonnement ajoute une impression de chaleur écrasante. Dans un glissement de pneu, bruit du moteur qui tourne dans le vide, le derrière de l'autobus — malgré ma concentration maximale —, se balance dangereusement vers l'abîme... Je retiens mon souffle, serre ma prise sur le banc avant, contracte mon cou en entier qui devient un bloc de béton chauffé à blanc... ouf, les pneus agrippent de nouveau la route boueuse. Le cul se redresse. Retenir mon souffle, je dois me souvenir de ce nouveau truc la prochaine fois !

Nous nous immobilisons. Un camion stationné occupe la route devant. Sûrement pris, englouti à mi-roue dans une boue rougeâtre. Tout autour de moi, vieux et jeunes, passagères et passagers, débarquent de l'autobus en se retroussant les manches, sans poser la moindre question. C'est dans le contrat implicite de tout voyage loin de la civilisation : participation des passagers requise. Peu importe le temps, l'important est de se rendre.

Les femmes se prennent une bêche et une pelle à même la soute à bagages, les hommes se ramassent des pierres pour les placer entre la boue et les pneus sans traction. Certains semblent se préparer en même temps à distribuer des conseils. Je sors sous la pluie qui ne sait pas si elle commence ou se termine. Des deux cotés de la grande vallée, les montagnes coiffées de neige s'évanouissent, une épaisse brume m'englobe… Un nuage nous rejoint, c'est son ventre qui nous transperce. J'ai froid.

Je porte présentement tous les vêtements que je possède. Deux t-shirts sous deux chandails longs, et je tremble. Le froid s'insinue en moi. Mes sandales n'aident pas. Je quitte mes orteils rougis des yeux, et remarque que le camion devant n'est pas seul… un autre est stationné devant lui, puis un autre, puis un autre… Ils ne sont pas pris. Dans le croissant que forme cette route à l'intérieur du flanc de la montagne une imposante file, une dizaine de camions, une foule que l'on n'avait pas croisée depuis belle lurette. Tous immobiles sur la route, ce n'est pas bon signe.

Je la parcoure vers l'avant pour découvrir sa faille. Et toute une ! La pluie s'est littéralement sauvée avec la voie. Une trouée débute dès la falaise de pierre qui monte à droite et se termine dans le ravin qui naît à gauche. Large et profonde, des hommes sont debout à l'intérieur de cette crevasse dans la route. Leurs têtes ne dépassent pas. Une auto complète pourrait y entrer. Voilà notre cul-de-sac.

Le dernier village croisé est à environ six heures derrière. Impossible d'aller de l'avant. Dormir dans l'autobus, au froid… qu'est-ce que l'on va manger ? Un cri me somme de faire place. Une veille dame, roche sur l'épaule, me dépasse, jette sa pierre dans le trou. Autour de moi, sans plainte, sans avoir reçu quelque consigne, sans question, tous s'activent. Bêchent la terre pour remplir, cherchent des pierres pour solidifier. Un jeune homme trapu se présente avec une petite hache et part à la recherche d'arbres. C'est ridicule ! La brèche est immense ! On ne pourra jamais… Je semble être le seul à douter. Les autres agissent en silence. Sans y croire, je mets la main à la pâte (à la boue plus précisément). Une traînée de fourmis humaines se relaie pour remplir de roches l'obstacle. Interminablement mais sûrement. Pierre par pierre les heures passent. Je désespère. Oui les roches finiront par combler ce vide. Mais après ? Jamais un camion ne pourra passer sur ce ramassis instable. Je n'y crois pas. La taille des pierres que je rapatrie rétrécit comme ma volonté.

Un roulement sonore, des branches cassées. Quelques troncs d'arbres déboulent de la montagne jusqu'à nous. L'homme à la minuscule hache réapparaît. Il fixe les troncs ensemble, deux paquets, à peu près de la largeur d'une roue. Passage approximatif. D'autres l'aident à placer le tout sur la pile de pierres. Comment savoir si ce sera suffisant ? Assez large, assez solide ?

Notre chauffeur, grosses lunettes fumées et casquette moulée, retourne vers l'autobus. La foule s'attroupe autour du pont artisanal, reposent leurs muscles et leurs pelles. Le bruit du moteur gronde, un nuage de fumée noire est expulsé. Comme un capitaine se doit de sombrer avec son navire, un chauffeur d'autobus des montagnes semble devoir tester lui-même les réparations douteuses. Il n'accepte à bord aucun passager. Si les billots ne tiennent pas le coup, l'autobus basculera vers les nuages et le vide qu'ils camouflent.

Le mastodonte s'avance, déterminé, vers les troncs, s'arrête au son des cris pour laisser aux gens le temps de les placer devant les roues. Le moteur s'énerve, les roues tournent sur elles-mêmes, l'air se charge de gasoil, la carrosserie vibre. Dans un bruit de succion, la boue lui rend sa liberté, l'autobus s'engage sur les troncs qui plient, craquent, rejoignent les roches dessous dans un arc inquiétant, ouf... ça tient ! Ça y est, il est passé !

Poignées de main complices, dernières salutations entre constructeurs de pont improvisés. Go ! Je réintègre ma place sur mon banc soudainement confortable. Dès la prochaine courbe qui frôle le ravin, je perds mon sourire. Concentration !

Nous débouchons dans une vaste plaine entre deux sommets, vallée verte d'herbes et de *quigk*, l'orge robuste des hauteurs qui pousse dans la région. Des silhouettes humaines se dressent dans la végétation rachitique, brûlée par le soleil. Ils courent vers notre véhicule, nous lancent des cris. Une intense fumée s'échappe du sommet de leurs habitations en peau de yacks, seul refuge contre le froid environnant. Je comprends que ce sont des nomades, tribu vivant dans ces vallées. Leur décoration inconsciente de huttes et de troupeaux n'abîme ni l'esprit, ni les lignes de la nature qui demeure pure. Trop aride et froid pour supporter la vie humaine, le Tibet n'offre refuge qu'aux âmes endurcies.

Le chauffeur arrête, fait monter deux jeunes femmes, enfants emmitouflés sur le dos. Leurs vêtements sont de fourrure, rien qui ne soit pas animal. Une forte odeur d'épinette, de résine, de feu émane d'elles. Elles ont mariné dans la fumée qui habite, plus qu'elles, leurs tentes.

Leur visage est foncé, leur peau épaisse. Leurs longs cheveux noirs sont tressés en de lourdes boucles. Leurs joues sont d'un rouge flamboyant, brûlées par le froid intense ou le soleil aveuglant qui règnent. À cette altitude, ses rayons ne chauffent pas, ils calcinent, sournoisement camouflés par la brise fraîche.

Visiblement hors de leur univers, sans quitter le plancher des yeux, les femmes traversent le long couloir et s'installent inconfortablement dans le fond de l'autobus. Dès que celui-ci redémarre, elles débutent une sorte de chant, une prière en boucle, inlassable. Elles psalmodient sans fin un étrange « *Ôm mani padmé houm* ». Leurs marmonnements qui se répétent est pourtant un doux confort pour mes oreilles, car depuis notre départ tôt ce matin, la même cassette tourne en boucle dans le radio de l'autobus dont l'unique haut-parleur fonctionnel se trouve au-dessus de ma tête. Le système de son est donc réglé à son maximum pour diffuser dans tout l'autobus. Grichant comme des griffes de chat contre mes tympans, le monologue distortionné d'un humoriste chinois… en chinois. Bien que ce soit la *tellement-trop-souventième* fois que le même monologue est répété, les passagers autour de moi rient toujours des blagues comme à leur première écoute.

Et moi je n'y comprends *nada* sauf les rires préenregistrés. Sans rien saisir, grâce à ces rires en *can*, je commence pourtant à connaître exactement où sont les *punch*. Oh... Voilà la partie où l'homme imite la voix aiguë d'une femme. Je me retourne vers mon voisin arrière et au moment précis du cri... voilà ! Je me mets à rire en même temps que tous les passagers. Il me regarde d'un air louche... regrettant probablement d'avoir parlé dans mon dos à présent qu'il doute que je comprenne le mandarin. Excellent !

Les femmes nomades derrières continuent leur mantras, seules *non-chinoises* de l'autobus... avec moi, l'éternel *do-not-fit-in-the-picture*. Nous traversons une zone recouverte des neiges éternelles d'un sommet de montagne. De la fonte de ces glaciers découlent plusieurs des rivières les plus importantes de Chine. Ici naît aussi le plus important fleuve d'Asie : le Mékong.

Il n'existe rien au monde qui soit plus soumis et faible que l'eau. Pourtant rien ne la surpasse pour attaquer ce qui est dur et fort. Sans saveur, elle accepte toutes les saveurs; sans couleur, elle accepte toutes les couleurs; réfléchissant le ciel, réfractant l'image des pierres de son lit, transportant les sols et les minéraux sur lesquels elle coule. La goutte qui naît ici se battra sans relâche jusqu'à l'océan.

La plaine qui s'ouvre devant nous est ponctuée de taches noires se répandant sur le blanc aveuglant : un troupeau de yacks dans une steppe d'ajoncs. Les parfums de l'armoise et du genévrier y flottent. Dans leur sagesse, les bêtes font face au vent, tête baissée, afin qu'il n'ébouriffe pas leur fourrure ce qui leur ferait perdre de la chaleur. Ce troupeau annonce sûrement une ferme isolée... ou bien... Au loin, des habitations rectangulaires se rassemblent, bâtiments de pierre avec des murs très épais, minuscules dans ce paysage grandiose.

Surplombés d'un imposant temple au toit doré qui nous renvoie le coucher du soleil : Litang.

Aux confins d'une vaste étendue herbeuse, c'est le point de ralliement des bergers tibétains qui y soulèvent la poussière en conduisant leur bétail. Emprisonné par la forteresse de l'Himalaya, me voici à Shangri-La, le pays des neiges éternelles.

Si cette Litang me coupe le souffle, c'est peut-être aussi parce que, même si nichée au plus profond de la vallée, elle compte 4 600 mètres d'altitude.

Avec ses montagnes d'une moyenne de 6 000 mètres d'altitude — quarante de ceux-ci dépassant les 7 000 mètres —, le Tibet est bel et bien le plafond du monde.

Entre la Chine et l'Inde, le Tibet toise le monde d'un rempart de montagnes qu'habitent des fées, contrée de châteaux forts et de cités monastiques posées dans une lumière cristalline.

Des ondes de soleil irisées traversent la poudre de neige qui s'envole perpétuellement des plus hauts sommets de la chaîne de l'Himalaya, robuste épine dorsale de la terre. En la regardant, il me vient l'impression de vagabonder autour du monde dans le seul but d'accumuler le matériau de futures nostalgies. Comme quelqu'un qui parcourt le monde indéfiniment, à la recherche de ce qu'il appelle la vérité, sans se douter que la vérité est en lui.

Quand la passion est épuisée, la nouveauté, l'étrangeté perdent leur charme, et l'habitude engendre le mépris. La passion et moi, nous nous sommes donnés rendez-vous ici.

*

Avant de partir vers ce que j'estimais être une zone plus *inaccessible* au monde extérieur, j'ai écrit à mes proches pour leur signifier que mes courriels allaient être plus rares, mais de ne pas s'inquiéter : je profitais de cette occasion qui serait probablement ma dernière pour visiter le Tibet. Lorsqu'on m'a répondu que j'étais pessimiste —

« pourquoi la dernière ? » —, je me suis rendu compte à quel point il est important de vivre chaque jour comme si c'était notre dernier.

J'imagine l'existence comme un été : au début on sait qu'on a le temps, pas de presse… on peut remettre à demain; il va y avoir d'autres belles journées… Puis le temps passe, plus il passe vite, de manière exponentielle. On en arrive à appréhender la fin qui s'approche comme un mur, distant mais certain. On doit soudainement annuler le *superflu*… Plus aucun temps à gaspiller sur des choses non essentielles. Mais au bout du compte — peut-être jamais, sûrement trop tard — on réalise que c'était justement ce *superflu* qui rendait notre vie merveilleuse, les moments où aucune autre considération que d'être heureux n'était prise en compte.

Aujourd'hui, maintenant, est le seul moment dont j'ai le pouvoir de profiter, le seul sur lequel je puisse influer. Si je ne le saisis pas, il ne se laissera plus jamais saisir. Et en ce précieux moment précis justement, je suis en train de m'étouffer à pleins poumons au cœur d'un nuage de poussière qui sature l'air. Mes vêtements, ma peau, se recouvrent lentement de gris. Une interminable file de camions militaires chinois balaie la terre qui noie la route, d'une extrémité à l'autre, d'un horizon à l'autre. Une incroyable chaîne de centaines et de centaines de camions militaires, bâches fermées, engouffrés dans l'embouteillage qu'ils créent eux-mêmes. À pied, je les dépasse sans peine. C'est devenu un véritable *parking* que cette route qui relie Lhassa à Beijing. À perte de vue, les camions militaires avancent à pas de tortue vers la capitale tibétaine.

Officiellement, ce sont des militaires qui vont construire l'autoroute reliant les deux capitales. Mais au fond, tout ce qu'on sait, c'est que des milliers de camions entrent au Tibet vides, puis en ressortent pleins. Oui, leurs boîtes arrière sont toujours fermées, hermétiques aux regards, mais la suspension ne ment pas…

Et le gouvernement chinois, qui a toujours répété que le Tibet ne possédait aucune ressource naturelle intéressante, que la seule raison de leur annexion était de les aider à *progresser* ! Mais qu'est-ce que le progrès au fond ?

Les Chinois ne comprennent pas l'ingratitude des Tibétains. La Chine a construit écoles, routes, hôpitaux, aéroports, usines, et a mis en place une industrie du tourisme. Les Chinois ont *sauvé* les Tibétains du féodalisme et leur présence en cette contrée en est une de charité.

Les Tibétains eux ne peuvent oublier la destruction de la majorité de leurs monastères, ni la lourde présence de policiers et de militaires chinois dans leurs villes. Ils ne ressentent pas non plus une grande joie à voir des centaines de milliers de Chinois débarquer chez eux, s'accaparer des commerces et des postes de pouvoir, imposer leurs coutumes et leur culture, menaçant les Tibétains de devenir minoritaires dans leur propre *région autonome*, minorité ethnique. Cette autoroute Lhassa-Beijing serait le dernier pas vers l'assimilation culturelle totale.

Les Chinois, eux, pensent qu'une autoroute permettra au Tibet de sortir de l'isolement et d'accéder aux ressources et aux technologies, à la prospérité, au développement économique.

Qu'est-ce que le progrès ? Est-ce que le progrès a réellement bénéficié aux autochtones, aux nomades, aux peuples qui vivaient en harmonie avec leur environnement depuis des millénaires ?

En mettant la main sur ce haut plateau stratégiquement important, les Chinois ont libéré les Tibétains... de leur indépendance. Entre 1950 et 1970, leur chef spirituel, ainsi que 100 000 tibétains, a pris le chemin de l'exil ; plus d'un million de Tibétains sont morts et l'héritage culturel de ce pays est pratiquement rasé. En 1959, il y avait au moins mille six cents temples actifs au Tibet. En 1979, plus que dix. Les moines furent soit exécutés, soit envoyés aux travaux forcés.

La forme d'assimilation occidentale est plus *civilisée* : un lopin de terre en échange de votre histoire, un bungalow en échange de vos ancêtres, une télévision en échange de votre culture. Signez ici et de grâce, débarrassez-vous de ces costumes et enfilez une cravate !

Mais ici, l'assimilation parle par la bouche des canons. Le Tibet n'était animé d'aucune intention belliqueuse et ne convoitait pas l'espace vital des autres : faiblesse militaire à exploiter. En mandarin, langue très lyrique, le mot mourir se dit : *aller sur les terrasses de la nuit*. La chaîne de montagne qui recouvre le Tibet forme bien des terrasses. Les Chinois y apportent seulement un soupçon de nuit.

Un troupeau de yacks me hurle de le laisser passer, me contourne. Ces bêtes ressemblent à des saules pleureurs, leurs longs poils pendant presque jusqu'au sol, ils semblent solennels et affectueux. Je fais le saut en voyant leurs lourdes pattes battre le sol, je dois faire gaffe à mes orteils. Le berger me regarde me retrousser les pieds, sautillant presque. Sa longue tignasse de cheveux épais et noirs est enroulée autour de sa tête, surmontée de bijoux d'argent. Sa peau épaisse et son regard noir, les couleurs de ses longs habits de laine, le long couteau d'argent ouvragé qu'il porte à la taille... O.K., je suis loin de chez moi. Il me scrute longuement, vaguant entre l'étonnement et l'amusement. Si mes calculs sont exacts, je me trouve présentement au centre-ville, *downtown*. Autour de moi, deux rangées d'étalages et d'animaux. Mais surtout des gens.

Certains portent de hauts chapeaux de cowboys, cheveux long noirs, des franges de cuir ballottant au vent sur leurs motos. D'autres femmes portent des tabliers colorés, tressés aux couleurs de leur village... Plusieurs représentants de types différents... D'étranges chapeaux bleus, de style marin, en caractérisent d'autres... Une multitude d'ethnies partagent la rue, entourent les étalages pour marchander des fruits, jouent aux cartes sur le bord du trottoir, discutent entre eux en me regardant arriver. Ils revêtent chacun l'habillement traditionnel de leur culture, un amalgame impressionnant de gens différents qui cohabitent paisiblement, mais en gardant tous et chacun les caractéristiques qui définissent leur origine. La fierté de leurs racines, l'harmonie des différences.

Je me sens comme dans un étrange décor de *Western*, série *B* des années '70. La rue principale large, poussiéreuse, avec des deux cotés quelques magasins en enfilade; le troupeau de yacks traversant la place, la peau basanée des gens, les traits lourds, les mains épaisses; l'absence de technologie; leurs *ponchos* de laine; les sourires curieux… il est clair que je ne suis plus en Chine. Le Tibet en Chine, le Québec au Canada : le fait d'appartenir à un pays sur une carte n'amoindrit pas pour autant les différences culturelles.

Je m'abandonne avec délice à la fatigue, me détends enfin. Je déambule à l'aventure, mollement, en laissant une image succéder à une autre, une pensée à une autre, car maintenant je n'ai rien à faire, pas la moindre démarche à entreprendre, pas de camion à chercher, pas de montagne à grimper, pas de charge à porter, pas de relais où m'arrêter.

Quand on arrive quelque part en avion, le choc de l'arrivée est plus immédiat. Les gens, la langue, le pays, le climat, tout a simultanément un impact. De sorte que l'esprit surchargé est dérouté et occulte la signification particulière des petites choses. Mais arriver après trente-six heures d'autobus me permet de justement de savourer les petits détails, les riens qui, accumulés, forment le plus grand des touts.

Je parviens au marché bondé, véritable ruche d'activités. J'ai faim. Je pénètre dans l'antre sonore, vacarme de négociations. Du yogourt de yack dans de gros bocaux de verre, du rôti de yack, des morceaux d'os de yack… Les yacks comptent beaucoup dans cette économie : le transport, le lait, la viande, la fourrure, les sabots, la bouse, les os, la peau, la queue… on utilise tout. Quelle machine fabuleuse, qui peut changer l'herbe en vêtements, en beurre, en combustible et en cuir de tente.

Mais moi, je m'aligne plutôt vers des tomates, des ciboules ou cette substance sombre et dure, semblable à du fromage. Pourtant peu importe ce que je veux, je dois suivre le flot, la masse humaine qui se presse. Il suffit d'embarquer dans le courant qui nous mène-ra à bon porc… si l'on visait le boucher.

De loin, je dois avoir l'air d'une tête qui flotte sur un océan humain. Ma grandeur est ici inégalée. Mais l'incroyable activité me camoufle tout de même. Je passe presque inaperçu, impression qui m'est devenue étrange.

J'achète ce qui ressemble un pain, impression délicieuse. Faux espoir désastreux ! Ce n'est qu'une galette au sel, du sel saupoudré de galette. Un homme m'interpelle. Il me présente les épices qui recouvrent le drap sur lequel il est assis. D'étranges racines rougeâtres, de curieux fruits séchés. Il me tend un pédicule rabougri enveloppé d'une petite boîte dorée. Évidement, la longue et détaillée description qu'il me livre n'est pour moi que musique. J'arrive tout juste à savoir si sa mélodie est une affirmation ou une question. Et voilà : le fameux solo d'interrogatives. Deux mélodies interrogatives de suite — me voyant répondre par un vague hoche-ment de tête — suffisent généralement pour leur faire comprendre mon incompréhension… (Je soupçonne la deuxième de signifier à peu près : « tu n'as absolument rien compris de ce que je viens de te dire, n'est-ce pas ? ») L'homme se lève alors avec éclat, m'ex-plique l'utilité de son produit en plaçant la boîte devant son entre-jambe et en la redresse lentement. Il est accompagné des rires de la petite foule qui vient de se former. « Non, non. » lui dis-je, en hochant de la tête.

Les Asiatiques ont vraiment une fixation sur leur érection. Partout des produits pour la puissance mâle, la virilité… Ils vont jusqu'à manger les organes génitaux d'espèces animales qui sont en voie d'extinction justement à cause de cette demande. Des ours vivants sont retenus en place par des chemises de métal, un tube descend directement jusqu'à leur foie pour en extraire la bile, très en demande sur le marché. C'est une croyance populaire que le surme-nage et le sexe éreintent le corps et que de tels exercices peuvent résulter en une vie plus courte. Tout est donc utilisé pour contrer ce phénomène.

Nous les rattrapons rapidement dans cette obsession du *salut au soleil*, grâce à cette petite pilule bleue élaborée spécifiquement contre les angines cardiaques, mais qui a eu le fâcheux effet secondaire de faire *bander*. *Bander*… Ça vend mieux. Le relevé des profits de *Pfizer* est en train de signer l'arrêt de mort des bonnes vieilles infusions aux pénis de phoques.

Tache jaune à l'horizon. Deux moines bouddhistes arrivent en moto, sous un étrange bonnet qui semble à l'envers sur leurs têtes, étrange casquette dorée qui s'étire au-dessus de leur visage. Je venais tout juste de m'habituer à la planète Chine, me voici débarqué sur une étoile inconnue… peut-être dans une autre dimension. Par besoin de réconfort, de comprendre un minimum ce qui m'entoure, je sors mon guide de voyage, lien entre moi et l'ici. Je tente de trouver le paragraphe décrivant ce bout de pays, lève les yeux sur un homme qui approche son visage de mon livre. Je le tourne vers lui, aussitôt un adolescent l'imite, tâte le papier, suit les lettres du doigt. Une femme intriguée tourne la page. Quelques passants la remarquent, s'approchent. Mon livre doit leur faire penser à celui d'une sorcière, envoûtant, couvert d'étranges symboles, d'une écriture barbare. Mais attendez ! Je reprends le livre. Les lettres c'est bien beau, mais encore mieux sont les photos. Voici la section des images. Un vieil homme y plonge son visage en exclamations. Les autres se plaignent de ne pas bien voir. On murmure, on m'entoure. Les gens s'agglutinent autour de moi. Je lève le livre et présente les photos. Expressions ébahies, je crois qu'ils n'avaient jamais vu la Grande Muraille… Les gratte-ciel lumineux de Hong Kong…

Une fillette touche les poils de mes bras, un curieux frôle ma barbe, mon sac, mon linge. O.K., je quitte le cercle, *exit*. Machinalement, je me prends une bouchée de pain… *beurk*. Galette de sel. Bon, je vais demander asile dans un restaurant.

Deux hommes me croisent, tenant chacun à bout de bras l'une des cornes d'un immense crâne de yack, fraîchement débarrassé de sa peau. Je les suis de regard pour apercevoir le boucher du village. Dans sa pièce obscure, le yack étendu sur la table de bois, il coupe la viande directement sur commande, la livre immédiatement avec une sorte de tricycle délabré, muni d'un panier de bois taché par le sang. Pas de réfrigérateur, *cut and serve*, si on veut que la viande demeure consommable. Le couteau, la vadrouille pour laver le sang, et le tricycle pour livrer. Un, deux, trois, voilà le boucher.

La pièce voisine, sombre, renferme deux tables, des baguettes comme ustensiles. Un resto j'assume. Au moins, la viande risque d'y être fraîche. Un homme me reçoit en me pointant une chaise, me parle. Je lui fais signe que je n'y comprends rien. Classique, il reprend sa phrase, plus lentement et plus fort. Non, je ne suis pas sourd... Mais je ne comprends vraiment pas. Il me regarde étrangement, se demandant si je me moque de lui. Comment aurais-je pu me rendre jusqu'ici, si je ne parle par un traître mot ? Ou pire, est-ce bien ici que j'avais l'intention de venir ? Son rire est spontané. Aucune méchanceté, aucune arrière-pensée. Seulement un *qu'est-ce que tu fous là ?* bien senti.

J'ai l'impression que je cause la même réaction que si *E.T. l'extraterrestre* débarquait en pleine ville. Tout le monde sait qu'il est inoffensif, mais tout de même : E.T. l'extraterrestre... En le voyant progresser à tâtonnement, ne sachant rien de comment les choses fonctionnent autour de lui, seul et sans but apparent, je lui servirai moi aussi en riant un bon : *mais qu'est-ce que tu fous là ?* bien senti.

Toute la famille du propriétaire cuisinier sort de la cuisine pour m'observer. *The circus is in town.* On ouvre pour moi une télévision occupant un coin de la pièce. Je les salue, ils me saluent. Je leur explique que je viens du *Jianada*. C'est à peu près tout de ce que je suis capable de leur transmettre. Le reste de la conversation se résume à moi répondant à chacune de leurs questions : je ne comprends pas. Quelques sourires s'échangent, seul langage universel, puis peu à peu leur intérêt s'effrite, une à une les têtes se tournent vers le téléviseur qui occupe bien vite tout l'espace sonore.

Tout fier, l'homme me tend un menu plastifié, c'est un établissement de classe. Malheureusement, je lui fais signe que je ne comprends pas non plus les caractères. Pas le choix, je lui pointe directement la cuisine et m'y rends. Il m'y suit. Je regarde sur le comptoir, de la viande… du poulet ? J'y jette un second regard quand même.

Viande grasse, réputée énergétique, consommée surtout en hiver, la chair de chien est cuite à la broche. Soupes parfumées aux nids d'hirondelles, rat mariné sur bâton, singe, ours, salamandre, raton laveur, chat braisé… La blague dit que tout ce qui a des pattes et qui n'est pas une table se mange en Chine.

Mais la tête coupée du poulet me rassure, je la pointe. Le cuisinier me fait *oui* de la tête. Je désigne ensuite des nouilles, puis mon regard se pose sur des végétaux. Inconnus. Mais ils sont verts c'est tout ce qui compte, une sorte de légume/plante. Ça va me faire quelques vitamines. Je pointe.

Devenu un fier mime, je fais signe au cuisinier attentif que j'aimerais avoir les nouilles, le poulet et ce *végétal* frits ensemble. D'une main je simule le wok, de l'autre une spatule qui brasse énergiquement le tout sur un feu que j'imite de la bouche, tellement ardent que les flammes s'échappent en postillons. Le chef me fait signe qu'il me comprend, *oui oui*, me dit-il de la tête. Alléluia !

Il revient… avec une soupe. Bon, je dois vraiment être un piètre acteur. Il me semble pourtant que j'avais bien interprété le rôle de la spatule, bien saisi son essence. Certainement, quelque part l'émotion ne s'est pas transmise. À contrecœur, je brasse le *I-wish-it-was-a-stir-fry* bouillon, se pointent immédiatement à la surface d'étranges morceaux, rognons ou cartilages… petits cœurs ? Je n'en sais trop. Le cuisinier me regarde en souriant, tape sur l'épaule. Par amitié pour moi, il a ajouté des *extras* tout à fait gratuitement, la joie d'avoir un étranger à sa table. Je lui retourne son sourire. Ce n'est pas tout à fait ce que je voulais… en fait, c'est plutôt exactement le contraire. J'entame lentement ma première cuillerée, sceptique mais affamé.

Des jambes se dressent devant moi, me font relever les yeux. Un jeune homme me regarde manger, pantalons couverts de terre, manteau de cuir, cheveux longs noirs sous un chapeau de paille blanc moulé sur sa tête. Intrigué, immobile, il reste là. Me fixe. Un autre passant remarque ma blancheur, mon étrangeté, il entre lui aussi et se place près de moi pour m'observer. Mais cette soupe doit être une sorte de spécialité locale, à en juger par leur expression presque teintée de déception lorsqu'ils découvrent que je mange à peu près la même chose qu'eux. Similaire. Que j'utilise les mêmes ustensiles. L'étranger est moins étrange que prévu.

De vieilles femmes traversent la rue derrière leurs moulins à prières qu'elles brandissent du bras droit. Au sommet d'un manche de bois, une roue d'argent pivote, entraînée par une petite boule enchaînée à elle. Un constant mouvement du poignet garde cette roue en rotation perpétuelle. Sans cesse, du matin au soir, le moulin à prières tourne. Ces femmes passent la journée avec une seule main de libre... changer le petit, faire la cuisine ou laver le linge. L'autre main est occupée à faire tourner ce moulin sur lequel une prière est inscrite. Chaque fois qu'elle tourne dans le sens des aiguilles d'une montre, le texte défile devant ses yeux, inconsciemment il entre en elle. Chaque tour est donc considéré comme une prière, et plus on répète de prières durant cette existence, plus notre prochaine réincarnation sera bonne. Il faut alléger le karma, aucun temps à perdre. Plus on a de difficulté à changer les petits, à faire les repas, à effectuer les tâches obligatoires, plus on veut que la prochaine existence soit meilleure... plus la roue du moulin doit tourner... plus notre main droite est occupée et rend les tâches obligatoires, telles que changer les petits et faire les repas, difficiles.

Le résultat de notre karma, que cela nous soit favorable ou non, dépend de nos actions passées, bonnes ou mauvaises. Mais ça se complique... Le karma n'est pas limité aux actions de l'existence présente, mais peut remonter à un passé infini, et s'étendre jusque dans un futur infini. Le karma représente le lien qui relie nos vies consécutives.

Bouddha est parvenu à briser la chaîne de son karma pour échapper à la renaissance. En réalisant l'impossibilité d'atteindre la plénitude au niveau physique, puisque le corps est irrémédiablement sujet à la faiblesse, il a abandonné ses désirs vaniteux pour en arriver à comprendre que le but n'est pas de revenir sur terre connaître une vie *meilleure*, mais bien plutôt de rester dans l'au-delà, libre de souffrance, au nirvana.

Mais comme bien peu d'*élus* en arrivent là, et qu'il y a donc peu de chance que ce soit notre dernière existence, personnellement... autant s'arranger pour que la prochaine vie soit plus facile, plus aisée. Alors, tourne et tourne la roue de prières. Et on accumule le *mérite*, un peu comme des points *Air Miles*, qu'on pourra éventuellement échanger contre le paradis. Et tournent et tournent encore les moulins à prières.

Je termine le bouillon de ma soupe, laisse dans le fond du bol les parties animales qui, dans ma culture, ne sont consommées que dans des saucisses, et décide de suivre discrètement ces femmes. Leur habillement soigné m'indique qu'elles se destinent probablement au temple. Je remarque d'autres gens vêtus de leurs plus beaux atours progresser dans la même direction que nous. Les moulins à prières battent leur plein, telles des éoliennes générant de l'énergie positive. Quelque chose se trame.

Je m'attaque comme eux à la colline qui supporte le temple surplombant la vallée. Je croise une habitation, ses murs sont recouverts de taches noires, rondes, irrégulières. Je m'approche, recule la tête en réalisant que ce sont des bouses de yacks. Lancées sur le mur pour qu'elles sèchent, une fois tombées elles servent à nourrir le feu de la cuisine. Aucun arbre ne pousse à cette altitude, que quelques arbustes. Unique combustible, parfaitement écologique, la roue de l'autosuffisance tourne chez tous les peuples qui survivent hors de la *civilisation*.

Je croise une autre maison qui sert de « sèche bouse », puis je parviens à l'imposant mur de terre tapée, surmonté de pointes blanches. Il entoure le temple. Toutes les habitations qui se trouvent dans son enceinte abritent des moines. Une immense zone est ainsi ceinturée, je ne distingue pas l'entrée. Je longe le mur à la recherche d'une porte. Je croise, à intervalles réguliers, des gens, âgés pour la plupart, vêtus de lainages multicolores, de chapeaux tressés, arborant un sourire édenté. Sans relâche, ils actionnent leurs roues de prières tout en marchant. En les croisant, je leur envoie un « Tashi delek », le *portez-vous bien* tibétain. C'est à leur plus grand plaisir. Leur langue est sur son dernier souffle.

Depuis que le mandarin s'est *imposé* comme seule langue officielle du Tibet, la perte d'identité est palpable. Le tibétain étant totalement éliminé du système d'éducation instauré par les Chinois, les classes se déroulant en mandarin, il n'est même pas enseigné comme langue seconde.

Les gens âgés ne parlent que le tibétain, trop tard pour retourner à l'école. Ma génération le parle, mais ne sait pas le lire. La nouvelle génération en connaît seulement les rudiments de base. Les plus jeunes ne peuvent plus communiquer avec leurs grands-parents. Trois génération et hop ! L'assimilation est menée avec une efficacité exemplaire.

C'est que les Chinois sont passés maîtres dans le domaine. Ce n'est pas la première *tribu de barbares* qu'ils annexent à leur empire, qu'ils *civilisent* au pas de Pékin. Jusqu'à l'Urunmqi, l'heure unique est celle de Beijing. Même si à midi il fait encore nuit dans certaines régions, il leur faut s'adapter. Mais le gouvernement chinois a solennellement promit que si le Dalaï Lama en venait à revenir, il se verrait offrir un poste derrière un bureau du gouvernement de sa capitale... Beijing.

Plusieurs marchés *typiquement* tibétains qu'on cite dans mon guide de voyage ont été, entre deux éditions, complètement remplacés par des étalages traditionnels chinois. Finis les produits du terroir, bienvenue au *Made in Taiwan* aux lumières clignotantes.

Tout comme le processus de désertification, les ravages se font à vitesse exponentielle et sont irréversibles. Le Tibet se noie peu à peu dans le raz-de-marée en provenance de la patrie de Mao.

Mais les pèlerins que je croise autour du muret de ce temple sont fidèles à leurs racines. Chacun est différent, m'accueille avec le sourire, puis me lance quelques phrases dont je ne comprends rien. Désolé. Je les vois prendre un caillou sur le sol et le lancer sur une imposante pyramide de roches qui doit servir de cible depuis plusieurs années à en juger par sa grandeur. Surmontée de drapeaux colorés, des plaques de pierre y sont gravées, d'étranges messages qui me paraissent des dessins. Des banderoles imprimées de prières sont suspendues au vent. Avec le temps, le soleil et la pluie, elles pâlissent. Les Tibétains croient que lorsque la prière est complètement effacée, c'est qu'elle s'est envolée avec le vent, chaque mot a été transporté vers l'autre monde.

Mon ignorance me donne de ce milieu complexe une vision superficielle. C'est en définitive extrêmement frustrant.

Les pèlerins avancent mollement, psalmodiant des mantras jusqu'à l'hypnose. *Écoutez la voix de nos âmes, vous tous qui errez. Ce monde est celui de l'illusion. La vie n'est qu'un songe. Tous ceux qui sont nés doivent mourir.* Les voix continuent, monotones, à réciter les mots qui excitent ma curiosité. Une femme s'arrête pour rectifier la position de l'enfant accroché à son dos. Les visages osseux et hâlés, leurs vêtements de laine et de cuir, leurs bijoux… me rappellent les Incas, l'Amérique du Sud, pourtant à l'opposé du globe.

Un homme se dirige vers moi, il parle quelques mots d'anglais, a étudié en Inde. Tous les Tibétains qui ont été en Inde sont automatiquement considérés comme des partisans du Dalaï Lama, et ennemis potentiels du gouvernement chinois. Ils sont fichés et surveillés. Mais le danger est quasi nul dans un petit village comme celui-ci, alors cet homme est de passage pour renouer avec sa source spirituelle.

Il m'explique que je dois faire deux tours du mur du temple, mais dans le sens inverse des aiguilles d'une montre. Je suis donc à contre-courant, marchant dans le mauvais sens depuis le début ! Moi, sourire aux lèvres, j'étais bien heureux de tous les gens que je croisais… C'est donc ça qu'ils essayaient de me faire comprendre !

L'homme m'explique que ces deux tours de la palissade du temple servent à créer une sorte de champ d'énergie qui nourrira la cérémonie. Il continue sa marche, m'invite à le suivre… dans le *bon sens* cette fois-ci. Mais je dois décliner son offre. Ce bon sens signifie pour moi l'ascension de la pente. Et je suis mort. Mon souffle est court, je n'arrive plus à le rattraper. La pente n'est pas si imposante, mais ici, à 4 600 mètres d'altitude, je me demande bien où l'oxygène est passé. De vieilles femmes m'observent reprendre mon souffle en riant. Elles me dépassent sans même ralentir. Dur pour l'ego.

J'aperçois une mince fente dans la palissade, brèche assez large pour moi. Je m'assure que personne ne me voit, j'y pénètre… Je vais couper court aux préliminaires comme un vieux couple sans passion : plus de tours autour du pot, j'entre directement.

Le temple m'attend avec son toit imposant, une pente raide de tuiles vertes, dorées et rouges. En séries de trois niveaux, elles représentent le *triratna*, les Trois Merveilles Bouddhiques[8].

Je rejoins une vaste foule assemblée dans la cour intérieure, entourée d'immenses bannières aux motifs de Bouddha. Tout le village semble réuni. Dans un coin, un feu consume des paquets d'encens dans un épais nuage qui nous englobe. S'élevant doucement dans l'air que n'agite aucun souffle, la lourde fumée forme d'étranges visages tordus. Son odeur suave apporte avec elle la sérénité. Les bannières pendent immobiles à leurs mâts. Les moulins à prières tournent avec leurs *click clack clack* qui finissent par être si familiers que je ne les entends pas plus que les battements de mon cœur. Le claquement

---

8 Ici se trouve la partie où je devrais ouvrir une parenthèse, expliquer de façon brève et imagée ce que les Tibétains nomment les Trois Merveilles Bouddhiques, éclaircir cette différence culturelle qui doit se révéler une anecdote tellement *cool* à conter autour d'un café. Malheureusement, je ne la connais même pas. C'est ce qui me ronge, me tenaille l'intérieur : l'impossibilité de communiquer. Un bassin de connaissances dont je ne possède pas la clef. Je dois me contenter de mon guide de voyage, livre désespérément pauvre comparé à la richesse qui m'entoure. Chaque moment gaspillé les yeux rivés à ses pages coûte presque davantage que ce qu'il rapporte.

assourdi de ces roues concrétise l'espoir de se concilier la faveur des dieux, l'espérance d'un lendemain meilleur. Qu'on nécessite ou non l'aide de béquilles, l'important est de se tenir debout.

Au loin, le soleil se couche dans une apothéose de couleurs derrière les hauts sommets de l'Himalaya, en faisant rougeoyer les pics neigeux, comme s'il rappelait le bain de sang où le Tibet avait été plongé.

Volumes horizontaux des bâtiments blancs percés de fenêtres noires en trapèze; plans étagés du temple ocre rouge; murs étirant le regard de leurs façades obliques, jouant avec les courbes du paysage environnant; équilibre des masses ancrées sur des escarpements; ampleur de l'espace; ornements d'or ponctuant la ligne des toits-terrasses : l'architecture d'ombre et de lumière tibétaine compose magistralement sur ces thèmes. Pénombre et lumière s'y marient.

Une assemblée de moines âgés occupe l'avant de la cour, en rangée. Un par un, de jeunes novices se présentent à eux, sous les regards de l'assemblée et dans un lourd silence. Les lamas, sous leurs robes rouge sombre et leurs bonnets jaunes, posent des questions. C'est une sorte d'examen. Chose étrange, les novices répondent en frappant des mains, d'un haussement de tête presque insolent, démontrant que la question est trop facile et que leurs connaissances vont bien au-delà. Voilà la cérémonie pour laquelle tout le village se préparait, le grand jour : trois novices se font introniser, deviennent moines.

Le bouddhisme du Tibet est le plus *hard core*. Les messages du premier Bouddha n'étaient pas assez *convaincants*. Celui-ci disait carrément à ses disciples d'essayer d'autres voies, d'autres méthodes. Pas trop persuasif. Gautama Bouddha serait le premier à être surpris, et déçu, qu'on ait fait une religion de ses dires, lui qui affirmait simplement redécouvrir dans sa propre religion les vérités qui avaient été oubliées.

Mais il fallait contrer l'attrait du catholicisme, avec son paradis merveilleux, alors que le but ultime du bouddhisme n'était que le nirvana, un endroit libre de toute sensation, stimulation zéro. Pas trop vendeur. Alors certains ont réformé le bouddhisme, créant la branche du *Grand Véhicule*, avec un *Western Paradise* agrémenté de tours couvertes de perles blanches qui brillent sans comparaison, de rivières remplies d'eau parfumée, de fruits qui illuminent comme le soleil, de lacs accordant à chaque baigneur son souhait : devenant à sa guise torrentielle ou calme, chaude ou froide...

Voilà. Le *Grand Véhicule* avait son but, celui que l'on atteignait en suivant cette nouvelle voie. Ne lui restait que d'insuffler une bonne dose de motivation en spécifiant ce que l'on atteignait si l'on ne suivait pas cette voie.

Des pans entiers de murs des temples tibétains regorgent d'enfers très explicites, par exemple un monde abondant en nourriture, mais où les habitants sont munis de cous si petits qu'ils ne peuvent avaler, souffrance perpétuelle de la faim. Des gens qui se font écarteler, brûler, torturer... Des scènes d'épouvantes, où règnent les Yakas, esprits volants maléfiques, des Rakasas, démons nocturnes, les Kubhandas, monstres de l'excès qui incitent l'homme à l'avarice et aux désirs, les Pisacas, ces fantômes fous, les Bhutas, ces esprits qui se métamorphosent sans cesse pour tromper les hommes... Rien de calme et de paisible, comme ce à quoi m'avaient habitué les temples bouddhistes ailleurs. Non. Ici, les portes du monastère m'accueillent avec le portrait d'une divinité bleue, cheveux de feu, tête de démon entourée de crânes, se servant de peaux d'humains désossées comme selle sur son cheval. Motivation instantanée à respecter les règles.

Le bouddhisme tibétain est beaucoup plus mystique que les autres formes de bouddhisme. Les gourous indiens venus prêcher au Tibet dans les premiers temps étaient grandement influencés par l'hindouisme tantrique. Ce courant sous-jacent de tantrique, combiné à des vestiges de chamanisme local, donne au bouddhisme tibétain beaucoup de sa saveur unique.

Des positions rituelles, des discours sacrés, de l'art divinisé, des rites d'initiation secrets, les fidèles qui doivent ramper sous certaines statues… Seulement leur prière démontre clairement la différence : alors que les Thaïs, par exemple, ne font qu'incliner légèrement la tête devant l'autel, ici les moines se prosternent complètement ventre contre terre, écartent jambes et bras, puis se relèvent complètement. Exercice qui est répété à satiété. Étirement, cardio, musculation… la prière devient un bon exercice. Serait-ce le secret de leur longévité ?

Le bouddhisme tibétain est aussi reconnu pour ses *pouvoirs magiques*, tels la télépathie et la téléportation…

Les moines nommés *lamas* sont considérés comme des réincarnations d'êtres très évolués, le Dalaï Lama — l'océan de sagesse —, étant leur patriarche suprême. Ce Dalaï Lama qui peu avant sa mort, dans une lettre cachetée secrète, décrit le paysage, la région précise où il se réincarnera, à quelle date il naîtra, le nom de ses futurs parents. Bien que son nouveau corps soit enfant, seul son côté physique sera petit, car il abritera un esprit vieux de plus de mille ans.

Comme les déités et les bodhisattva dont on observe les portraits dans les temples, il a rejoint le rang de ces êtres qui en sont à leur dernière réincarnation avant le nirvana, qui ont atteint la réalisation spirituelle suprême, qui sont délivrés de l'illusion cosmique. Mais à leur mort, au lieu de se dissoudre dans l'au-delà, ils décident de se réincarner, de revenir sur terre pour donner l'exemple et nous aider à sortir du bourbier des désirs terrestres, nous aider à progresser vers les niveaux supérieurs. Bouddha, Moïse, le Christ, et de nombreux autres seraient de cet ordre.

Mais l'idée même d'un *Dalaï Lama* déplairait probablement à Gautama Bouddha lui-même, qui prêchait de ne vénérer personne, de ne s'attacher à rien ni quiconque, que personne d'autre que soi-même ne connaît la voie à emprunter. Aucun chef à suivre…

Gautama Bouddha avait aussi une philosophie révolutionnaire, en ce sens qu'elle ne reconnaissait pas la notion de caste, fortement implantée dans son Inde natale. D'un coup il voulait abolir les différents rangs qui constituent les fondements mêmes de sa société... Leçon qui n'a pas trouvé preneur à Lhassa, puisque différentes castes y existaient, certains étant nés pour servir les autres. C'est l'un des plus puissants arguments que Mao a lancés pour *libérer cette province chinoise*.

Comme pour tous les prophètes, ceux qui prêchent au nom de Bouddha prêchent souvent contre lui.

Mais ici, entouré des paysans, pour la plupart affaissés par l'âge, récitant des mantras en assistant à l'examen de ces novices, j'en oublie ma mémoire. Rien d'autre que l'instant présent n'est obligatoire. Des tresses de laine rouge sont nouées aux cheveux nattés de la femme assise par terre devant moi, elles forment un complexe panneau décoratif qui lui tombe presque à la ceinture. Trois bandes d'étoffe recouvrent le devant de sa robe, comme un tablier. La petite à mes côtés me contemple avec de gros yeux intrigués. Leurs lourds chandails de laines décorés de broderies, leur peau gravé par le temps, leurs sincères expressions. À 360 degrés autour de moi se trouvent des opportunités de cartes postales. Même en échappant ma caméra au hasard, la photo prise serait quand même bonne. Je me trouve au cœur de l'extraordinaire.

La cérémonie s'achève, la foule se disperse. Un jeune novice tout juste devenu moine s'approche de moi, m'invite dans sa chambre de *gradué* où est dressé un festin pour l'occasion.

Je salue les autres convives qui partagent avec moi la minuscule pièce couverte de draperies, puis ingurgite les bouchées de yack que l'on m'offre. Fierté, une bouteille de cola est débouchée expressément pour moi. Trophée recouvert de poussière, je suis l'occasion de l'entamer. Personne d'autre n'en prend. Trop tard pour refuser. Le plus âgé puise dans un bocal du beurre de yack pour en alimenter la flamme des lampes en forme de calice.

Elles illuminent les bannières de soie fanée, les boiseries sombres des murs, les images dorées de Bouddha. La fumée est odorante. Des lamas en robes bordeaux se tiennent en retrait dans des sortes de niches, psalmodient les écritures.

Un jeune moine fait son apparition et m'indique de l'accompagner. Je le suis dans sa chambre aux murs teints par la fumée des lampes. Des piliers et des poutres noircies par le temps se détachent dans la pénombre perpétuelle. Le terne éclat de l'or, reflétant la lueur des cierges, ne parvient guère a dissiper l'obscurité. Les petites flammes vacillantes donnent l'impression que les ombres exécutent une danse grotesque sur les murs. Des fresques montent une Kali aux bras multiples, portant une guirlande de crânes. Des bouddhas aux yeux calmes siègent dans des niches latérales. La flamme se reflète dans ses yeux.

Le moine me présente un portrait du Dalaï Lama sur le mur. Portrait devenu interdit, invisible dans les endroits publics. Mon hôte s'assure alors que nous sommes bien seuls, faisant naître une étrange tension. Discrètement, il soulève le portrait du grand Lama. Sous celui-ci se dresse une affiche couleur de Michael Jordan dribblant dans son maillot des Bulls de Chicago. D'une tape sur l'épaule, le moine me signifie comme il est fier de me la montrer, nous rions ensemble. Il *connaît* ma culture... moi qui l'avais presque oubliée.

Ses cheveux rasés et sa toge safran masquent son âge, mais dans les yeux de ce moine se lit sa jeunesse. Quinze ans à peine. Un bruit dans le couloir, *zoum* l'affiche de Michael est camouflée. Juste à temps. Un homme se présente avec un thé auquel une généreuse portion de beurre de yack a été ajoutée. Jaune et gras, ni sucré, ni clair, plus proche de la soupe que d'autre chose, salé, amer, lourd... Je m'efforce de masquer mon dégoût derrière un sourire respectueux. L'homme sort d'un petit sac qu'il porte en bandoulière de l'orge concassée grillée. Additionnée au thé, voilà la *tsampa* est prête. Hum, j'ai de la difficulté à avaler sans haut-le-cœur, je dois m'éclipser.

Je les remercie tous, quitte l'enceinte du monastère. Autour de moi les collines verdoyantes, presque l'apparence d'un golf, appellent mes pas. Je contemple le village, ses habitations carrées et massives, de haut. Je veux grimper pour mieux admirer le temple et la chaîne de montagnes dont il fait partie. Les nuages submergent, comme une grande marée, le sommet des montagnes encerclant la vallée.

J'avance, incertain de la direction à emprunter. Je remonte la pente de la colline, foule l'herbe. J'aperçois un vague sentier que doivent emprunter les nomades pour échanger le produit de leurs chasses au village. Soudainement, un lièvre blanc comme neige détale devant moi. Puis il s'arrête, me regarde. *Follow the white rabbit*, c'est clair. Il avance, j'avance. Il s'arrête, j'arrête. Puis, dans une course sans fin, il disparaît. Je poursuis la direction qu'il m'a pointée.

Mes pas se font légers. J'ai l'impression que mes sens s'ouvrent. Mon odorat, mon ouïe, ma vision… Je me sens pleinement vivant, un courant électrique me parcoure l'échine, une boule d'énergie me gonfle le ventre.

Le vent sifflant attire mon attention sur d'étranges formes obscures encerclant le sommet de la colline voisine, d'immenses oiseaux tournoient dans le ciel. Étrange. Je m'approche. Des aigles… ou une sorte de vautours. Du sommet, je plonge mon regard dans la vallée. Au pied de la montagne, voilé par une mince brume, un énorme bloc de pierre légèrement incliné, plat, est enveloppé de banderoles sacrées, drapeaux religieux. Le ciel est teinté du gris de l'aurore, je plisse les yeux, ne suis pas certain de ce que je vois. Puis je comprends, fais le lien avec ce que l'on m'a raconté.

Lorsque quelqu'un décède, on apporte le mort sur ce rocher, déshabillé, maintenu en place par la tête. Un homme habillé de blanc, debout à ses côtés, s'affaire alors à dépecer, taillader la partie inférieure du torse, depuis les jambes. Coupant, hachant la viande.

Les vautours affamés par tout ce sang se rassemblent autour, étendent leurs ailes menaçantes pour repousser le *boucher*, seule barrière entre eux et leur festin. Lorsque le boucher tend les bras vers le ciel et pousse un long cri, les vautours fondent depuis la crête, et tournoient en énormes cercles obscurs, s'approchant constamment pour finalement se poser non loin du rocher. Le vent battu par leurs ailes résonne. Le maître de cérémonie saisit alors une grosse pierre et écrase le crâne du mort enveloppé dans un tissu rougi. Les vautours observent avidement, projettent vers l'avant leur bec courbé. Certains se tiennent les ailes déployées, aussi grands qu'un homme accroupi. Un moine chante une liturgie, puis les vautours s'envolent vers le rocher. La pierre est recouverte par les rapaces qui s'empiffrent, déchirent la chair, se disputent les morceaux.

Un *Skyburial*... Comme le corps n'est qu'une enveloppe vide, lorsque l'âme l'a quitté, on le donne pour nourrir les aigles, une dernière bonne action pour améliorer le karma. Et puis les oiseaux transportent vers le ciel le défunt, assurent le voyage vers l'autre monde. Le cercle de la vie se complète.

Tout ce qu'il y a de plus logique pour une patrie au sol si rocailleux qu'il est difficile à creuser, et au climat si froid que les corps gèleraient sans se désagréger... mais je ne veux quand même pas assister à cette scène. Je fais volte-face, redescends vers le village.

Repassant près du temple, je revois l'homme qui parle anglais. J'apprends qu'il possède un ordinateur avec... une connexion Internet ! Une connexion Internet ? Je me sens comme un oiseau qui, longtemps enfermé dans une pièce, découvre soudain une porte dans un mur de verre et s'envole. Je regarde mon interlocuteur avec les mêmes yeux que s'il m'avait avoué être Michael Jackson. Il me demande :

— Est-ce que tu as quelque chose que tu veux écrire à tes parents ou à tes amis ?

— En moins de 500 pages ?

C'est comme demander à un assoiffé s'il veut de l'eau. Oui je le veux !
Je veux partager l'expérience que je viens de vivre ! Je veux parler du
Tibet ! Je dois écrire, ça en devient vital. Je dois extérioriser !

You got mail ! Évidemment.

Des enfants contemplent par-dessus mon épaule cet écran qui diffuse des caractères si étranges. Je n'ai pas le temps de lire tous
mes... Hein ? Un message formel, hors de l'ordinaire, capte mon
attention. *FROM : Conseil des Arts et des Lettres du Québec.* Je l'ouvre...
Nous sommes heureux... suite à votre demande... AH !!! Non ! Pas
vrai ! Je suis accepté ! On m'octroie une bourse pour la rédaction
d'un livre !!! Youhou ! Moi qui prévoyais enseigner l'anglais à
Taiwan, question de rembourser mes dépenses de voyage... ma
dette est blanchie, d'un coup ! Je vais pouvoir écrire le récit de
mon voyage ! Un chapitre par pays ? Je suis accepté pour une
bourse ! Je saute de joie autour de l'ordinateur, serre dans mes bras
mon hôte, les enfants, cours dans la rue, saute en rond. Les regards
des passants ne me dérangent plus, je suis bizarre et je l'assume
pleinement ! Il faut fêter !

J'aperçois une boutique d'herbes et de liquides. Pharmacie improvisée, j'imagine. Je veux de l'alcool, *celebration time !* La femme me
pointe une grande jarre. Liquide brunâtre. Je m'approche le nez,
oui ! Ça sens l'alcool, un peu trop *friction* à mon goût mais bon...
J'en veux ! Elle me remplit une bouteille. En brassant le fond du
baril avec sa louche, un énorme serpent qui y marine depuis Dieu
sait quand se pointe à la surface. De plus petits reptiles l'entourent
dans une danse à la limite du soutenable. Devant mon teint subitement blanchi, la femme me fait signe que c'est bon pour la force,
strong. Oui oui... Sorte d'excuse que l'alcoolique répète à sa femme
le soir : « Chéri, je dois boire pour être fort, l'alcool n'est qu'un
effet secondaire indésirable »...

Je me concentre sur la première gorgée. Elle passe. Ouf, ce n'est
pas de l'alcool à moitié ! Ou au contraire, au moins la moitié de la
bouteille doit être de l'alcool justement.

Je retourne à ma chambre, bouteille en main. La nuit est si claire que le ciel parait bourré d'étoiles. La lune luit comme une île au centre de cette mer lumineuse, à peine atténuée par l'air raréfié mais pur, si brillante et inattendue que j'en ai le souffle coupé. Je suis en feu : une bourse pour écrire un livre; une année pour m'y dédier; vivre de ma plume, mon rêve ! La bouteille se vide, sûrement aidée par l'évaporation, car il ne me semble pas que... POW, l'alcool se fait soudainement sentir.

Je suis heureux ! Je suis heureux. Je suis heureux...
Ma tête tourne, je suis heureux.
Ma tête tourne, je souris.
Ma tête tourne, je m'étends.
Ma tête tourne, je ne suis plus content.
Ouch.

Je ne sais pas si c'est dû aux 4 600 mètres d'altitude où à la vision du *skyburial* qui m'obsède... *Beuh*. Ce vin de serpent supposé me rendre fort... je me sens assez faible merci, lorsque de ma fenêtre qui donne sur la rue principale, je vomis.

Quelques passants se retournent, intrigués par cet Occidental au torse nu, penché par la fenêtre du deuxième étage, malade comme un chien. Si être blanc est un symbole de prestige en Asie, je dois être vraiment hyper prestigieux en ce moment.

L'enfer est sur cette terre. Nous sommes ici-bas pour apprendre. Nous venons ici pour souffrir, afin que notre esprit puisse évoluer. Les épreuves, les douleurs sont un enseignement.

Ce soir, j'apprends que je ne dois pas boire trop d'alcool de serpent...

La solitude ne m'effraie pas, mais cette nuit mon isolement m'oppresse. J'aimerais avoir une main posée sur mon épaule. Ma tête tourne.

Je regarde les passants, une moto détonne en trombe, je revois les vautours en pensées et me dis que même si nous habitons le même univers, tout un monde nous sépare.

Et pourtant, dans leur air amusé, dans leurs yeux, dans le rire des enfants ou le regard réconfortant des femmes, dans l'étonnement des hommes ou dans la sérénité des moines, dans leur espoir d'un lendemain meilleur, je réalise qu'après tout, au fond, c'est plutôt tout un monde qui nous unit.

Postface

J'arrive au temple, le ciel est lourd et gris. Des guirlandes multi-colores m'accueillent. Les gens se pressent pour allumer leurs bâtons d'encens. J'avance solennellement, la tête légèrement inclinée. Je suis en territoire sacré.

Je suis le seul… Non ! Je remarque un autre Occidental dans le coin ! Il détonne comme un soleil en pleine pluie.

Je me dirige vers lui, impressionné. Il me croise et s'en va, sans me regarder, sans me saluer, comme si de voir un autre blanc ici n'était pas chose rare. Au contraire, on a plus de respect avec de simples passants. En fait, il m'ignore volontairement. Malaise, inconfort. Puis je me rends compte que c'est exactement ce que je devrai faire une fois revenu chez moi. Lorsque je croiserai quelqu'un dans ma ville, il m'évitera du regard, ne me saluera pas, prétendra que je n'existe pas. Et je devrai en faire de même, étiquette oblige. Je reçois ma propre culture en plein visage.

Je talonne ce touriste du regard, mon ambassadeur. Il se place devant l'entrée du monastère, en pleine foule sort son méga-appareil-super-zoom, l'ajuste comme si c'était le satellite Hubble, et finalement prend une photo… alors que tout le monde sait que prendre une photo d'un lieu sacré est un affront ici, un manque de respect.

Il se dirige alors vers l'entrée principale du temple, monte les marches... Non ! Il entre sans enlever ses souliers... Un moine doit courir après lui, lui tire poliment la manche, et dans un sincère sourire, lui fait signe qu'il doit retirer ses chaussures avant d'entrer. En riant sarcastiquement, le touriste se tourne vers le moine, lève son pied pour lui présenter la semelle de son soulier où gît un impressionnant logo rouge, pour signifier au moine que non, il n'allait pas enlever ses *Nike Air* et les laisser sans surveillance sur le perron, il ne veut pas se les faire voler. Devant l'incompréhension du moine, le touriste se retourne dans un soupir exagéré, et sort de l'enceinte sans avoir visité le temple.

Comment expliquer à un moine que cet homme préfère garder ses souliers, recouvrant la plus basse partie spirituelle du corps, plutôt que d'accéder au temple de l'esprit... ?

Je tente de me camoufler, en retrait. J'ai honte. Mon ambassadeur vient de me dessiner une mauvaise carte de visite. Et c'est moi, le prochain représentant de notre culture, qui vais en être étiqueté. J'aime mieux attendre un peu, laisser retomber la poussière. Je me détourne de l'entrée, remarque dans un coin un homme. Âgé, courbé par le temps, mais une vigueur dans les yeux. Un teint différent, pas de ce pays, un regard perçant. Il me fixe.

Lentement je me dirige vers son comptoir où se trouvent des noix de coco. Une planche libre sur un coin. Posé sur son tabouret, un incroyable sabre se prélasse. Le soleil se reflète dans ses gravures, son manche est finement sculpté... mais il est étrangement incomplet.

Je ne sais pas si je comprends bien l'installation, mais il me semble que cet homme est là pour tailler les noix de coco. C'est la bien première fois qu'ils servent de la nourriture dans un monastère, mais bon... ce n'est pas non plus la première fois que je découvre quelque chose pour la première fois.

Seulement pour le voir manipuler cet impressionnant sabre, je lui commande une noix. L'homme se redresse, froid, et une soudaine puissance semble s'emparer de son corps, de ses mouvements. Je découvre, hypnotisé, chaque détail de la lame qu'il extrait du demi-manche.

Précis, l'homme place la noix sur la planche, et en fendant l'air, la lame du sabre s'élance, le fruit est tranché en deux, parfaitement, sèchement, son liquide presque intact dans les demi-fruits. Ce n'est certes pas la première qu'il coupe.

Heureux, je lui en offre une part, commence à boire l'autre. Il me fait comprendre que non, que c'est pour porter chance, que je dois les offrir en don aux divinités. Je lui fais signe que je comprends… mais que c'est à lui que je souhaite l'offrir. Bouddha me pardonnera, je fais bel et bien un don, mais à cet homme. Il refuse de la tête, j'insiste. Il prend la demi-noix entre ses doigts. Un moment passe, puis ses mains se détendent, son air se relâche, son visage s'allège.

Il s'approche d'un pas, lève la noix vers moi et prend sa première gorgée en me regardant droit dans les yeux. Le vent se lève, le tonnerre rugit et tremble la terre. La première goutte me frappe. En quelques secondes, la pluie passe de gouttes à torrent, se déchaîne. Les moines se blottissent sous les pans du toit, comme des oisillons dans leurs nids. L'homme range son sabre et prend sa table, l'engouffre sous un arbre, se cache sous les feuilles en blasphémant contre la pluie, dont son chandail est à présent imbibé.

Je trouve un abri des yeux, mais la pluie est chaude, ma motivation n'est pas au rendez-vous. Je remarque d'abord le rythme des gouttes contre les tuiles, puis les éphémères sculptures dans leurs éclaboussements. La musique dans les feuilles et la caresse sur ma peau délivrée d'une chaleur écrasante. La puissance du ciel se manifeste en de grosses gouttes lourdes. Aucun autre son n'existe.

Je lève lentement mon visage, mes bras se dressent vers les nuages… Je ris. Des rivières se forment sur mon visage, mes cheveux me caressent le crâne, mes vêtements me tirent vers le sol.

Mouvement d'ombre devant mes yeux, je remarque l'homme au sabre qui quitte son refuge, pénètre la pluie, la nature qui l'englobe, l'instant. Il me rejoint. Je lève ma noix de coco vers lui, il retourne ma salutation dans un rire profond qui ne le quitte plus. Un rire accompagné de larmes heureuses. Un rire qui émane de son âme. Un rire baigné par la légèreté de la vie qui en ce moment nous berce à l'unisson.

Je le regarde tournoyer sous la pluie, son mystérieux sabre noué à sa taille, ses pieds foulant les flaques. Je l'accompagne dans sa danse, il pose sa main sur mon épaule. Quel étrange chemin m'a conduit jusqu'à lui, quel étrange chemin pourrait bien l'avoir conduit jusqu'à moi ? Je me demande quelle pourrait bien être son histoire ? Quelle a été sa quête du bonheur : son *zhaole* ?

Annexe 1

La guerre du Vietnam

Deuxième Guerre Mondiale. La France scande « Liberté, égalité, fraternité ! ». Demande aux peuples de toutes ses colonies de se battre à ses côtés, comme des frères. Dès la guerre terminée, la France décide que ses frères doivent redevenir ses esclaves.

Mais en 1954, les Français qui luttent pour la reconquête de leur Indochine — colonie lucrative et porte d'entrée vers la Chine — se butent à un mur : les communistes d'un certain Nguyên Tât Thành… surnommé Hô Chi Minh.

Sans visage, sans moyens, ils sont partout et nulle part à la fois, infligent perte après perte, ne se laissent pas décourager par les exécutions publiques à la guillotine et les massacres. Osent proclamer leur pays indépendant.

L'Amérique, qui voit sa rivale l'U.R.S.S. étendre ses tentacules rouges, désire une victoire française. L'oncle Sam décide donc de financer jusqu'à 80 % de l'effectif militaire français[9], fournit le matériel (en autant que le sang qui coule ne soit pas américain). Mais l'armée française subit une cuisante défaite à Diên Biên Phu. Après presque un siècle de colonialisme, Paris, ne pouvant plus résister à la pression d'une opinion publique lassée par une guerre lointaine, retire finalement ses troupes en juillet 1954. Des accords sont négociés à Genève pour que le Laos, le Cambodge et le Vietnam redeviennent

---

9 Sources : War Remnants Museum, Ho Chi Minh ville; http://www.crac.asso.fr/prog/cinehistoire/vietnam.htm; http://www.pbs.org/wgbh/amex/honor/timeline/

indépendants. Mais les Américains brandissent leur droit de veto aux Nations Unies. Rien à faire, tout est bloqué. Le seul compromis qu'ils acceptent est de séparer le Vietnam en deux. Le Nord, sous contrôle communiste, et le Sud sous une démocratie capitaliste.

Les Nations Unies étaient, quelques années plus tôt, arrivées à la même conclusion avec la Corée qui, une fois séparée en deux, a été à l'origine d'une guerre opposant directement l'U.R.S.S., la Chine et les États-Unis… Le général américain MacArthur s'est même vu démettre de ses fonctions en plein conflit, car il prônait, sans compromis et sur-le-champ, l'utilisation de bombes atomiques contre la Chine pour anéantir la racine du mal : le communisme[10].

Devant une expérience aussi concluante que celle-là, les Nations Unies ont décidé d'innover en imposant cette fois-ci… exactement la même chose. Le Vietnam s'est donc vu divisé en deux à la hauteur du 17e parallèle. Tout le territoire situé au nord de cette ligne devient la République Démocratique du Vietnam, avec à sa tête le président Hô Chi Minh.

Les États-Unis et leurs alliés français, ne voulant plus perdre le contrôle comme en Corée, voient à ce qu'un homme docile soit porté au pouvoir dans leur zone capitaliste[11]. Un dirigeant furieusement anticommuniste et, *alléluia*, catholique austère. Jean-Baptiste Ngô Dinh Diêm est donc placé au pouvoir dans le sud du Vietnam, et exécute sur-le-champ tous les Vietnamiens soupçonnés d'être communistes. Les moines bouddhistes sont aussi persécutés au profit de l'Église catholique, ce qui en poussera quelques-uns à s'imbiber d'essence et à s'immoler par le feu, en position de méditation et sans un seul murmure, sur la place publique de Saigon pour protester contre cette répression[12].

---

10 Sources : http://en.wikibooks.org/wiki/US_History:Truman_and_Cold_War; http://encarta.msn.com/encyclopedia_761559607_3/Korean_War.html

11 Sources : http://encarta.msn.com/encyclopedia_761576219/Ngo_Dinh_Diem.html; http://www.library.vanderbilt.edu/central/brush/Dooley.htm; http://www.mongabay.com/reference/country_studies/vietnam/HISTORY.html

12 Voir pochette du premier album du groupe Rage against the machine.

Le mécontentement gagne la population, et celle-ci gagne le maquis, la guérilla. Les Vietnamiens ont combattu des années durant la France pour leur indépendance, ils ne laisseront certainement pas un autre colonisateur s'imposer à sa place. Le Viêtcong s'organise donc dans le sud, commence à se creuser des tunnels, à agrandir ceux qu'ils avaient sous les maisons pour se cacher des Français. Infiltré dans le delta du Mékong et dans Saigon, il multiplie les attentats terroristes et les embuscades.

Le nord communiste, voulant soutenir les siens pris au sud, débute la construction de la piste de Hô Chi Minh qui, jour après jour, transportera du nord au sud des dizaines de milliers de combattants.

Les Américains voient le conflit s'aggraver, le parti d' Hô Chi Minh devenir plus fort et plus populaire. Le dictateur qu'ils ont mis en place au sud, n'attire pas la faveur populaire, n'arrive pas à se faire respecter, même lorsqu'il utilise l'intimidation.

L'armée américaine est en ébullition. Ses généraux prônent l'intervention musclée, l'anéantissement de ce ridicule communisme, pour donner une leçon au monde entier. Mais le Sénat, qui doit donner le feu vert, n'est pas chaud à l'idée d'aller à l'autre bout du monde pour secourir un dictateur méprisé. Pire que pire, leur propre président, John Fitzgerald Kennedy, refuse que son pays s'engage dans ce conflit qui ne les *concerne pas*. Tant qu'il sera au pouvoir, maintient-il, il acceptera que les États-Unis offrent conseils militaires, armement et entraînement à l'armée sud-vietnamienne, mais jamais qu'un seul soldat américain ne foule le sol ce pays. Il va jusqu'à affirmer qu'il se retirera complètement de ce conflit au plus tard en 1965, « *win, lose or draw* »[13].

C'est inacceptable, se disent certains généraux, car cette guerre, qui a le potentiel de revitaliser toute l'armada américaine, entraînerait des investissements massifs. Et le temps leur donnera

---

13 Sources : http://www.jfklibrary.org/forum_recollections.html;
   http://www.chomsky.info/articles/199209—.htm;
   http://www.cnn.com/SPECIALS/cold.war/episodes/11/interviews/mcnamara/;
   L. Fletcher Prouty, JFK: The CIA, Vietnam, and the Plot to Assassinate John F. Kennedy (New York: Birch Lane, 1992), p. 268

raison : cent cinquante milliards de dollars en dépenses directes, le double si l'on inclut les dépenses liées à la machine de guerre américaine; dix millions d'Américains transportés dans la région par l'aviation commerciale; plus de cinq mille hélicoptères détruits et plus de quinze millions de tonnes de bombes, mines et autres engins explosifs largués sur le pays...[14]

Les *businessmen* américains aussi profiteraient de cette guerre, car à chaque fois qu'un pays devient communiste, c'est tout un bassin de ressources humaines, de ressources naturelles et de consommateurs qui se ferment au marché des États-Unis. Si un pays devient communiste, et qu'il démontre aux autres que c'est avantageux pour sa population, les peuples appauvris des pays voisins ne manqueront pas de se demander : pourquoi pas nous ? Et c'est toute une série de dominos qui tomberaient, pays après pays, que le rouge envahirait... *Bientôt, le méchant Hô Chi Minh embarquera dans un canoë pour amener la guerre aux côtes de la Californie*, scandaient les médias américains au peuple. Mais le véritable enjeu était la menace d'un *bon exemple*. Que deviendrait alors l'économie américaine ?

Le problème des nouveaux pays communistes est qu'ils nagent dans cette hérésie selon laquelle les gouvernements devraient répondre aux besoins de leur propre population, au lieu de favoriser prioritairement les intérêts des investisseurs. La menace essentielle des puissances communistes se situe dans leur refus de remplir leur rôle de soutien, c'est à dire de complément aux économies industrielles de l'Occident.

Trop de doutes pour laisser deux simples mortels entraver le futur : un dictateur vietnamien impopulaire, qui malgré l'aide de la première puissance industrielle et militaire du monde, laisse des soldats vêtus de pyjamas et de sandales le ridiculiser... et un président américain qui pourrait ruiner l'avenir de sa patrie pour une simple question de valeurs.

---

14 Sources : War Remnants Museum, Ho Chi Minh ville; http://www.vietnamwar.com/;
   http://www.carnetsduvietnam.com/web/actualites11-03.htm;
   http://www.lexpress.fr/info/monde/dossier/indochine/dossier.asp?ida=427439

Pour deux hommes qui font obstacle, une seule et même solution :
le président sud-vietnamien, Jean-Baptiste Ngô Dinh Diêm est
assassiné le deux novembre 1963 lors d'un coup d'état. Exactement
vingt jours après, vers midi trente, une balle fracasse le crâne de
John F. Kennedy alors qu'il déambule dans sa décapotable à Dallas.
Immédiatement Lyndon Johnson est nommé pour lui succéder à la
Maison Blanche. Ce dernier parle du désir de paix de cette grande
nation, mais agit auprès du Congrès comme un représentant de
commerce pour l'armée et ses fournisseurs. Sept mois après son
ascension au pouvoir, des B-52 se dirigent vers leurs cibles au nord
du Vietnam, les premiers *marines* débarquent sur les plages de Dà
Nâng. Les Américains mettent leur doigt dans l'engrenage.

*

L'armée américaine débarque dans ce pays de rizières avec leur
général Curtis Lemay, qui annonce publiquement que les États-
Unis vont bombarder le Vietnam jusqu'à l'âge de pierre[15]. Ils
éparpillent sur cette petite nation l'équivalent de 450 bombes
atomiques d'Hiroshima. Ils disséminent 75 millions de litres de
défoliants sur les champs, les forêts et les villages. Ils engloutissent
plusieurs centaines de milliards de dollars dans cette guerre, entre
autre pour porter au plus haut degré de signification ces mots-clés
de la puissance moderne : technique, logistique, électronique,
propulsion nucléaire, planification stratégique... Ils utilisent des
ordinateurs (dans les années '60 !) pour calculer les quantités de
défoliants et d'explosifs à déverser sur chaque région spécifique. Ils
mettent au point et utilisent entre autres la bombe CBU-55B,
capable de supprimer l'oxygène dans un rayon de 500 mètres.
Leurs bombardiers larguent des bombes sismiques, pesant 6,8 tonnes
chacune, ayant un rayon de destruction de 100 mètres et causant
un séisme sur 3,2 kilomètres à la ronde[16].

---

15 Sources : http://en.wikipedia.org/wiki/Curtis_LeMay; http://www.vietnam-war.info/quotes/

16 Sources : War Remnants Museum, Ho Chi Minh ville;
http://www.cpi.org/news/archives/000059.php; http://archives.cbc.ca/IDC-0-9-1122-
6140/guerres_conflits/canada_vietnam/clip8

Tout va pour le mieux dans le meilleur des mondes pour ce géant qui écrase des fourmis ? Non. Pas vraiment.

La première puissance militaire mondiale n'arrive pas à venir à bout des quelques milliers de guérilleros sales en pyjamas noirs, qui n'ont jamais vu un ordinateur de leur vie, allant à pied et se nourrissant d'une boule de riz.

S'affrontent deux cultures à des années-lumières l'une de l'autre : d'un côté, les enfants du Coca Cola et du rock 'n roll, fraîchement sortis des campus des années '60. *Cheerleaders*, bals de finissant, *drive-in*. Ne comprenant pas trop pourquoi ils se font tuer dans la jungle, à des milliers de kilomètres de chez eux.

De l'autre, des hommes sans âge, maigres, ascétiques, disciplinés, tenaces, endurcis par des années de clandestinité, se nourrissant de riz et de manioc, chaussés de sandales découpées à même un pneu. Soldat hautement dévoué à sa cause. Discipliné, persistant, tenace et courageux, tout son être sait pourquoi il combat : un Vietnam indépendant sans présence colonisatrice, en paix, et une occasion d'élever son statut social par ses efforts personnels. Il sait qu'un patriote doit toujours être prêt à défendre son pays, même contre son propre gouvernement.

Le Vietnam est perçu par tous les peuples opprimés du monde comme héroïque. Les petits Viêtcongs, pauvres et sans ressources qui résistent aux immenses américains. Ce que personne n'avait jamais osé. Partout autour monde, les pays pauvres vénèrent le Vietnam. Hô Chi Minh incarne pour la jeunesse du monde la résistance à Oncle Sam.

Et voilà que les Vietnamiens décident de fêter en grand leur Jour de l'An 1968. Le 30 janvier, pour la fête du Têt (le nouvel an vietnamien), des milliers de guérilleros vêtus de costumes de fête, munis de fausses cartes d'identité, rendent visite à leur famille en ville, excuse officielle. Des Nord-Vietnamiens traversent l'infâme rivière Ben Hai — la frontière devenue zone de « feu à vue » du

17ᵉ parallèle — pour rejoindre leurs camarades viêtcongs. Ils atta-
quent cette même nuit trente-sept villes importantes du sud et des
dizaines de villes secondaires. Hué, Dalat, Kontum, Cân Tno,
Quang Tri sont prises. À Saigon, l'ambassade des États-Unis,
réputée imprenable, est envahie par un commando de dix-neuf
combattants qui parviennent à la tenir pendant six heures. Le drapeau bleu et rouge avec étoile d'or du Viêtcong y est hissé. Au bout
de dix jours de combats acharnés (1 000 soldats américains tués,
2000 Sud-Vietnamiens et 32 000 Nord-Vietnamiens), l'offensive
est lourdement écrasée[17].

Sur le plan militaire, l'offensive du Têt est un échec. Mais quelle
immense victoire politique et psychologique ! De février 1965
jusqu'à la fin de la participation américaine active en 1973, il n'y
eut que quelques jours où le taux de pertes humaines américaines
dépassa celui des troupes Sud-Vietnamiennes, ce fut lors de l'offensive du Têt.

Point crucial dans la guerre, les citoyens américains, qui durant des
années avaient entendu dire que leurs militaires écrasaient complètement la résistance, apprennent subitement grâce aux médias le
caractère désespéré de la situation, réalisent que leur gouvernement
leur a menti. Un courant pacifiste se développe alors dans les
grandes villes américaines et organise des manifestations et des
moratoires contre la guerre. Tout un mouvement de contestation
s'éveille, écœuré par l'*establishment*. La jeune génération se sent mar-
ginalisée et ne se retrouve pas dans les valeurs en place... s'affiche
différente... mouvement hippie... musique... art... drogues...
libération des femmes... un boom, une véritable révolution naît de
l'anti-Vietnam. Le mouvement gagne du terrain lorsque les premiers récits d'atrocités commises par des soldats américains au
Vietnam se retrouvent dans les journaux, les magazines.

Stupeur, opposition croissante à l'engagement américain, pression
publique. Lyndon Johnson interrompt les bombardements au

---

17 Sources : http://www.country-studies.com/vietnam/the-tet-offensive.html;
   War Remnants Museum, Ho Chi Minh ville;
   http://www.humanite.presse.fr/journal/2004-05-07/2004-05-07-393236

nord, est limogé. Nixon arrive au pouvoir avec la promesse de *désaméricaniser* le conflit : il laisse les Vietnamiens se battre entre eux, ne leur fournit que les jouets et les bombardements. Il va même jusqu'à déployer massivement ses B-52 sur un petit voisin pacifique et neutre qui s'était jusqu'ici tenu à l'écart de la guerre : le Cambodge. Les paysans cambodgiens bombardés, ayant perdu famille, terres, récoltes et animaux, se joignent en masse à un mouvement communiste qui leur promet de les libérer des impérialistes américains : les Khmers Rouges…

Nixon, éclaboussé par le scandale du Watergate, démissionne le 15 août 1973. Le Congrès américain vote contre la participation militaire en Indochine. Les États-Unis envoient Kissinger signer le retrait des troupes américaines du Vietnam. Conseiller en stratégie, Kissinger est maître-penseur de certaines des tactiques les plus sordides de la guerre, par exemple celle d'envoyer quatre-vingts dix bombardiers pilonner Hanoi douze jours consécutifs, durant les négociations de paix qu'il entame ainsi en position de force. Ce même Kissinger est récompensé du prix Nobel de la paix en 1973 pour avoir signé le cessez-le-feu…

De toute manière, les Américains peuvent se retirer la tête haute, ils ont atteint leurs principaux objectifs en Indochine : le Vietnam est complètement rasé, a dû consacrer toutes ses économies à sa défense plutôt qu'aux projets sociaux. Plus de danger d'y voir émerger un développement susceptible de servir de modèle à d'autres.

Pourtant la honte est palpable. Une *non-victoire* douloureuse pour l'oncle Sam. Son gouvernement annonce en grande pompe qu'il a perdu la guerre « de l'intérieur » et non sur le champ de bataille. Les manifestations antipatriotiques des pacifistes ont sapé le moral des troupes, et toute cette opinion publique moussée par les médias…

La plus importante leçon que les militaires américains retirent de la guerre du Vietnam est la nécessité d'avoir le contrôle absolu des médias. Ainsi CNN voit le jour. La chaîne des communiqués de presse officiels du gouvernement. Les seuls à disposer de certaines informations, à acheter le droit exclusif de certaines images pour décider de les diffuser ou non. Les autres journalistes sont contraints d'assister aux conférences de presse militaires, affectées à des simili-missions de relations publiques. Alors, on ne reçoit des guerres que l'information qu'on veut bien que l'on reçoive; ils peuvent en dresser le portrait à leur guise.

Tout va pour le mieux dans le meilleur des mondes pour ce géant qui manipule tout ce qui est dit ? Non. Pas vraiment.

Une seule donnée échappe encore au contrôle, impossible de ne pas la divulguer aux médias, et elle trahit la réalité : le nombre de morts. Peu importe si 100 000 ennemis meurent... ce sont les dizaines de soldats américains tombés au combat qui font mal ! L'opinion publique est affectée, adversaire de toute campagne de guerre efficace, une contestation s'élève.

Le cauchemar du Vietnam planant toujours dans l'air, le Pentagone est en train de pallier à cette dernière entrave, ce dernier frein au déploiement de leurs forces dans le monde entier sans titiller la conscience de leurs contribuables. L'administration Bush investit massivement dans l'élaboration d'armes sans *présence* humaine. Par exemple, des tanks commandés à distance, largués en territoire ennemi pour anéantir tout ce qui bouge. La possibilité de déclarer des guerres sans déplorer un seul mort du côté américain, le contrôle total de l'information devenu possible, plus aucune mère de famille ne pleurant la mort de son fils au bulletin de six heures... le dernier obstacle sera bientôt franchi. Et voilà !

Annexe 2

Mao Zedong

Des défilés militaires comptant un million de soldats paradaient devant Mao sur la place Tienanmen durant la révolution culturelle; la fameuse Armée de Libération du peuple, qui encore aujourd'hui est entraînée à marcher précisément à 108 pas à la minute, exactement 75 centimètres par pas...

Un autre million de personnes, des civils cette fois-ci, se sont rassemblés sur la même place en 1976 pour payer un dernier hommage à leur Grand Timonier. Il s'y trouve encore, empaillé, comme Hô Chi Minh et Lénine. Des masses font patiemment la file pour l'entrevoir. Drapé d'un drapeau communiste, la peau de sa figure semble illuminée, comme s'il avait une ampoule allumée dans la tête.

Mao est détesté pour la grande misère qui a résulté de ses expériences sociales, dont la Chine ne s'est pas encore remise. Mais en même temps, il est vénéré comme un dieu pour avoir uni le peuple et placé la Chine sur la carte des puissances mondiales. On se rappelle de lui comme un grand leader, un grand professeur, un grand berger, un grand commandant en chef... mais surtout comme *l'infiniment aimé président Mao*. Sa popularité devint un véritable culte de personnalité, lorsque dès les années '60, il compila dans un petit livre rouge certaines de ses citations, devenues sujet d'étude obligatoire pour tous.

Bien que la Chine s'éloigne de son passé révolutionnaire et entre dans son zèle capitaliste actuel, le culte fonctionne toujours, et aujourd'hui les vendeurs se pressent pour vendre des badges de Mao, le livre rouge de Mao, des statues miniatures de Mao, des briquets de Mao, des t-shirts de Mao, des montres sur lesquelles Mao salue du bras chaque seconde… Les Chinois aiment dire qu'il avait à 70 % raison, et à 30 % tort. Le 100 % total doit être énorme si un simple 30 % représente ces dizaines de millions de morts…

Mais il faut avouer que les pays occidentaux, principalement les États-Unis, ont tout fait pour que rien des plans mis en place ne fonctionne. Car, contrairement à l'URSS qui acceptait la possibilité de séparer le monde en deux et de coexister avec les capitalistes sans heurt, Mao ne partageait pas du tout cet avis. La presse chinoise, se basant directement sur les affirmations de Mao, avançait même que si la moitié de la race humaine s'éteignait à la suite d'une guerre nucléaire, l'impérialisme serait anéanti pour de bon, et les survivants socialistes victorieux pourraient alors rebâtir une civilisation « mille fois plus élevée que le système capitaliste, un futur merveilleux ». Si bien que le Kremlin, apeuré, retira toute aide au programme de développement nucléaire chinois.

Il faut dire que Mao avait une dent contre les Occidentaux. Au XVIIIᵉ siècle, les Anglais qui achetaient du thé, de la soie et de la porcelaine chinoise, ont décidé d'équilibrer le livre des ventes… en vendant de l'opium. Et ce, malgré la déclaration impériale chinoise qui interdisait cette drogue. Les cas de dépendance augmentèrent dramatiquement, ainsi que les profits anglais.

Après avoir tenté de négocier avec l'Angleterre pour empêcher la prolifération de ce fléau, un mandarin brûla en 1839 vingt mille coffres d'opium en provenance des Indes britanniques, POW ! Cela fournit le prétexte nécessaire au parlement de la reine Victoria pour appuyer une action militaire. Et voilà la guerre de l'opium. Les forces navales anglaises débarquèrent à Macao et massacrèrent la population. La Chine n'eut d'autre choix que de signer un cessez-le-feu, qui lui fut accordé en échange d'un îlot rocheux nommé Hong Kong, d'indemnités totalisant six millions d'yuan, et d'un libre-échange économique complet (lire : aucune restriction sur les importations). Dès 1870, l'opium britannique totalisait à lui seul quarante-trois pour cent des importations chinoises[18]. Réalité hallucinante...

Malgré toutes ses cicatrices, la Chine a réussi à s'en sortir la tête haute, a traversé la crise qui balaya le communisme. Mais, tout comme l'émergence d'une classe d'entrepreneurs sans scrupules et sans responsabilité sociale constitue la raison profonde du pourrissement qui affecte maintenant les pays de l'ancienne URSS, la Chine semble malheureusement sur la même voie, mais en conservant l'appareil politique communiste... plus efficace pour contrôler les contestataires.

Que nous ayons des élections tous les quatre ans se traduit pour notre gouvernement par la peur de se lancer dans des projets impopulaires, pourtant salutaires à long terme. Le gouvernement chinois ne connaît pas ces entraves.

Mais un tribunal possédant des pouvoirs autonomes pour interpréter une constitution en vigueur, une presse qui peut critiquer et des élections où l'on peut renvoyer l'exécutif sont des choses sur lesquelles ceux qui veulent exercer un contrôle absolu jettent l'anathème.

---

18 Source : http://www.talesofoldchina.com/shanghai/business/t-opium.htm; http://fbc.binghamton.edu/gaht5.htm

Ton Sei (Thaïlande)

Près de la ville de Krabi, il est possible de louer le bateau d'un pêcheur pour se rendre sur l'une des centaines d'îles inhabitées de l'archipel. Mais à quoi bon partir quand déjà sur ces plages l'eau turquoise se marie au sable blanc pour offrir des conditions paradisiaques. Les falaises de calcaire qui s'élèvent tout autour composent l'un des meilleurs sites d'escalade au monde, mais moi, c'est le soleil et la plage qui m'attirent pour vaincre le décalage horaire de 12 heures…

Palais Royal (Thaïlande)

Le nom entier de Bangkok est *Krung Thep Mahanakhon Amon Rattanakosin Mahinthara Ayutthaya Mahadilok Phop Noppharat Ratchathani Burirom Udomratchaniwet Mahasathan Amon Piman Awatan Sathit Sakkathattiya Witsanukam Prasit*, ce qui signifie : « Ville des anges, grande ville, résidence du Bouddha d'émeraude, ville imprenable du dieu Indra, grande capitale du monde ciselée de neuf pierres précieuses, ville heureuse, généreuse dans l'énorme Palais Royal pareil à la demeure céleste, règne du dieu réincarné, ville dédiée à Indra et construite par Vishnukarn ».

« Bangkok », c'est plus simple…

Palais Royal (Thaïlande)

Ce vaste complexe de près de deux km² sert de résidence au roi et abrite le Bouddha d'émeraude, la représentation du Bouddha la plus vénérée en Thaïlande, une statuette de 70 cm disposée tout en haut d'un autel pyramidal de onze mètres de haut ruisselant d'or.

Les personnages qui décorent le palais sont inspirés par le Ramayana, légende fantastique qui, depuis deux mille ans, demeure parmi les plus importantes d'Asie du Sud-Est et a une influence majeure sur l'ensemble de la culture du pays.

La déesse (Thaïlande)

À la porte du temple renfermant le plus grand Bouddha couché du monde se dresse fièrement la statue de cette déesse souriante. La légende veut que cette déesse bien attentionnée aimait tellement manger qu'à présent elle consacre son éternité à s'assurer que les humains puissent partager sa passion d'antan. Les pèlerins lui apportent donc une cuillère de métal en offrande. En échange, celle-ci veillera à ce que jamais la nourriture ne leur manque.

Big bouddha (Chine)

La légende veut que ce maître, qui se déplaçait de village en village pour expliquer les Nobles Vérités, ait été doté d'une beauté exceptionnelle, si bien qu'un jour il se rendit compte que plusieurs de ceux qui assistaient à ses entretiens n'écoutaient pas ses paroles, se perdaient dans le désir que son apparence leur insufflait. Le Bouddha s'employa donc à devenir le plus gros et le plus laid possible, perdant ainsi la limite qui entravait son rôle. Son but atteint, plus jamais il ne perdit son sourire.

Le Bouddha couché (Thaïlande)

623 ans avant notre ère, un prince indien, Gautama, étudia la nature éphémère de l'esprit et du corps, dans l'instant. Découvrant que les états d'esprit les plus complexes et les plus heureux étaient condamnés à disparaître, il abandonna tout désir à l'égard de ce qu'il considérait désormais comme incertain et insatisfaisant. On l'appela alors le Bouddha, l'*Illuminé* ou l'*Éveillé*.

Couché entre ces murs sans toit, son regard paisible procure un sentiment de béatitude.

Luang Prabang (Laos)

Après deux jours de péniche sur le Mékong, *la mère des eaux*, nous parvenons à la ville de Luang Prabang. Un temple ancien surplombe la ville; par sa fenêtre nous pouvons constater le brusque retour en arrière que nous venons de vivre. L'absence d'électricité, d'eau courante, de gaz, oblige les habitants à se fier exclusivement sur le charbon comme combustible. Chaque repas devient donc une longue aventure, mais peu importe car le temps est suspendu, il n'avance certes pas avec le même empressement dans ce *pays aux millions d'éléphants...*

La beauté vierge (Laos)

Le Laos nous donne l'impression d'être le premier Occidental à fouler ce coin d'univers…

Les armes du violeur (Laos)

Mais d'autres l'ont foulé avant nous… piétiné même. Dans les champs, hors des sentiers battus, on retrouve encore des bombes non-explosées, lourd legs du passage des Américains dans ce coin du monde.

Les carcasses d'acier, une fois vidées, servent de fondation, de clôture… ou même de décoration de jardin.

Temple d'Angkor (Cambodge)

S'étalant sur plus de 400 km², le Parc d'Angkor contient les fondations de la capitale de l'Empire khmer construite entre le 9ᵉ et le 15ᵉ siècle. Parmi ceux-ci, le fameux temple d'Angkor Wat que plusieurs considèrent comme la plus grande réalisation humaine de tous les temps.

Complètement abandonnées, des archéologues français ont découvert au 19ᵉ siècle, parmi la jungle dense, ces structures oubliées. Les simples graines qui s'étaient délicatement posées sur ces temples sont à présent devenues des arbres gigantesques…

Le Unkle Bob's (Cambodge)

La table de billard à quelques mètres de la plage attire cet enfant de la rue, portant en équilibre sur la tête sa source de revenu.

Sotti se trouve à l'extrême gauche, près de sa moto.

Rizières de Sapa (Vietnam)

Je parcoure les rizières en terrasses entourant le village de Sapa dans le Nord-Ouest du Vietnam, au cœur de la chaîne de montagnes *Hoang Lien Son*, surnommée les Alpes tonkinoises. Les membres de différentes ethnies des montagnes s'affairent à leurs labeurs dans la vallée surplombée par le plus haut sommet vietnamien, le mont Fansipan.

Soudainement, un rayon de lumière coule des nuages telle une intervention divine, mais il annonce en fait qu'il pleut sur ces montagnes. Et bientôt sur moi…

Daang Pô (Vietnam)

Étonnée de voir un Occidental seul au beau milieu des rizières qui bordent la frontière chinoise, cette jeune H'mong décide de me prendre en main et s'improvise guide. Elle demeurera l'une des personnes à laquelle je me suis le plus attaché lors de ce voyage, bien que nous n'ayons été capable d'échanger aucune parole.

Novice Cao Dai (Vietnam)

Le Caodaïsme combine les éléments des principales religions du monde, incluant le bouddhisme, le confucianisme, le christianisme, l'hindouisme, l'islamisme, le judaïsme et le taoïsme. Comptant plus de 7 millions de fidèles au Vietnam, ils croient qu'un Dieu unique existe, mais que ses messages ont été interprétés différemment par Jésus, Bouddha ou Mahomet, entre autres, selon leurs différentes cultures. Selon les Caodaïs, il est plus que temps de réaliser que toutes les religions sont basées sur les mêmes principes.

Bouddha méditant devant l'infini (Chine)

Rien n'est plus important que de vivre le moment présent. L'homme gaspille son temps à regretter le passé ou à espérer le futur, sans prendre conscience que tout se déroule maintenant, au présent.

Le grand mur (Chine)

Plusieurs murailles défensives ont été édifiées au cours des huit siècles précédant notre ère. L'unificateur de la Chine, l'empereur Qin Shi Huang Di, leur donnera un dessein plus ambitieux en les reliant pour constituer une seule muraille continue sur plusieurs milliers de kilomètres, matérialisant une frontière entre la Chine et la steppe mongole. Malgré tous ces efforts, Genghis Khan la franchit quand même, déclarant : *l'efficacité d'un mur dépend du courage de ceux qui le défendent.* En achetant le silence de quelques sentinelles, il dévasta l'Empire du Milieu.

Le vieux sage (Chine)

Descendant des nomades tibétains, les Naxis sont reconnaissables à leur peau endurcie par les rigueurs de la nature aux altitudes de plus de 3000 mètres. Cette ethnie possède un langage écrit vieux de plus de 1000 ans utilisant une série complexe de pictogrammes. Chacun de leur vêtement raconte un millier d'histoires, la légende de la création de leur clan…

Mais peu importe le gouffre culturel qui nous sépare, rien de mieux qu'un sourire pour oublier toutes les différences.

Lijiang (Chine)

Cette ville ancienne repose au Nord-Est du Yunnan, aux abords du sommet enneigé du Dragon de jade. À la seconde où l'on pénètre dans cette ville, on perçoit l'importance historique qui se dégage de ses rues pavées de pierres datant de plus de 1000 ans.

Il y a quelques années, un terrible tremblement de terre de 7,2 sur l'échelle de Richter ébranla la ville. Bien que toutes les constructions modernes s'affaissèrent, l'ancienne ville de Lijiang demeura debout, ce qui poussa l'Unesco à l'inclure au Patrimoine mondial de l'humanité.

Fenêtre avec vue (Tibet)

Un mythe chinois raconte qu'il y a fort longtemps, le monstre Gonggong, dans sa fureur de ne pouvoir régner sur l'univers, ébranla l'axe de notre monde. C'est alors que le ciel, qui n'était plus soutenu à l'ouest, se rapprocha de la terre, formant l'Himalaya, *le pays de Neiges*, ainsi que l'appellent les Indiens.

C'est ce ciel que je contemple de par ma fenêtre au Tibet.

Jeu de société (Chine)

Dès le début de l'après-midi, les parcs se remplissent. Jeux, thé, danse sociale, musiciens, tai chi… Il suffit de se joindre aux gens qui partagent notre passion pour faire disparaître l'isolement.

Jeu de société (Tibet)

Une multitude d'ethnies partagent la rue, entourent les étalages
pour marchander des fruits, jouent aux cartes sur le bord du trottoir,
discutent entre eux en me regardant arriver. Ils revêtent chacun
l'habillement traditionnel de leur culture, un amalgame impressionnant de gens différents qui cohabitent paisiblement, mais en
gardant tous et chacun les caractéristiques qui définissent leur
origine. La fierté de leurs racines, l'harmonie des différences.

Cul-de-sac (Tibet)

Le dernier village croisé est à environ six heures derrière. Impossible d'aller de l'avant. Dormir dans l'autobus, au froid ? Qu'est-ce que l'on va manger ? Un cri me somme de faire place. Une veille dame, roche sur l'épaule, me dépasse, jette sa pierre dans le trou. Autour de moi, sans plainte, sans avoir reçu quelque consigne, sans question, tous s'activent. Bêchent la terre pour remplir, cherchent des pierres pour solidifier. Sans y croire, je mets la main à la pâte (à la boue plus précisément) pour vaincre ce cul-de-sac.

Le marché (Tibet)

Je parviens au marché bondé, véritable ruche d'activités. Je pénètre dans l'antre sonore, vacarme de négociations. Chaque ethnie porte les vêtements traditionnels qui les caractérisent. Chapeau, broderie, tablier, bijoux… À 360 degrés autour de moi se trouvent des opportunités de cartes postales. Même en échappant ma caméra au hasard, la photo prise serait quand même bonne. Je me trouve au cœur de l'extraordinaire.

Combustible (Tibet)

Je croise une habitation, ses murs sont recouverts de taches noires, rondes, irrégulières. Je m'approche, recule la tête en réalisant que ce sont des bouses de yacks. Lancées sur le mur pour qu'elles sèchent, une fois tombées elles servent à nourrir le feu de la cuisine. Unique combustible, parfaitement écologique, la roue de l'autosuffisance tourne chez les peuples qui survivent hors de la *civilisation*.

Le boucher (Tibet)

Livrant la viande fraîchement tranchée à l'aide de sa fidèle bicyclette, le boucher du village conserve les têtes de yacks pour les décorer. Elles portent chance et se pavanent fièrement sur la devanture des maisons.

Trésor abandonné (Thaïlande)

Pour les voleurs qui pillaient les anciens temples, les têtes de bouddha demeuraient l'item le plus convoité. Non seulement il était possible de les vendre aux riches à la recherche de porte-bonheur, mais aussi aux musées occidentaux. Malheureusement pour ce voleur, cette tête sculptée dans la pierre massive était trop lourde. Il l'abandonna donc en chemin. La tête abrita la graine d'un arbre tombée près d'elle. Avec le temps, les rôles s'inversèrent.

Stèles mortuaires (Tibet)

Surmontées de drapeaux colorés, des plaques de pierre sont gravées d'étranges messages qui me paraissent des dessins.

Des banderoles imprimées de prières sont suspendues au vent. Avec le temps, le soleil et la pluie, elles pâlissent. Les Tibétains croient que lorsque la prière est complètement effacée, c'est qu'elle s'est envolée avec le vent, chaque mot ayant été transporté vers l'autre monde.

Litang (Tibet)

Reposant à plus de 4 600 mètres d'altitude, la ville de Litang est dominée par une lamaserie bouddhiste. L'immense palissade qui entoure ce temple et les habitations de ses moines est surplombée de pignons blancs.

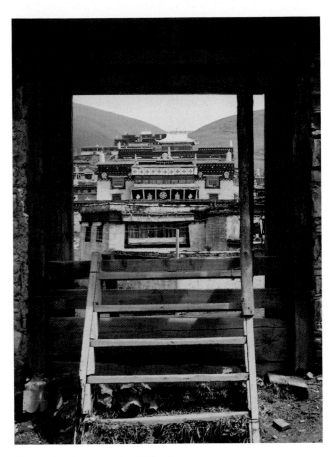

L'entrée du temple (Tibet)

Tout le village se rassemble dans un étrange pèlerinage autour de la palissade dans le sens des aiguilles d'une montre, pour créer le champ d'énergie positive qui assure le bon déroulement de l'événement. Une fois les trois tours terminés, il est temps d'entrer pour se joindre à la cérémonie.

Pèlerinage (Tibet)

Les pèlerins que je croise sont fidèles à leurs racines. Chacun est différent, m'accueille avec le sourire, puis me lance quelques phrases dont je ne comprends rien. Désolé.

Je les vois prendre un caillou sur le sol et le lancer sur une imposante pyramide de roches qui doit servir de cible depuis plusieurs années, à en juger par sa grandeur.

La cérémonie (Tibet)

Les fidèles sont rassemblés à la cérémonie de graduation des novices. Ils font tourner leur moulin sur lequel est inscrite une prière, une pensée. Du matin au soir, dès qu'une main est libre, toujours elle est utilisée pour faire tourner cette roue de prière qui à chaque rotation promet un meilleur karma pour la prochaine vie.

Les Bouddhas (Malaisie)

Selon les bouddhistes, il y a eu plusieurs Bouddhas, et il y en aura plusieurs à venir.

Svastika signifie : *de bon augure*. Ce symbole sur sa poitrine serait apparu 4000 ans avant notre ère en Chine. Au Tibet, on le retrouve sur les maisons pour éloigner les mauvais esprits, en Inde on le dessine sur la tête des novices, chez les Touaregs, c'est un symbole bénéfique... Il figure parmi les 75 signes de bon augure découverts sur le pied du Bouddha.

Hitler l'a connu à la petite école, mêlé à des images chrétiennes. Le considérant à tort comme un symbole *aryen*, il en orna le drapeau du 3ᵉ Reich.

Les roues de prières (Tibet)

Les lampes en forme de calice illuminent les bannières de soie fanée, les boiseries sombres des murs, les images dorées de Bouddha. La fumée est odorante. Des lamas en robes bordeau se tiennent en retrait dans des sortes de niches, psalmodient les écritures. Les roues de prières n'attendent que l'impulsion de ma main pour tourner.

Les portes du maonastère (Tibet)

Les portes du monastère m'accueillent avec le portrait d'une divinité bleue, cheveux de feu, tête de démon entourée de crânes, se servant de peaux d'humains désossées comme selle sur son cheval. Motivation instantanée à respecter les règles…

Ugo Monticone

Zhaole

LES ÉDITIONS DU CRAM
roman

Ce livre est dédié à tous ceux qui ont été arrachés
à leur destinée par la bêtise humaine.

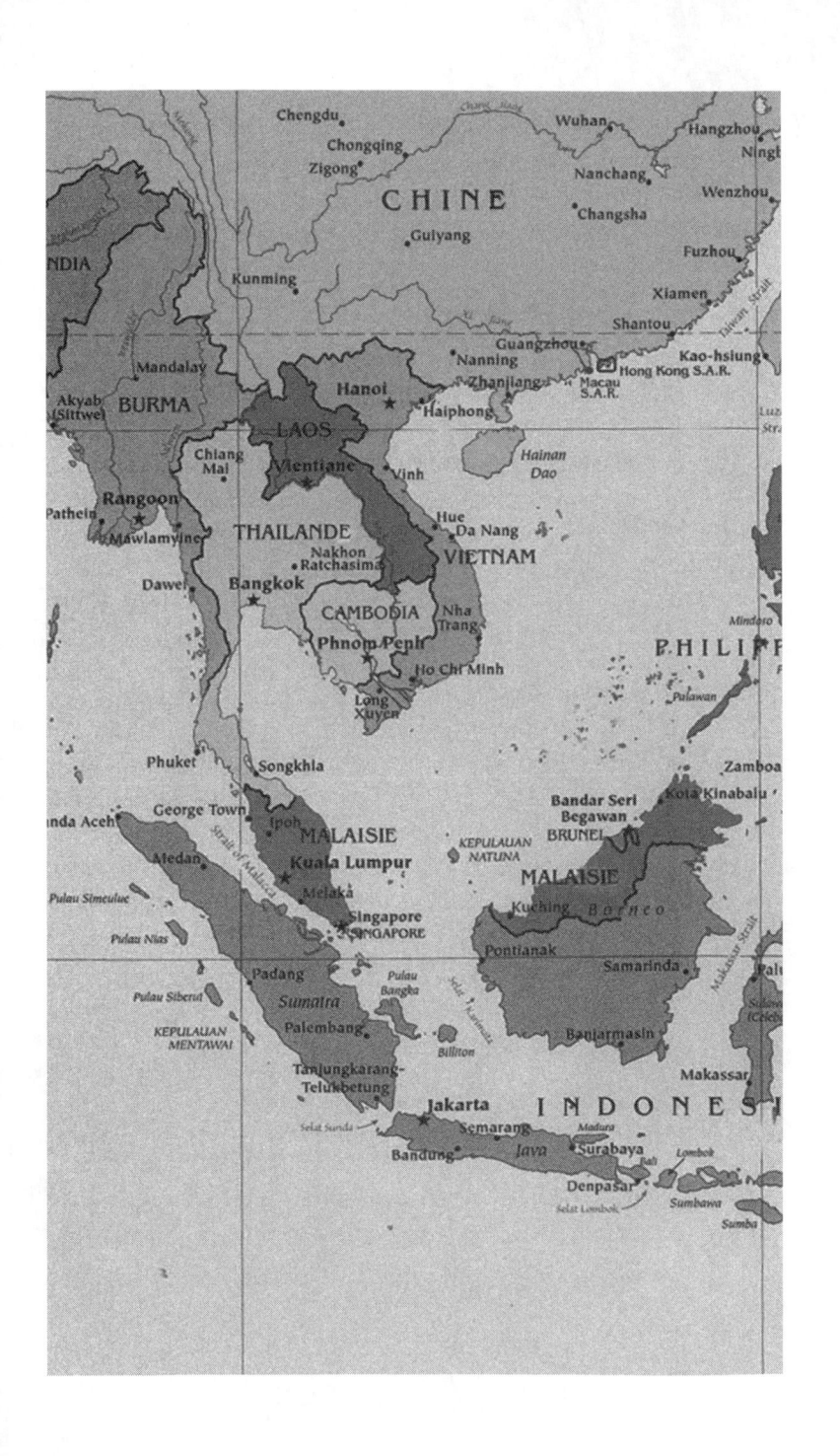

藏书

Schwlup, schwlup, schwlup, schwlup… Cela devait faire bientôt cinq heures qu'ils marchaient sans la moindre pause, s'enfonçant dans cette boue qui leur caressait les chevilles. À chacun de leurs pas, ils la sentaient se faufiler entre leurs orteils, traverser leurs bas, glisser sous leurs pieds. L'orage ne cesserait pas. Le ciel gris de cette saison des pluies présageait tristement leur propre sort.

Par bribes au départ, par les crieurs publics de l'Empereur ensuite, ils avaient appris l'existence de ces barbares. Au-delà des frontières, par delà le feu ardent du désert de Gobi, ces sauvages venaient de contrées arides qui n'ont ni villes ni remparts, un monde hostile où le danger est permanent et chaque jour une bataille. Ces guerriers sanguinaires avaient franchi la plus grande réalisation humaine, l'infranchissable mur, pour piller, sacca-ger, mettre à feu et à sang le royaume avec une cruauté sans pareil. Ils avaient inondé de terreur l'Empire du Milieu, et à présent ils chevau-chaient vers eux.

Eux… lui. Armée de fermiers, le cœur au ventre, l'arme au poing certes, mais entraînée entre deux récoltes, sans moyens, sans conviction… et bien-tôt sans vie.

Le seul témoin revenu vivant d'un champ de bataille, le vieux Liu, racon-tait que les envahisseurs dépassaient en férocité et en barbarie tout ce qu'ils pouvaient imaginer. Ces cavaliers fanatiques passaient leur vie sur des chevaux infatigables, indifférents au froid ou à la douleur. Lors des batailles, ils se fondaient sur l'ennemi en poussant des hurlements affreux : « Je suis

le châtiment de Dieu ! », enfonçant leurs armes et renversant tout ce qu'ils rencontraient sur leur passage. Rien n'égalait l'adresse avec laquelle ils projetaient, à des distances prodigieuses, leurs rafales de flèches surmontées d'os pointus aussi meurtriers que le fer.

Rompus dès l'enfance à la faim et à la soif, ces fléaux de Dieu naissaient l'arc à la main et se tenaient en selle avant même de savoir marcher. Ils n'avaient jamais connu le monde sans guerre. Dans une vague apocalyptique, ces barbares avaient déjà conquis les deux tiers du monde connu, le plus vaste empire de toute l'histoire, laissant dans l'ombre même Alexandre le Grand.

Et eux, lui, écrasés par la fatigue de leur simple marche, allaient à leur rencontre.

Depuis deux jours, la pensée ne le quittait plus même dans son sommeil. Sa décision était prise, plus rien ne l'en empêcherait, aucun autre choix n'était possible. Il avait vu des buffles se rendre à l'abattoir, mais jamais de leur plein gré. Son cœur se déchaîna, son souffle devint court...

Maintenant !

— Je dois aller pisser ! cria-t-il, tout en s'élançant vers le bois.

Être tellement évident que tous seraient pris par surprise.

— Revenez immédiatement en rang !

— J'ai envie... ça ne peut pas attendre !

Encore quelques enjambées, plus vite.

— Revenez en rang immédiatement ! Archers, armez !

Derrière ces arbres, plus que quelques mètres.

— Archers, feu !

Une seconde, deux secondes.

PROLOGUE

Maintenant !

Il plongea vers sa gauche. Les archers peuvent mal évaluer leurs distances, mais jamais leur ligne.

Fiouw Fiouw Fiouw

Le vent meurtrier le frôla, ses pointes transperçant les arbres autour de sa tête lui glacèrent le sang... qui aussitôt se remit à bouillir. Il se débarras-sa, en se relevant rapidement, de l'armure de cuir qui l'alourdissait — déguerpir avant la prochaine vague.

« *Rattrapez-le !* »

Il avait cinquante mètres d'avance, sa vie dépendait du maintien de ce mince avantage.

La boue l'agrippait, le faisait glisser, ralentir le pas. « *Que Dieu fasse qu'il en soit de même pour mes poursuivants !* »

Son sabre lui donnait violemment contre le mollet à chaque enjambée. Il le saisit d'une main, se demandant s'il devait s'en débarrasser. Cette arme, héritage familial béni de ses ancêtres, était tout ce qui lui restait au monde; la perdre enlèverait toute valeur à la vie qu'il tentait de sauver.

Les branches lui fouettaient le visage, les arbustes tailladaient ses jambes. Bientôt, son souffle ne se laissa plus rattraper. Il courut et courut sans relâche, jusqu'à ce qu'une montagne surgisse devant lui. Il voulut la gra-vir, la piétiner, la combattre, mais en vain. Elle rétorqua en foudroyant de feu ses mollets, en écrasant ses poumons. Il avait consacré toute son énergie pour se mesurer à elle, mais elle était immense, indomptable, invaincue. Ses pas ralentirent, se raccourcirent, puis s'arrêtèrent. Son souffle brûlait, son cœur voulait s'enfuir, ses jambes le lâchèrent. Il tomba à genoux, s'appuya sur les mains, le visage vers le sol.

Il ne se retourna pas, ne voulait pas voir la mort en face. Une flèche ? Un coup de sabre pour en finir avec sa tête ? Chaque souffle était son dernier. Il les sentait derrière lui, en rang, l'observant en silence. Il attendit. Attendit. La forêt ne laissait filtrer aucun autre son que celui de la pluie

matraquant les feuilles. Que faisaient-ils ? Allez-y ! Finissez-en !
Allez-y ! » Sa voix se faisait de plus en plus insistante. Il leur burla sa
rage : « Qu'attendez-vous ? » Rien. À peine les derniers mots prononcés, il
se retourna. Personne ! Il n'y avait personne ! Ils avaient cessé la poursuite, l'avaient abandonné !

Isolé dans cette forêt, seul face aux arbres qui le contemplaient, où était la
mort ? Il avait pensé vivre son dernier moment, il ne savait plus à quoi
dédier le prochain. Un rire désespéré s'échappa de ses lèvres, qui se trans-
forma aussitôt en un long sanglot. Sa main effleura le sabre. Il était tout
ce qui lui restait à présent. Il se releva, entreprit de gravir à nouveau cette
montagne qui avait tout tenté pour l'arrêter. Il n'entendait plus rien, ne
voyait plus que ses pas qui grugeaient la pente. Le noir s'empara de son
âme.

Parvenu au sommet, il se laissa choir près d'un jeune arbre. Au cœur de
cette chaîne de montagnes, il se sentit emprisonné, étouffé. Son regard se perdit sur le fil de l'horizon.

Seul.

Le premier qu'il entendit fut le plus terrifiant. S'élevant des abîmes, il
transperçait le ciel pour retomber lourdement contre ses tympans, fracassant
son crâne. Ce cri n'était en fait que le lourd présage d'un chaos qui nais-
sait de par les vallées. La mort tonna, déchirante. Le combat venait de s'engager. Les barbares avaient dû surprendre son armée au détour d'une
crevasse. Leurs tambours sonnaient. Ce Temudjin, celui qui s'était procla-
mé « Gengbis Khan », empereur universel, avait probablement accompagné de sa voix grave le rythme de guerre : « Tous ceux qui déposeront les
armes auront la vie sauve ; ceux qui ne se rendront pas seront anéantis ».

Le cri des agonisants s'éleva de plus belle. Des cris effroyables, des vies éli-
minées, des morts annoncées. Des gens mouraient. Son peuple, ses frères. Et
lui était ici, sous la pluie, comme un lâche, une larve. Sa place était parmi
eux, au combat. Leurs morts devaient être liées. Il avait taché l'honneur de
sa famille, fait honte à son père, à sa femme, à ses enfants, à ces générations d'ancêtres qui auraient combattu avec force à travers ce sabre.

Les hurlements lui rappelèrent sa peur, son déshonneur. Chaque fois qu'il entendait leurs échos montant des vallées, il imaginait sa propre souffrance lorsque son heure viendrait. Déjà, depuis le premier cri, il était mort une bonne centaine de fois. Il aurait voulu ne mourir qu'une seule fois. Il aurait dû. Aucun enfer ne pouvait être pire.

La lame vibra légèrement sous les gouttes de pluie lorsqu'il la sortit. Il contempla une dernière fois les gravures ancestrales qui la recouvraient puis, d'un élan sans faille, elle transperça sa poitrine.

Le sabre par lequel j'aurais tué. Le sabre par lequel ma propre vie se terminera.

Son corps s'écroula, sans force, presque sans souffle. Mais son passage sur terre n'était pas terminé. Il devait laver ce sang qui souillait son honneur.

Honte à moi certes, mais que l'héritage de ma famille demeure intact, je vous en conjure.

Il extirpa lentement le sabre de sa chair, regarda froidement le sang s'échapper de sa blessure. Il frotta la lame contre ses vêtements jusqu'à ce qu'elle soit de nouveau pure, la remit dans son fourreau de cuir. Il enroula son bandeau de guerrier autour d'elle avant de l'enfouir… creuser, maintenant, creuser sous les racines de l'arbre… l'enterrer… Voilà.

Les cris de ses frères résonnaient toujours au loin, comme les souvenirs d'un monde effacé revenant le hanter. Enfin il pouvait oublier. Son corps s'enroula sur lui-même, se referma. Son sang parfumait le sol. Son souffle le quitta.

龍非

Dans un ruissellement rouge, j'arrache la septième sangsue. Sept sangsues. Je suis à bout. Je déteste ces bestioles visqueuses qui prolifèrent par milliers entre les sillons de cette rizière irriguée. Le buffle noir qui traîne péniblement la charrue s'enfonce dans sa boue pure, bien grasse. Le soleil se meurt au bout de son sang. Je remets ma chemise après m'en être servi pour essuyer la sueur qui recouvrait mon visage, puis je déroule mon pantalon. La dernière sangsue que j'ai fait exploser entre mes doigts se tortille encore sur le sol. Je l'écrase avec rage, la piétine violemment. Je les ai toujours abhorrées, mais jamais autant…

« Dépêchez-vous ! » me lance le surveillant, comme si je l'avais oublié. Le comité central veut me voir immédiatement. Ai-je commis quelque faute ? Dans ce cas, c'est le comité qui serait venu à moi. L'absence d'information ne m'effraie plus. Depuis que je me trouve ici, tout ce que je sais, c'est ce que l'on veut bien que je sache. J'enfile mes sandales et l'accompagne. L'image des sept sangsues flotte dans mon esprit.

« Nous avons reçu une lettre pour vous, une lettre du bureau chef. » La mince enveloppe est ornée de l'emblème communiste. Mon nom s'y trouve inscrit. Je suis envahi par l'accablante certitude que quelque chose d'immense se trouve entre ses plis. Je la décachette lentement : son en-tête est orné de notre drapeau rouge et de ses étoiles; en relief se trouve le sceau officiel de Mao. Je parcours

la première ligne et en détache immédiatement les yeux. Ma mère est décédée. En remarquant la date qui domine le texte, pour la première fois depuis trop longtemps je reprends conscience du temps, le temps passé ici, enchaîné à ce foutu village.

Au cœur de la Chine rouge, notre Grand Timonier de la Révolution, Mao Zedong, en est venu à la conclusion que si ses actions avaient connu des conséquences catastrophiques, c'était forcement dû à la présence d'une masse de dissidents qui contrecarraient ses ordres en refusant de consacrer l'effort nécessaire à la reconstruction du pays.

Les plans de notre président étaient formidables sur papier. Pour les mener au succès dans la réalité, il fallait absolument se débarrasser des traîtres qui empoisonnaient l'idéologie. La Révolution Communiste ayant déjà été menée avec succès, était maintenant venu le temps de la Révolution Culturelle. Mon université, comme toutes les autres, avait été fermée, tous les cours abolis. Les connaissances utiles se limitaient désormais à l'industrie et à l'agriculture. Placardés sur tous les murs, des ouvriers brandissaient d'immenses marteaux, les traits carrés sous leurs casquettes vertes. Les *jeunes intellectuels*, c'est-à-dire tous ceux qui avaient complété leurs études secondaires, furent envoyés à la campagne pour être « rééduqué par les paysans pauvres ». Désireux de créer une nouvelle génération qui embrasserait pleinement ses rêves d'une masse agricole dépourvue de classes sociales, Mao détestait les intellectuels qui possédaient le dangereux potentiel d'imaginer une société… différente de la sienne.

Tout ce qui était étranger ou qui évoquait le passé avait été condamné, et si possible oblitéré. Mon père avait été le premier de notre famille à se faire arrêter. Enseignant une langue étrangère, le vietnamien, son crime était impardonnable et insensé. Les Gardes Rouges étaient débarqués au milieu de la nuit. Désigné comme traître, son procès avait eu lieu au stade sportif, les estrades débordantes de drapeaux rouges. Sous le soleil implacable, le haut-parleur avait hurlé les accusations. Mon père, entouré de soldats, était

agenouillé au centre d'une tribune. Une affiche pendait lourdement à son cou, annonçant son crime : *comportement contradictoire
entre le peuple et l'ennemi.*

Après son exécution, les gens dans les rues m'évitaient, mes amis
m'ignoraient, comme si j'étais atteint d'une quelconque maladie.
Une ombre qui se faufilait parmi eux. Je ne voyais personne, personne ne me voyait. Tout ce que nous avions fut confisqué. Mon
père devint un sujet tabou, personne ne voulait même y penser. La
maison semblait vide. Ma mère ne trouvait plus de travail. Qui
aurait voulu engager la femme d'un contre-révolutionnaire ? Elle
passait ses journées assise dans le salon, pourtant l'endroit semblait
désert. Un fantôme. Ce fût presque un soulagement lorsque, peu
après, les Gardes Rouges vinrent nous saisir, mon frère et moi, pour
nous mener dans l'extrême sud du pays, dans un petit village de
paysans où notre rééducation consista à devenir des bêtes de service.

Je fais mon devoir, c'est le règlement. Par le peuple, pour le
peuple, avec le peuple. Pourtant, je ne me sens aucunement faire
partie de ce peuple, il ne parle pas pour moi. Je ne passais pas mes
soirées à vouloir redéfinir la société. Je n'étais qu'un étudiant, un
amant, un enfant, un rêveur, un humain…

À chacun des pas menant à ma chambre, mes respirations deviennent plus profondes, mes mâchoires se crispent. Ma mère décédée,
mon père n'est plus. Mon frère n'est qu'un mort-vivant espérant
que ses jours finissent, masquant sa solitude sous un air d'indépendance. Ma vie ne vaut rien, il ne m'importe plus de la perdre. Les
gens ici sont des pantins, ils attendent tout des autres. Désormais,
j'attendrai tout de moi-même. Mes yeux s'ouvrent enfin. Je refuse
de me laisser sombrer dans une réalité qui m'obligerait à les refer-
mer. Peu importe de quelle manière ma situation changera, ce sera
pour le mieux. Je ne passerai plus mes jours à jouer le rôle que
d'autres ont choisi pour moi. J'ai décidé de vivre… ou de mourir
en tentant d'y parvenir.

Je traverse la cuisine, et furtivement je remplis mes poches de riz. Je me dirige vers un vide qui m'effraie. La lettre annonçant le décès de ma mère est la seule possession que je veux amener. Sur ce bout de papier, sa présence me donne courage. Je pars.

La lune à son quart m'éclaire dangereusement mais je m'en fous, c'est l'instant qui m'a choisi et non le contraire. Quelques nuages s'étirent devant elle, fondent sous son regard. Je quitte la maison sans faire de bruit. Dans le fossé, j'attends que le silence total m'enveloppe, puis je me glisse jusqu'au champ pour enfin atteindre la forêt. M'a-t-on vu ? M'a-t-on surpris ? La seule chose qui soit certaine, c'est que s'ils me rattrapent, je les forcerai à m'abattre. Je veux en terminer d'une manière ou d'une autre. Direction la roche creuse.

À notre arrivée dans ce village, dès que nous profitions d'un rare répit, mon frère et moi allions dans les bois nous faufiler sous cette roche appuyée contre la falaise. Retiré du village, connu de personne, cet antre était notre refuge contre la réalité. Nous nous y remémorions notre ancienne vie, pour remplir d'un peu de carburant les machines que nous étions devenus. Nous nous rappelions ce temps où nous étions convaincus de connaître toutes les réponses. À présent je n'ai plus aucune conviction, que des questions.

Je reprends mon souffle sous cette pierre, j'ai l'impression de courir après ma propre vie. Je plaque les mains contre les murs qui m'entourent. L'espace est restreint, pourtant je me sens enfin libre. Entre les branches, j'aperçois les étoiles et me rends compte qu'il y a trop longtemps que je n'ai contemplé la nuit. Je la passais dans mon lit, à ressasser le non-sens de ma vie.

Je m'étends et ferme les yeux. Une seconde plus tard, c'est le matin. Ma vessie me réveille, je longe la falaise pour aller la soulager. Les premiers rayons du soleil apparaissent entre les sommets.

Des bruits dans les feuilles ! Je me planque aussitôt derrière un rocher. Mon sang se glace. Je redresse lentement la tête. Une silhouette se dessine… C'est mon frère ! Comme avant… il est venu

me retrouver. Il m'aperçoit, un sourire complice se dessine sur son visage. Heureux de le revoir, je m'apprête à me relever, la gorge nouée d'émotion. Mais son sourire s'efface aussitôt et il lance d'une voix autoritaire : « Non, il n'est pas ici. Il n'y a personne. » Autour de lui, des Gardes Rouges sortent des bois, l'entourent. Mon frère extrait de sa poche une casquette qu'il ajuste sur sa tête pour que l'étoile communiste soit bien centrée. Dans sa veste bleue aux boutons de manche dorés, il semble tout droit sorti d'une photo officielle du Parti communiste. Je m'enfouis le plus silencieusement possible sous le feuillage. Des pas s'approchent… puis s'éloignent à nouveau. Une voix ordonne de se regrouper au village, ils s'en vont. Mon frère… Mon unique famille… Son sourire était donc un adieu.

Plus je m'éloignerai, plus je laisserai ces mauvais souvenirs derrière moi. Où vais-je ? La montagne ? Jamais je ne prévoyais me rendre si loin. Peut-être aurais-je dû me laisser capturer par les Gardes Rouges, connaître mon sort immédiatement et l'accepter ?

Je quitte le seul monde que j'aie connu, où m'ont été dérobées les choses que j'ai aimées. Durant toutes ces années j'ai incliné la tête pour obéir. À force de baisser les yeux, j'ai perdu de vue l'horizon de mes rêves.

Au sommet de la montagne, loin de tout, je m'écrase lourdement sur une pierre.

Seul.

La vue qui s'offre à moi est splendide, mais mon cœur ne l'apprécie point. Le vent hurle, me confronte. Cette province montagneuse, quasi inhabitée, s'étend des forêts alpines tibétaines aux jungles tropicales. Son nom, le Yunnan, signifie au *sud des nuages*. Pour certains c'est un paradis, pour moi, un enfer. Malgré moi, mon regard est attiré par le précipice qui s'ouvre à mes pieds; j'évalue la profondeur de l'abîme. M'y lancer mettrait fin à tout. Mais je ne sais rien de la vie, comment saurais-je ce qu'est la mort ?

J'avance vers la limite, le gouffre. Sous mes sandales, d'étranges branches craquent. Puis la peur me submerge, me pousse à agripper le premier arbre à ma droite. Brusquement son tronc, complètement pourri, se brise, se déchiquette et chute dans le ravin, me faisant perdre pied. Couché contre le sol, j'ai envie de vomir. Mes mains tentent désespérément de m'éloigner du vide, balaient l'air comme la queue d'un poisson hors de l'eau.

Ma main heurte une roche, quelque chose de dur… Là où se dressait l'arbre mort, un bout de tissu noirci. Les racines le cajolent, le tiennent prisonnier, comme si elles avaient poussé sur lui, autour de lui. Le tissu se désagrège sous mes mains, comme un souvenir s'efface. À l'aide de pierres, j'arrive à vaincre les immenses racines, mes pieds les projettent en bas. Peu à peu je découvre un étrange paquet, intrigant. La terre laisse sa place pour révéler une gaine… la gaine d'un sabre. Jamais je n'ai rien vu de pareil. L'étui de cuir est orné d'un dragon et d'un phénix s'entrelaçant. Une fine cordelette tressée pend du manche d'ivoire finement sculpté que j'agrippe. Une incroyable vibration me parcoure aussitôt le corps. Je sors sa lame qui oscille légèrement. Elle est traversée d'une calligraphie formée d'un unique trait, débridé, généreux, fougueux, liant les caractères. Quatre symboles anciens composant les syllabes d'un nom qui me demeure inconnu. Sa légèreté est impressionnante, elle semble être le prolongement naturel de mon bras. Je fais tournoyer le sabre, fracasse des ennemis imaginaires, transperce le cœur de ceux qui m'ont volé, décapite les dirigeants qui m'ont asservi. Je sens son énergie traverser mes bras, sa puissance se répandre dans mon corps. Jamais je n'ai manipulé d'objet d'une telle importance. Jamais je n'ai admiré une telle arme.

Depuis Mao, les peintures, les paravents, les livres, les vases, les objets et les artistes, tout ce qui est *non-conformiste*, a été mutilé ou écrasé. Les cimetières, les salles commémoratives ancestrales, les chapelles, les lieux de pèlerinage, les mosquées, les monastères, les temples… Tout lien avec le passé et les ancêtres a été détruit. Sans ancêtres il n'y a plus de noblesse, tous égaux pour recommencer à zéro dans les bras de Mao. En quelques années de règne, toute

beauté a été anéantie par son armée malade d'idéologie. Il a pris ma famille, mes amis, ma vie. Mais il ne me volera plus. Jamais ses Gardes Rouges ne posséderont ce sabre ! Jamais Mao ne posera son grappin sur ce trésor. Comme la dernière pièce témoignant de mon empire et de mon passé, le protéger de ce qui m'a détruit deviendra ma plus grande victoire.

En caressant l'étui, je me sens renaître. Le sabre entre mes mains, je me sens revivre. Pour la première fois depuis trop longtemps, j'ai une brève idée de ce qu'est la liberté... Je sens ce que mon cœur désire, indépendamment de l'opinion des autres. Je sais où je veux que mes pas me mènent.

Avec le soleil qui se couche, je m'oriente. Je noue le sabre à ma ceinture et dévale la montagne. Direction Laos.

Le soleil, que les branches tamisent, règne au sommet d'un ciel azur parsemé de nuages isolés, d'un blanc immaculé. Il n'y a aucun vent, les feuilles autour de moi pendent, sans vie. Immobilisme que je tente de combattre.

Avec le sabre, je coupe les jeunes pousses d'une forêt de bambou. Elles sont délicieuses, mais n'apaisent pas ma soif. Engouffrant cette nourriture improvisée, je contemple les plants plus vigoureux, se prélassant au soleil, qui semblent pousser devant mes yeux. Depuis ce matin, l'un d'eux a dû croître de près de trente centimètres. Je jure même avoir entendu le léger crissement de sa tige qui grandit ! Doté d'une puissance légendaire, les arts martiaux se sont inspirés du bambou résistant, souple lorsqu'il le faut, s'inclinant devant l'adversité plutôt que de résister et briser… Mais à force de trop s'incliner on se brise aussi.

Rafale de tonnerre au-delà des arbres… des coups de feu ! Le son vient de loin, mais jamais ce son n'est assez distant pour inspirer confiance. L'air se remplit des échos d'explosions.

Sans eau, sans moyens, je ne peux me balader sans fin dans cette jungle épaisse sans savoir si trace de vie il y a autour, sans savoir si cette trace de vie, précisément, n'est pas une menace pour la mienne. Les tirs de mitraillettes reprennent de plus belle. Je m'approche lentement. La mort n'est plus une si grande rivale. C'est de la soif que je dois me préserver.

Le temps que je mets pour contourner ces arbres enchevêtrés de lianes est marqué par des ponctuations dans l'engagement, de légers crescendos. Les fusils hurlent à gorge déployée, je ralentis; les mitraillettes se calment, je fais quelques pas de plus. Je ne veux pas débarquer au milieu de la fusillade, mais plutôt, tapi derrière la végétation, comprendre et voir.

Entre les tonnerres meurtriers, un étrange miaulement, une plainte irrégulière et aiguë. Rien de menaçant, mis à part le fait que dans ma situation, seule l'absence d'inconnu serait rassurant. J'attends, doucement, me faisant le plus petit possible. L'action est terminée. Plus de décharges de mitraillettes, plus d'explosion de grenades, seule cette faible lamentation isolée qui me guide.

Soudain, j'aperçois un pied, je distingue une botte ! Un soldat, habillé de kaki, mais pas de drapeau chinois sur ses épaules, pas de brassard des Gardes Rouges. De longs cheveux débordent légèrement de sa casquette. Non pas un soldat... une soldate ! Couchée sur le flanc, de sa cuisse s'échappe un filet de sang. J'avance encore d'un pas, une branche craque, le gémissement s'arrête sec. Elle brandit un couteau dans ma direction. Je lève les bras doucement, lui signifie que peu importe qui sont ses ennemis, je n'en fais pas partie. « Pas ... geste ! Mes camarades ... pas loin. » Je dois m'ajuster avant de comprendre qu'elle parle... vietnamien ! Mon père, après chaque leçon, me répétait inévitablement qu'un jour ça me serait utile. Jamais je n'aurais pu imaginer en quelle circonstance. Ma peur cède la place à l'incompréhension. Pourquoi parle-t-elle le vietnamien ? Il est impossible que je m'y trouve , je ne sais même pas encore si j'ai atteint le Laos dans cette jungle dressée contre moi. Le Vietnam doit être encore loin.

À l'aide de son couteau, elle pointe le sabre attaché à ma taille. Je lui assure calmement que je ne lui veux pas de mal. Elle me fixe, inébranlable, m'observe en silence. Une légère cicatrice orne sa pommette gauche, legs d'un rude combat. Son visage est doux, mais son regard est de feu. Sa taille est fine, mais son apparence est meurtrière. Ses cheveux se dissimulent sous une rigide casquette

communiste. Elle me demande sèchement de lui lancer son sac qui se trouve plus loin, entre deux arbres. Je lui tends, aussitôt elle en extrait un fusil qu'elle pointe vers moi. Lentement, elle m'ordonne de jeter le sabre au sol, de m'approcher d'elle et de l'aider à se relever. Durant cette opération, son fusil me pointe le cœur. Lorsque qu'elle s'agrippe à mes épaules pour marcher, le canon embrasse ma tempe. Elle ramasse mon sabre rapidement, se pendant à mon cou. Je ne peux rien dire, il n'y a rien à dire.

Je la supporte péniblement à travers les branches. Le parcours devient quelque peu accidenté, elle presse le fusil avec vigueur contre ma tête pour me rappeler de ne rien tenter. Une rage bouille en elle, un cri me rappelle sa souffrance, je resserre ma prise pour alléger sa douleur.

Nous parvenons à un campement. Après avoir franchi quelques avant-postes, mitraillettes pointées sur moi, nous traversons des clôtures de barbelés. Des centaines de militaires armés guettent notre venue. Le campement, immense, s'étend aussi loin que la forêt me permet de voir. Un cercle est formé à notre gauche. Un garçon qui doit tout juste compter quatorze ans repose dans une mare de sang, au centre de soldats qui le questionnent et le rouent de coups de pieds. Sa peau foncée et son habillement coloré indiquent son appartenance à l'une des tribus nomades qui parsèment les montagnes. Du sang ruisselle de sa bouche, son souffle est court, il semble pris de spasmes. « Pourquoi avez-vous attaqué ? » lui hurle un soldat, en lui assénant de violents coups de pied. La voix du jeune s'élève d'entre ses dents serrées :

— Américains venus notre village, dis si attaque, nous argent, donnent armes. Si pas attaque, eux tuent familles. Père, mère, sœurs…

— Mais c'était un suicide ! Vous étiez à peine cent, nous sommes plus de mille !   continue un autre soldat hystérique.

— Eux dit vous petit campement, nous facile vous tuer. Et nous donnent pilule dit nous très fort, immortel. Devient fou, répond le garçon.

PAN ! La tête du garçon retombe violemment contre la boue, la balle a fait exploser l'arrière de sa tête. « Toi pas immortel » termine le soldat vietnamien dans un rire nerveux.

La femme que je supporte est placée sur une civière. Trois gradés me tiennent en joue et m'escortent à la tente principale. Mon sabre se trouve déjà sur la table du Commandant alors que j'entre. « Qui es-tu ? » me demande-t-il dans un nuage de tabac. Mes yeux scrutent la tente. Aux côtés de celles de Lénine, de Marx, et d'un maigre barbu probablement Vietnamien, l'image de Mao se dresse. Les armes qui me pointent sont de fabrication chinoises... « Je suis Chinois » dis-je, tentant de paraître confiant. Un soldat me fouille, rejette avec dégoût un morceau de bambou mâchouillé que j'avais conservé dans une poche, puis trouve ma lettre dans l'autre. En l'ouvrant délicatement, le Commandant observe avec attention l'étoile rouge de l'en-tête. Des murmures s'élèvent dès que la lettre est suffisamment dépliée pour laisser entrevoir le sceau officiel de Mao. Sa voix se fait plus douce : « Qu'est-ce qui est écrit ? » me demande-t-il en me la tendant. Il ne sait pas lire les caractères chinois ! Personne ici ne doit les connaître puisqu'il me la tend.

— C'est une lettre d'encouragement du président Mao. Il m'envoie personnellement pour vous... pour vous offrir ce sabre !

— Un sabre ?

— Oui, oui... Mais pas n'importe lequel... Ce sabre est...

Je soulève le sabre, quelques fusils me pointent aussitôt. Je ralentis mes mouvements, sors délicatement la lame de son étui.

— Il symbolise la force... La force brute, la force des travailleurs, les paysans unis... le symbole de la victoire du prolétariat contre la bourgeoisie armée ! De nos mains nous détruirons leurs canons !

À force de me les faire répéter, j'ai fini par intégrer certains mots clés des séances de propagande du village. La lueur des lampes à l'huile se réfléchit sur la lame étincelante. Les caractères, dessinés par un peintre des mots, liés en une belle courbe, mystérieux, hypnotisent l'auditoire émerveillé.

Le Commandant lève les yeux vers moi, impressionné. Il me salue d'une courte révérence, les autres en font de même. Mon âme voudrait sourire de soulagement, mais mon corps résiste. « Le président Mao nous a soutenus dès ses premiers jours au pouvoir. Ce cadeau est pour nous une source de grande félicité » annonce-t-il solennellement. Mes muscles se relâchent, la tension tombe. « Nous sommes conscients du risque que vous avez dû courir pour vous rendre jusqu'à nous. Les Viêtcongs au front seront grandement réjouis lorsque vous leur livrerez ce présent. » Mon âme perd son sourire.

— Le front ?

— Oui bien sûr, ce cadeau ravivera l'ardeur de nos troupes au front, je suis certain que c'est de cette manière que le président Mao l'entendait.

— Euh…

Le commandant me salue de nouveau, puis se tourne vers des cartes et d'autres papiers qui recouvrent son bureau. On me tend le sabre et un soldat m'escorte vers une tente où un uniforme m'attend. Le soldat m'apprend que son propriétaire est mort dans l'attaque qui vient de survenir. Il n'en a donc plus besoin. Le col est encore humide, on y a nettoyé le sang. J'enfile les sandales dont la semelle est taillée à même un vieux pneu. On m'apporte ensuite un petit bol de nourriture, une gourde d'eau et on me laisse seul. Je sens chaque grain de riz s'engouffrer dans mon estomac. Je porte la gourde à mes lèvres, mais l'échappe. Un objet métallique me pousse violemment la tête : un fusil ! La soldate, apparue à l'entrée de la tente, me place devant les yeux la lettre de Mao déchirée : « J'ai été entraînée par l'armée communiste chinoise, je sais lire vos

33

caractères ! Tu m'as aidée, peut-être malgré toi, je te laisse quand même une chance. Je ne te tuerai pas tout de suite. » Elle pousse le canon du fusil plus fort contre ma tête : « Mais je garde l'œil sur toi, et au moindre faux pas… »

CLIC !

Le chargeur est vide ! Mes poumons se compressent, ma respiration est coupée, mes yeux demeurent fermés. Je m'appuie contre la table. Elle prend les lambeaux de la lettre, les allume sur la bougie, les laisse tomber une fois la flamme bien prise et les émiette à l'aide de sa canne de bambou avant de quitter la tente en boitant. Je ne vois plus qu'un brouillard. Ma vie se trouvait entre ses doigts.

La boule de papier noirci laisse voir ses derniers rougeoiements. Deux mots résonnent en moi comme si je les entendais avec frayeur pour la première fois : le front.

找樂

« Qui es-tu ? » Ma question déstabilise celle dont le souvenir m'a empêché de dormir cette nuit, celle qui en silence veut ma peau. Elle peut tout faire basculer à chaque instant. Elle me tient à sa merci. Ses yeux me scrutent, doux en apparence. Elle aurait déjà pu me trahir. Pourtant, elle ne l'a pas fait. « Quel est ton nom ? » réitéré-je timidement. Elle ne répond pas, me laisse dans l'embarras. « Qui sont ces gens ? » continué-je d'une voix à peine audible, en pointant les soldats qui nous entourent. Elle me fixe lourdement, tente de me transpercer du regard, de décoder mon jeu, témoigner de mon mensonge. Je suis un espion dans son esprit, c'est certain. Savoir qu'elle me dévisage ainsi me fait réaliser toute l'importance de paraître sincère. Cette pression me fait tordre un peu le coin de la lèvre : à force de vouloir *paraître* sincère, je semble hypocrite. Mais elle se détend.

Depuis le lever du soleil, nous avançons péniblement à travers des rizières vaseuses dans lesquelles s'enfoncent nos sandales; nos pieds traînent dans un bruit de succion. Parler nous changera les idées.

« Que sais-tu du Vietnam ? » Sa voix laisse pour la première fois entrevoir des accents vierges d'agressivité, une trêve appréciée. D'un regard embarrassé, je lui avoue ne connaître presque rien de son pays. Depuis la venue de Mao, savoir ce qui se déroulait dans le village voisin était déjà considéré inutile, une perte de temps contre-révolutionnaire. Entre deux regards, pour intercepter tout signe suspect de ma part, elle me demande : « Tu connais notre

camarade en chef Hô Chi Minh ? » Je n'ose lui avouer mon ignorance. Elle poursuit : « Tu sais que pendant plus de quatre-vingts ans, les colonialistes français ont violé notre patrie et oppressé nos citoyens ? » Mon père m'avait déjà appris que dans leur colonie d'Indochine, les Français avaient construit plus de prisons que d'écoles; ils avaient guillotiné des patriotes, noyé les manifestations dans des bains de sang, manipulé l'opinion publique et affaibli le peuple avec l'alcool et l'opium... « Ils nous ont volé nos rizières, nos mines, nos forêts et nos ressources naturelles, poursuit-elle, monopolisé nos importations et nos exportations, réduit notre population à la pauvreté. » Elle me tend alors un pamphlet portant l'image du vieux Vietnamien barbu que j'avais vue affichée dans la tente du Commandant. Au verso, en lettres rouges est imprimé : *Plutôt tout sacrifier que perdre l'indépendance et vivre en esclaves ! N'importe quel citoyen, homme ou femme, jeune ou vieux, de quelque religion, nationalité ou opinion politique qu'il soit, doit se dresser pour lutter contre le colonialisme et sauver la patrie. Que celui qui possède un fusil se serve de son fusil, que celui qui a un sabre se serve de son sabre, que ceux qui n'ont ni fusil ni sabre se servent de pelles, de pioches, de bâtons ! Que tous se lèvent pour défendre la liberté et l'indépendance de notre patrie.* Le voilà ce Hô Chi Minh.

Je lui remets son pamphlet. Elle accélère le pas, sa démarche se durcit, elle redevient invulnérable. La pause est terminée, elle se tourne vers moi et me lance brusquement : « Mon nom est Liaojan ».

*

La pluie débute, martèle doucement les arbres, puis nos têtes, et enfin les flaques de boue. Nous parvenons à une large plaine entourée de montagnes, regorgeant de rizières. La vallée est remplie de trous, comme autant de petits lacs, tous alignés. Dans ces milliers de mystérieux cratères, l'eau des rizières reflète l'image des nuages cotonneux. Notre commando doit se réunir à la base du Pathet Lao. Entraînement en Chine, rencontre stratégique avec la faction

communiste du Laos… ce combat vietnamien prend bel et bien des proportions internationales.

Liaojan discute quelque temps avec le grand et mince sergent de notre groupe. Les inégalités marquées sous ses joues indiquent que l'acné a autrefois dominé sa peau. Il me fait signe d'approcher, puis me désigne un point sombre dans la vallée, une habitation, en m'ordonnant de les y attendre jusqu'au lendemain. Je sais que toute question restera sans réponse.

Je dévale la pente qui mène aux rizières verdoyantes. Plus j'approche de la cabane qui me fait office de destination, plus je distingue l'homme qui se tient devant sa porte. Un homme courbé par le temps, ridé comme la terre, portant une chemise brodée et un bonnet coloré. Il bat la mesure sur son bol de riz, un air entraînant s'échappe d'entre ses dents. Il fixe un minuscule autel posé sur de vieilles caisses, entouré de chandelles, d'encens, de fleurs, d'offrandes et d'une sculpture approximative. Un autel rempli de tablettes noires portant des inscriptions luisantes; une religion que je ne connais pas. Il ne se tourne pas vers moi immédiatement, me laisse arriver, le saluer timidement.

— Tu viens présenter tes respects à ma femme ? me demande-t-il doucement sans arrêter son rythme.

— Votre femme ? Euh non… On m'a dit de passer la nuit ici…

— Oh ! Tu viens de loin ? Alors tu dois être fatigué. Mon nom est Souvannasap, mais appelle-moi Phan.

Il délaisse aussitôt son tambour improvisé, me présente ses respects, puis m'offre de l'eau. Ses gestes sont précis, calculés. Sa hâte remplacée par l'efficacité, il m'invite ainsi à me laver les pieds et à m'allonger sur son hamac. Les règles de l'hospitalité sont appliquées : s'il ne m'accueille pas maintenant, un malheur semblable pourrait arriver plus tard à ses enfants.

Tout en préparant minutieusement le thé, sans lever les yeux, il m'avoue : « Moi aussi je voyage... mais à l'intérieur de moi-même. » Il retire la théière du feu, température optimale, et poursuit : « Sans sortir de ma maison, je connais l'univers; sans regarder par ma fenêtre, je découvre les voies du ciel. Parfois, plus on s'éloigne et moins l'on apprend. » Il me tend un bol à l'arôme envoûtant. Je le remercie et lui demande pour quelle raison il croyait que je désirais présenter mes respects à sa femme. « Parce que ma femme est décédée hier matin » me répond-il simplement. L'inconfort me saisit : « Et en deuil vous chantiez un air gai ? » Phan laisse le silence dissiper le mépris caché derrière mon ton, puis me répond calmement : « Lorsqu'elle est décédée, je n'ai pas pu m'empêcher d'être affecté, extrêmement triste. Par la suite, cependant, je me suis rappelé qu'avant sa naissance, elle avait déjà existé sans forme ni substance. Dans cette condition sans restriction, la substance fut additionnée à l'âme, elle prit forme, puis arriva ensuite la naissance. À présent, par le biais d'une nouvelle transformation, elle est morte, passant d'une phase à l'autre, telle la séquence des saisons. Bien qu'elle soit à présent endormie pour l'éternité, de pleurer et de me morfondre serait de me proclamer ignorant de ces lois fondamentales. C'est pourquoi je m'en abstiens. » Une profonde sérénité enlace ses paroles, une logique implacable.

Il place alors un chaudron sur les quelques briques de charbon pour faire bouillir le riz. Je reconnais le Yin et le Yang gravés sur son autel, se complétant pour créer l'harmonie. Sous ces représentations ancestrales se dresse un caractère chinois : Tao, la voie. Phan remarque mon intérêt.

— Ce sont les enseignements de Lao-Tseu.

— Le Tao ?

— Le Tao ne peut être décrit ni par les mots, ni par le silence. Il est la voie de l'Univers, la force motrice de la nature, l'ordre derrière toute vie, l'esprit qui ne peut pas s'éteindre.

Nous sommes trop habitués à notre train-train, nous ne savons plus lire les indications du Tao.

— Et où sont-elles inscrites ?

— Il suffit de faire attention, chaque moment du jour, à ce qui se passe dans le monde tout autour pour découvrir les paroles et la volonté du Tao. Il faut chercher à accomplir ce qu'il indique : c'est notre seule raison d'être...

Un bruit attire mon regard vers le fond de la vallée. Me voyant, Phan se redresse soudainement, tend la tête par la fenêtre, puis s'affaire aussitôt à rassembler ses choses. Le léger bruissement se fait de plus en plus présent, comme un orage qui nous rejoindrait. Quelque chose de mauvais se trame. Phan me tend un hamac enroulé et saisit la casserole en courant. Le bruit assourdissant se répercute contre les montagnes, je l'entends rebondir de sommet en sommet, me traverser, puis continuer sa course. À l'autre extrémité de la vallée, un immense avion métallique apparaît, déchirant le ciel, frôlant les parois rocheuses. Un nuage noir s'écoule de son ventre, déversé comme des milliers de mouches tombent après avoir frôlé une ampoule. Puis, c'est le feu, il suit l'ombre que l'avion trace. Les bombes frappent le sol dans un orange ardent qui s'enflamme sous un tourbillon de fumée et de débris pulvérisés. Telles d'innombrables geysers, des vagues noires et grises sont propulsées dans un chaos démesuré. L'adrénaline chasse le sang de mes veines, je hurle à pleins poumons sans arriver à m'entendre. Phan me tire par le bras, me sort de ma torpeur. L'enfer se dirige vers nous. Il faut atteindre les falaises.

Je détale à toutes jambes, me projette contre le sol. L'avion nous dépasse, heureusement il ne nous a pas survolé directement. La terre que les explosions soulèvent me recouvre d'un voile. La vallée est baignée de fumée, d'immenses cicatrices sont creusées à même les rizières. « Nous devons nous rendre à l'abri, ils vont revenir. »

Derrière un arbre, à la base d'une falaise, une échelle de bois mène à une profonde cave qui s'ouvre à une dizaine de mètres du sol.

Une foule est attroupée, chargée de quelques ustensiles de cuisine, de couvertures pour la nuit. Cette cave aux mille nœuds, au plafond élevé, me transperce de son humidité. L'odeur âcre des excréments de chauves-souris brûle les narines. Des installations de fortune remplissent la cave, ce n'est certes pas la première nuit que les villageois passent ici. Dans un coin, une civière jouxte des centaines de flacons de pénicilline et d'anti-douleur vides, éparpillés sur le sol : c'est l'hôpital.

Mon habit de l'armée de libération vietnamienne fait forte impression parmi la foule attroupée, mais le climat de frayeur qui remplit l'air laisse place à des conversations qui allègent l'atmosphère. Je m'assieds sur une roche plate et laisse un coin pour Phan qui m'accompagne. Il m'offre le hamac comme coussin, encore essoufflé de sa course, puis me dit en hochant la tête :

— Les hommes sont incapables de contrôler leur propre vie, comment peuvent-ils être bornés au point de vouloir contrôler l'univers ?

— Les Américains viennent souvent vous bombarder comme ça ?

— Certains jours nous avons compté plus de deux cents vols de B-52, pourtant officiellement nous ne sommes même pas en guerre... Les hommes s'entre-détruisent sans réaliser que nous sommes tous dans le même bateau, et que si ce bateau chavire, nous sombrerons tous.

La rumeur s'élève de nouveau et s'engouffre entre les parois de la cave. Des enfants hurlent, les familles se resserrent sur elles-mêmes. Le bombardier revient. Le feu qu'il laisse derrière fait trembler le sol, le son m'entoure, m'étouffe. S'il touche l'entrée, elle s'écroulera sur nous. Je me replie en boule, contemple les enfants blottis contre leurs parents. Des images de ma mère se bousculent en moi. Elle... mon frère... mon père... ma vie... Je n'arrive plus à dominer la peine qui me submerge. J'enfonce ma figure entre mes genoux. Les explosions qui nous entourent enter-

rent ma honte. Une main se pose sur mon épaule. Sans avoir la force de lever les yeux, je m'exclame :

— Qu'est-ce que je fous ici... je ne devrais pas être ici !

— Nous partons bientôt.

Liaojan ! Je me redresse aussitôt, élimine rapidement toute trace de larme sur mon visage. « Après le passage de ce bombardier, nous devrons décamper. » Je n'arrive pas à dissimuler mon malaise. Elle s'éloigne, à mon grand soulagement. Phan, toujours à mes côtés, me regarde paisiblement :

— Tu ne devrais pas être ici mon garçon ? Penses-tu vraiment que tu possèdes autant de contrôle sur ta propre vie ?

Je hoche la tête d'incompréhension, me parle à moi-même :

— Avoir à tout recommencer, je ne sais pas si je ferais les mêmes choix.

— Quels choix ? Ta voie n'est pas une idée ou un plan que ton intellect a créé ou choisi. Elle est totalement indépendante de ta volonté.

— Mais j'ai décidé ! Je me suis placé dans cette situation.

— Tu peux choisir de réaliser ou de ne pas réaliser ce que tu es fondamentalement, mais en aucun cas tu ne peux le corriger, le changer, l'amoindrir ou le remplacer. La vie est un combat désespéré pour réussir à devenir ce que nous avons été appelés à devenir.

— Qu'est-ce que j'ai été appelé à devenir dans ce trou ?

Phan m'offre du riz encore croquant, s'excusant pour sa cuisson interrompue, puis continue sans modifier son ton :

— Les réponses sont inscrites en nous, ta voie est déjà tracée. Tu n'as pas à intervenir, comme l'arbre n'a pas à penser pour se

débarrasser de ses feuilles. Lorsque ton esprit est libre des perceptions et du conditionnement, il est dans un état d'inaction, de spontanéité naturelle, dans lequel il n'y a rien qu'il ne peut accomplir.

— Arrêter de penser ?

— L'eau boueuse se clarifie lorsqu'elle est calme, tel un miroir, elle réfléchit alors le ciel sans effort. Si l'eau tire sa lucidité de l'inaction, encore bien davantage l'esprit humain qui une fois au repos, reflète l'univers entier. Sans bouger tu sauras, sans regarder tu verras, sans faire tu réussiras. Il faut libérer son esprit des perturbations, ne pas tenter d'interférer ou de gêner le déroulement naturel des choses pour que, tel un météore dans la nuit la plus obscure, la Voie s'éclaire devant nos yeux.

— Mais pourquoi ma voie me pousserait-elle à placer ma vie en danger ?

— La vie est un naufrage permanent, pourtant l'homme qui se croit en sécurité perd la peur de ce naufrage, le sentiment de péril, et se charge de mille fardeaux inutiles, d'un superflu qui lui fait perdre contact avec ses sens, qui entrave la substance même de sa vie. Le futile prend alors la place de l'essentiel.

La dernière série d'explosions s'éteint au loin. La silhouette de Liaojan se dresse à contre-jour près d'un feu, elle me fait signe de la main : nous partons. Avant le lever du jour nous devrons avoir atteint la piste *Hô Chi Minh*.

Phan se redresse pour me saluer. Aussitôt mon dos tourné, il se met à chantonner. Je le quitte aussi brusquement que je l'ai rencontré, mais je ne le quitte que physiquement. Ses paroles voyagent en moi plusieurs heures durant.

*

Nous délaissons cette route de terre, avançons à travers les hautes herbes et rejoignons la jungle qui s'épaissit en même temps que la noirceur. Bien vite je n'arrive que difficilement à voir, mais Liaojan connaît parfaitement son chemin. Je ne fais que suivre la lueur blanchâtre qu'elle produit. Sa blessure ne semble plus la gêner, j'ai de la difficulté à suivre son rythme. Une étrange tension m'habite depuis qu'elle m'a averti de ne pas parler, de ne faire aucun bruit. En fait, c'est une tension qui m'habite trop régulièrement ces derniers temps.

Une curieuse carcasse se détache de l'obscurité. Un char d'assaut calciné, orphelin métallique dans cette jungle. « L'armée loyaliste du Laos voulait nous surprendre » me chuchote placidement Liaojan sans cesser sa course. « Ils ont poussé le char à mains d'hommes, moteur éteint, dans la nuit. Mais nous les avons interceptés et exterminés. Nous ne sommes nulle part et partout à la fois. » Un craquement, je m'aperçois que nous ne marchons plus seuls. Des ombres nous escortent silencieusement.

Une lumière, faible, s'illumine par intermittence à travers les branches. Derrière des barbelés se rassemblent tentes et équipement. Les arbres cajolent ce campement au point qu'on ne peut distinguer aucune étoile. Liaojan me pointe un hamac. « Dors, tu as besoin de toute ton énergie, car demain sera le premier jour de notre périple, l'atteinte de notre objectif : le Vietnam du sud. »

Je ne suis pas pressé… Les plusieurs mois qui nous séparent de notre but sont bien peu puisque j'ai appris que notre destination finale est un *no man's land* à quelques dizaines de kilomètres du centre de commandement ennemi, la base centrale de l'armée américaine : Saigon.[1]

---

1 Voir annexe 1

Il faut détruire l'impérialisme par l'élimination de son bastion le plus fort : la domination des États-Unis. Il faut pour cela créer deux, trois, plusieurs Vietnam, pour obliger l'impérialisme à disperser ses forces.

Peu importe le lieu où me surprendra la mort, qu'elle soit la bienvenue, pourvu que notre appel soit entendu, qu'une autre main se tende pour empoigner nos armes, et que dans le crépitement des mitrailleuses, d'autres hommes se lèvent pour entonner les chants funèbres, et pour pousser les nouveaux cris de guerre et de victoire.

Je ne sais pas qui est ce *Che Guevara*, mais sa citation est griffonnée sur le plafond qui surplombe mon hamac. Je m'en extirpe et remets mon pantalon. Je l'avais roulé en boule pour y poser ma tête. À voir les piqûres de moustiques qui garnissent mes jambes, je crois que je vais me passer d'oreiller la nuit prochaine.

On me sert un thé dans une boîte de conserve vide. En quelques gorgées, je termine mon déjeuner. La nuit a été courte, un léopard s'est attaqué bruyamment à nos provisions. Sa viande sera au menu ce midi, nous annonce fièrement le cuisinier tout en caressant son fusil. Je me recouvre de branchages et de feuilles, de la tête aux pieds, afin de me confondre avec la végétation. Il est quatre heures du matin, l'heure de notre départ a sonné.

En quelques jours, le long des tunnels de verdure invisibles de la piste *Hô Chi Minh*, nous avons rejoint une véritable armée de *dân công*.

Ces porteurs de l'armée de libération du nord, comme moi, transportent de l'artillerie en pièces détachées, des vivres et des munitions empaquetés sur des vélos. Nous gagnons lentement mais sûrement le Vietnam du sud pour ravitailler les Vietcongs, dissidents communistes combattant le pouvoir impérialiste en place, tapis dans leurs maquis.

Des jours et des semaines durant, tantôt chauffé par un soleil torride, tantôt noyé sous les averses tropicales, ma bicyclette chargée d'impressionnantes caisses traverse la jungle. J'ai noué mon sabre au guidon comme un trophée, une figure de proue. Sommes-nous encore au Laos, foulons-nous le sol vietnamien ou arrivons-nous du côté cambodgien de la frontière ? Je ne sais plus. Je n'ai plus de notion du temps, je ne suis qu'une mule, ne fais que suivre ce réseau complexe de pistes, de routes en gravelle, savamment entretenu par d'innombrables femmes, fermiers, enfants, soldats…

Autour de nous, les cicatrices qui ponctuent la jungle me préparent au pire, me rappellent que chacun de mes pas me rapproche de la gueule du loup vers laquelle nous nous destinons. Un troupeau d'éléphants calciné au napalm, une végétation anéantie par l'usage massif de défoliant dans le but de nous repérer, des traces d'opérations au sol meurtrières… La machine de guerre américaine est déterminée à détruire la piste *Hô Chi Minh*, couper à n'importe quel prix ce cordon ombilical entre les communistes au Nord et les Vietcongs retranchés au sud.

La rivière me baigne jusqu'aux mollets, sont fond a été aplani. Elle fait office de route, ne laisse aucune trace de notre passage. Bien que les défoliants aient supprimé des pans entiers de la jungle et que plusieurs arbres perdent d'eux-mêmes leur feuillage durant cette saison sèche afin de conserver leur eau, une voûte en bambous recouverte de feuilles de bananier nous abrite, même le soleil ne peut nous épier. Quelques écureuils volants décampent au son d'une rafale de mitraillette au loin. Notre prochain arrêt, notre seul, est notre campement pour la nuit.

Aux endroits les plus inusités, au milieu de cette jungle, nous croisons baraques souterraines, ateliers de réparation mécanique entre deux arbres, bureaux de commandement dans une tente, hamacs suspendus sous un toit de fortune, dépôts de munitions et d'essence, caves pour entreposer les réserves... Rien n'a été laissé au hasard. L'organisation dispose de peu de moyens, par contre, le temps, la main-d'œuvre et la volonté sont quasi illimités.

Une percée sous la terre s'ouvre à ma gauche, mon regard s'y infiltre et aboutit sur un homme qui me somme de l'aider. Je suis dans un hôpital. Je pose ma bicyclette avec joie, sors enfin les pieds de l'eau froide. Il s'agit de transférer un malade de son hamac à la table d'opération. Je m'approche, stop ! Mon corps ne répond plus, figé. Devant la honte que me procure ma réaction, je reprends contrôle de mon visage mais ne peux empêcher la nausée qui me retourne l'estomac. La peau du patient semble de la cire fondue, coulée sur son corps. Les plis de son front lui pendent au-dessus les yeux, des ouvertures dans sa poitrine laissent poindre ses os... « Un, deux, trois ! » Nous le soulevons dans un océan de cris inhumains qui s'échappent de sa bouche en lambeaux, interminables. Ma prise se perd dans sa peau flasque. Je le dépose sur la table d'opération et m'agenouille. Mes sens ont cessé de percevoir, incapable de me mouvoir. Une gifle au visage me ramène douloureusement à la réalité, le docteur m'ordonne de partir, il n'a pas besoin d'un autre client.

— Mais qu'est-ce qu'il a ? demandé-je faiblement en pointant des yeux cette loque humaine.

— Oh, dernière trouvaille de nos amis américains... Des bombes au phosphore, me répond sèchement le médecin.

Je préférerais mourir. Je m'éloigne et rejoins ma bicyclette. Le contact de l'eau me redonne un peu d'énergie. Quelques macaques s'amusent entre les branches. Un soldat pose sa bicyclette et tente de les atteindre à l'aide de roches... il a faim.

Un oiseau orné d'une poitrine rouge se propulse devant moi, ses ailes se replient tout juste pour lui permettre de pénétrer un buisson qui ondule. Du coin de l'œil, je remarque une tache sombre sur mon poignet. Je le secoue, non. Je frotte ma main contre mon pantalon, la tache laisse place à une traînée de sang. Une sangsue ! Gluantes, elles entrent dans mes bottes et sur mon corps, sous mon treillis de combat. Elles ne proviennent pas de l'eau mais descendent des arbres, des branches, patientent sur les feuilles des plantes. Dès qu'elles flairent le sang, elles se dressent, attendent qu'on les frôle pour se coller à nous, trouver un coin de peau, traverser nos bas. Trop nombreuses pour qu'on se soucie de s'en débarrasser. Ma sueur est froide, réaction du corps contre la perte de sang. Suçant à saturation, ces bestioles plus larges qu'un doigt se gonflent comme des balles avant de tomber d'elles-mêmes. Une rumeur circule qu'une espèce, plus dangereuse, peut même s'infiltrer dans l'orifice de l'organe sexuel, masculin autant que féminin, et y rester des jours durant, causant une douleur indescriptible... La pensée me rend fou, je n'arrive plus à en libérer mon esprit. Mes mains parcourent mon corps frénétiquement à leur recherche. Une roue de bicyclette me mord le mollet. Je ne peux avancer plus rapidement, je suis le soldat devant moi. La roue percute à présent ma bicyclette, la fait déraper. Je me retourne, enragé. C'est Liaojan, elle revêt un sourire moqueur. Depuis quelques jours, j'avais perdu sa trace. Elle m'a finalement rejoint.

Je pose ma bicyclette contre un arbre, vais me rafraîchir le visage dans l'eau de la rivière que l'on quitte à présent pour s'engager dans la jungle profonde. Accroupi dans un rayon de soleil, je discerne dans le reflet de l'eau le visage de Liaojan qui se penche près de moi. Tout en arrachant une sangsue de mon cou, elle me demande :

— Qu'est-ce que tu vois quand tu regardes l'eau ?

— Je vois mon reflet.

À peine ai-je répondu qu'elle se place au-dessus de moi et masque le soleil. Aussitôt mon reflet disparaît pour laisser apparaître le

fond boueux de la rivière, la sangsue qui y nage. Elle continue :
« Un jour mon père m'a dit que quand tout va bien, lorsque notre
vie est lumineuse, on ne regarde qu'en surface, notre être réfléchit
le soleil. Par contre, lorsque des nuages apparaissent dans notre vie
et qu'elle devient sombre, noire, alors on doit regarder au fond des
choses, sans distorsion, et sonder notre âme. »

Liaojan se relève, reprend sa marche en ajoutant comme pour
elle-même : « Je ne regarde plus la surface des choses depuis
longtemps… »

*

Nous longeons une paroi rocheuse qui s'enfonce et s'enfonce dans
le creux d'une vallée. Ma bicyclette avance presque de son propre
gré, je ne fais que la diriger. C'est agréable, je souris, tiens le guidon d'un seul bras. Le sergent m'aperçoit, sa pomme d'Adam poin-
tue galope le long de son étroite gorge alors qu'il me lance en
rigolant : « Apprécie ton présent camarade, car ton futur sera l'enfer. » Sans trop comprendre, je suis des yeux son doigt qui me
pointe l'horizon. Devant nous se dresse une immense montagne.
Par le regard qu'il me sert, j'arrive à comprendre que notre prochaine étape, c'est ce sommet. Chaque pas que j'effectue vers le bas
devra être répété, cette fois vers le haut. Ma bicyclette sera alors
beaucoup moins coopérante. J'enrage et évite de justesse Liaojan,
accroupie en bordure de la piste. Je lui demande si elle va bien. A-
t-elle découvert un serpent ou un scorpion tant redouté ? Elle me
répond par un silence, son regard perçant fixe la terre, hypnotisé.
Je me penche à mon tour pour découvrir une véritable colonne
de fourmis, d'une dizaine de centimètres de large. Telle une artère
vigoureuse, ces insectes inondent une branche à une cadence
incroyable; leur courant transporte brindilles, roches, nourriture.
D'immenses gardiens, plusieurs fois leur taille, les encadrent,
veillent à la sécurité. Le flot des travailleurs semble infini,
envoûtant.

— Ces fourmis forment un tout, émet Liaojan. Chaque membre n'est probablement même pas conscient de son existence individuelle. Chaque fourmi représente une cellule d'un corps entier : la fourmilière. Si chaque humain se concevait comme la cellule d'un seul et même corps, l'humanité, personne ne pourrait placer ses propres intérêts avant celui de la société. Voilà le monde idéal. Voilà, d'après moi, ce que Hô Chi Minh veut atteindre.

— Tu l'as déjà rencontré ?

— Il est décédé, me répond le sergent qui nous a rejoints. Mais il vit toujours en chacun de nous comme une chandelle que rien ni personne ne pourra éteindre.

— Il est mort ? Je croyais...

— Tous les hommes disparaissent avec le temps, même ceux qui nous guident. C'est pourquoi il faut devenir son propre maître, développer son propre potentiel, devenir son propre refuge, ajoute Liaojan en reprenant le chemin.

La pente ascendante vient de débuter. Malgré le souffle qui lui manque, l'effort qu'il doit fournir, la passion du sergent pour Hô Chi Minh lui donne l'énergie de m'en parler :

— Comme nous, l'oncle Hô a souffert. Comme nous, l'oncle Hô a combattu !

— Nous n'avons plus rien à perdre, notre existence n'est destinée qu'à combattre l'oppression, le coupe-t-elle.

Il poursuit sa lancée :

— Nguyen Ai Quoc, c'était son nom. Durant le colonialisme, n'étant ni français, ni catholique, il était incapable de se trouver un bon travail. Il s'engagea donc comme aide-cuisinier sur un bateau qui lui permit de voir l'Europe, de constater que la misère existait aussi dans ces pays théori-

quement parfaits; puis l'Afrique, pour apprendre qu'à travers le monde, les colonisés souffrent des mêmes injustices. À partir de là, il se donna pour mission de retourner dans son Vietnam natal et de travailler avec les masses, les éduquer, les organiser, les unir et les entraîner en vue de la lutte pour la liberté et l'indépendance. Pour tromper les services secrets qui le traquaient, il adopta le nom de Hô Chi Minh, *l'oncle à la volonté éclairée.*

— Grâce à lui, poursuit Liaojan derrière moi, nous possédons un nouvel hymne national, une nouvelle armée, un nouveau gouvernement, un nouvel ordre social et un nouveau drapeau.

Le sergent sort un drapeau méticuleusement plié de sa poche.

— La partie du dessus est rouge pour symboliser le communisme, et la partie du dessous est bleue, pour symboliser le capitalisme, m'explique-t-elle.

Le sergent répond à mon air interrogateur :

— Une fois les colonisateurs français chassés, au lieu de reconnaître notre indépendance, les Nations-Unies ont divisé notre pays en deux. Arbitrairement, le 17e parallèle est devenu une zone démilitarisée pour séparer le Nord communiste du Sud capitaliste. C'est pour cela que notre drapeau est aussi séparé en deux.

— Et l'étoile jaune au centre nous représente, le peuple, divisé en deux, poursuit Liaojan, entre deux souffles. Aucun de nous ne dormira en paix tant que notre drapeau sera souillé d'une partie bleue !

Le sergent replace alors le drapeau dans sa poche en le caressant du pouce.

— Mon frère me l'a donné le jour du discours de Hô Chi Minh à Hanoi. Je m'en souviens comme si c'était hier, poursuit-il

avec émotion. Il y avait un océan de monde, jamais je ne pensais qu'il pouvait y avoir tant de gens dans notre pays. Mon frère me portait sur ses épaules pour que je voie l'oncle Hô. Habillé de sa vieille casquette kaki et de son simple habit militaire, il s'avança sous les applaudissements assourdissants de la foule et débuta son discours en affirmant que tous les humains sur terre sont égaux, puis s'arrêta, replaça son micro et nous demanda : *Compatriotes, est-ce que vous m'entendez assez bien ?* En réponse à cette question de notre président, un demi million de voix s'unirent pour répondre avec la fougue du tonnerre : *OUI !* Rien ne le séparait plus de son peuple. J'avais l'impression qu'il me regardait droit dans les yeux, qu'il me parlait, à moi. À ce moment je sus qu'il m'aimait autant qu'un père. De cette journée historique, cet instant est pour moi...

Une explosion se fait entendre. Puis une autre, puis des autres. Toujours précédées du sifflement descendant de l'obus. Des tirs d'artillerie ! Mon regard se perd entre les arbres, de la fumée s'élève au loin. Je me retourne, le sergent n'est plus à mes côtés, il fonce vers la tête de division. Les soldats autour de moi camouflent rapidement leurs bicyclettes dans la forêt, agrippent leurs armes, s'agenouillent. Le tremblement des explosions laisse place à une rumeur qui s'installe, qui gronde, les battements menaçants d'hélicoptères qui s'approchent.

Le sergent réapparaît, couvert de sueur, et fait signe aux soldats de s'approcher pour leur transmettre les ordres. Il gesticule avec des bras dont la maigreur souligne la longueur. Un débarquement de troupes américaines se prépare, trop près de la piste pour qu'on les ignore. Il faut les neutraliser à tout prix. Je perçois dans leurs yeux une joie immense, comme s'ils s'étaient entraînés leur vie entière pour cet objectif, et qu'enfin ce grand moment était arrivé. Nous courons à toutes jambes entre les arbres, en direction des colonnes de fumée.

La forêt recouvre complètement ces hauts plateaux. Nous escaladons une pente fortement escarpée, recouverte d'arbres atteignant

plus de trente mètres. Des lianes à foison entourent les troncs et un feuillage touffu forme un écran de verdure masquant le ciel. Le son des hélicoptères se stabilise, des rafales de mitraillettes sont tirées à titre préventif : ils vont bientôt atterrir.

Je combats la nature à chaque pas. Entre les bosquets d'arbres enchevêtrés par une multitude de plantes grimpantes, s'étalent des touffes de bambou, des fourrés épineux de trois mètres de haut et des herbes à éléphants, parfois grosses comme le pouce, coupantes comme des lames de rasoir. Sur ce terrain traversé d'innombrables sources, j'avance à pas de tortue malgré mes efforts. Je réalise à quel point l'hélicoptère américain est une arme redoutable. Il peut partir en éclaireur, recueillir des informations grâce à ses appareils photographiques, participer à l'attaque, à l'encerclement, à la poursuite, matraquer l'adversaire au canon, à la fusée, à la mitrailleuse… Mais, pire que tout, il peut apparaître n'importe où, n'importe quand, et débarquer matériel et GI. « Ils ne doivent pas parvenir vivants à la piste » me hurle Liaojan, tout en accélérant le pas.

Je me plaque contre le sol. Les voilà ! Le dernier hélicoptère se pose dans la clairière que nous surplombons, vomit une autre dizaine de GI dans la fumée jaune qui s'élève en tourbillon. L'hélicoptère porte l'emblème d'un cheval noir et jaune. « La première division de la cavalerie volante » m'apprend Liaojan. L'appareil, une fois vidé, s'élève aussitôt, rejoint les autres, et ils s'éloignent comme un essaim de guêpes rasant les arbres, assourdissants, massacrant le calme de la jungle. Des tonnes d'acier défiant la gravité.

Les GI qui se réfugient à la course paraissent immenses, leurs armes démesurées. C'est ma mort que je contemple. Le sergent, bombe d'énergie, rejoint Liaojan à mes côtés : « À l'ouest se trouve la plantation de caoutchouc Michelin. Ils vont donc sûrement patrouiller vers l'est » affirme-t-il entre deux souffles. Vers l'est… vers la piste Hô Chi Minh qu'il faut défendre au prix de nos vies. Une boule se noue dans mon ventre.

Le sergent, d'une tape sur l'épaule, me ramène en ce monde : « Nous aimerions bien sûr avoir l'avis de l'armée chinoise ! » L'incertitude recouvre mon visage. « Oui, poursuit Liaojan d'un ton malveillant, qu'est que le grand stratège Mao ferait dans une situation pareille ? » Un coup de couteau en plein cœur, son intervention n'est destinée qu'à me trahir. L'inconfort se dessine sur mon visage. Il faut à tout prix me débarrasser de l'attention qui est tombée sur moi. Je serre les points, honteux de ne pas savoir quoi répondre. Le sang recouvre mes mains, la végétation m'a lacéré. Je parle tout bas :

— Immenses comme ils sont, j'essaierais à tout prix d'éviter ces satanées plantes coupantes…

— La rivière ! Elle forme un corridor dans la jungle ! continue le sergent enjoué. Oui, c'est le seul moyen d'avancer sans se déchirer contre les herbes ou les branches… Nous allons leur préparer un bel accueil, conclut-il en repartant à la course.

Liaojan, toujours assise, me fixe sans expression. Elle me hante. « Je ne suis pas un ennemi ! » lui crié-je en lui tournant le dos.

Je rejoins à la course la jungle profonde, nos soldats se stationnent aux abords de la rivière. Notre unique avantage, notre arme la plus puissante, est la connaissance du terrain. Le facteur de surprise doit à lui seul pallier l'insuffisance de nos effectifs. Le sergent passe le mot : « nous devons être mobiles, se disperser en de nombreuses unités pouvant disparaître pour réapparaître aussitôt. »

Rapidement, l'embuscade se met en place, des mines sont installées, reliées à de longs fils. Tout autour de moi, des hommes disparaissent entre les arbres, s'évanouissent dans la forêt, se fondent dans le paysage. La jungle cache nos soldats, elle encercle nos ennemis. Liaojan me rejoint et m'ordonne de m'enfouir sous les feuilles. Je lui fais signe que je n'ai pas d'arme. Elle me tend un pistolet et un poignard. En ouvrant le chargeur, elle me montre qu'il ne reste que trois balles. En cas de nécessité, je devrai utiliser la lame.

Je ne bouge plus, n'ose même plus respirer. Et si on se trompait ? Si je me trompais ! Et si les GI arrivaient par derrière ? L'attente

est interminable, étouffée dans un silence des plus lourds. Et puis ça y est ! Tout d'abord, je ne distingue que des feuilles qui bougent, un léger bruissement. Puis, j'arrive à le distinguer, son casque, sa mitraillette. Il avance pas à pas, s'accroupit, ne bouge plus. Nous a-t-il remarqués ? Il se redresse lentement, et de la main fait signe. D'autres silhouettes se détachent de la nature, progressent lentement parmi les arbres. La forêt est si dense que les commandants sont isolés de leurs bataillons, les capitaines séparés de leurs compagnies, les sections coupées en tronçons. Mais ils se rejoignent sur la piste étroite que forme la rivière, avancent en file indienne. Manœuvrant sur un terrain accidenté, embarrassés par leur matériel, gênés par la chaleur, les moustiques, les sangsues, ils paraissent rigides, inconfortables, inefficaces. Empêtrés dans cette forêt inextricable et dépourvue de points de repère, ils se groupent en vue d'une offensive, alors qu'ils devraient s'éparpiller pour occuper le terrain. Mais leur nombre est effrayant. Je les regarde s'approcher : vision d'une mort annoncée.

Leur éclaireur progresse avec une extrême prudence, s'arrête pour tendre l'oreille. Soudainement, il se tourne vers moi, pointe son arme dans ma direction. Un tremblement me parcourt. Il me regarde. M'a-t-il vu ? Un bruissement derrière moi m'annonce que non. Un autre éclaireur ! Il a fait le tour, revient vers le groupe, marche vers moi ! Il piétine les premiers branchages qui me recouvrent, foule la terre déblayée. Sa radio émet des interférences, entrecoupées de quelques mots : « *Task force alpha... Seek 'n' destroy... Clear...* » J'ai envie de crier, de dormir, de mourir. Je serre le pistolet, place mon doigt sur la gâchette, mais jamais je n'aurai le temps de... Des explosions ! Les mines éclatent au cœur de la formation ennemie. L'éclaireur tombe lourdement à mes côtés, il hurle alors que Liaojan lui retire sèchement la baïonnette du dos. Je relève la tête, elle décampe.

Profitant de la confusion qui règne, tous déferlent pour un corps à corps avec les GI avant que ces derniers, courbés sous leur fardeau, n'aient songé à se défendre ou à fuir. Insaisissables et multiformes,

nos soldats apparaissent à l'improviste, se dispersent, se regroupent avec la rapidité de la foudre, frappent simultanément de tous les côtés. En un instant, tout un enfer se déploie devant les GI héliportés. Les hommes s'effondrent. La formation ennemie est morcelée, notre attaque-éclair a anéanti ses forces vives. Les mitrailleuses se déchargent dans une tempête assourdissante sur toute la longueur de la piste. L'air se remplit de l'odeur de l'huile à fusil, mêlée à l'arrière-goût âcre de la poudre explosée. Des cris... Quelques blessés tentent de s'enfuir.

Un GI se dresse avec son lance-flammes, mais une balle perdue l'atteint et fait exploser les bonbonnes sur son dos. Je me couvre les oreilles, me tapis plus profondément sous les feuilles, incapable de bouger. Mon corps ne m'obéit plus, je ferme les yeux.

« Où étais-tu !? » La voix de Liaojan s'élève avec autorité au-dessus de moi. Elle m'assène un violent coup de pied dans les côtes. Impossible de répondre. « Donne-moi ton arme ! » m'ordonne-t-elle. Je m'exécute. « Le canon est froid ! Tu n'as pas tiré un seul coup ! » me crie-t-elle. Je suis au bord d'un gouffre, je n'arrive pas à répondre. « Si jamais ça se reproduit, je te tuerai moi-même. »

Liaojan fouille le soldat américain étendu à mes côtés. L'impressionnant équipement du GI doit peser des dizaines de kilos. Vivres, munitions, mines, des rations de repas, des vêtements... et des grenades. Liaojan lui en dérobe une. Je la regarde, elle, sandales de caoutchouc, cartouchières autour de la poitrine, l'arme à la bretelle, un boudin de riz sur l'épaule. David contre Goliath.

Des tirs au loin, un cri. Elle me soulève par le bras, se plaque le visage contre le mien :

— Sais-tu pourquoi tu restes figé ?

— ...j'ai peur !

— Nous avons tous peur ! Mais tu es paralysé car tu t'accroches à l'espoir de sauver ta peau. » Elle m'empoigne par la chemi-

se. « Le seul espoir que tu as est d'accepter le fait que tu es déjà mort. M'entends-tu ! Seule l'idée de la mort te détachera suffisamment pour être capable d'accomplir ce que tu dois accomplir. »

Elle observe la forêt au loin, les rafales de mitraillettes sont parsemées d'explosions, puis son attention retombe lourdement sur moi :

— Nos camarades comptent sur toi. S'ils meurent par ta faute, alors tu es bel et bien un ennemi. Maintenant suis-moi !

— Je ne peux pas… Je n'en ai pas la force…

— Celui qui n'en a pas la force tombe épuisé à mi-chemin. Toi, tu ne fais que t'assigner des limites !

Elle me soulève par le bras et décampe entre les branches. Plus je progresse dans ce champ de bataille, plus mon regard s'embrouille, ma tête veut exploser. J'avance, alors que tout mon corps me dicte de reculer. Je cours et je cours, alors que tout mon être m'impose d'arrêter. Mon estomac se retourne, je m'effondre violemment en vomissant tout ce que j'ai dans le ventre. Je flotte dans un océan noir, peuplé de confusion. Des déflagrations au loin, une explosion, des hurlements. Je place ma tête sous mes bras, mais j'entends toujours. Non, je dois dominer mon corps, je lui offrirai la mort s'il le faut ! Je me lève péniblement et me remets à courir, étourdi, le poignard au poing.

Les cris se dissipent. Un coup de feu, un autre, puis plus rien. Je traverse de longues herbes qui déchirent ma chemise. J'entrevois Liaojan, devant, qui gravit une pente rocailleuse. Du haut de cette falaise, nous observons un hélicoptère qui s'approche. Entre les arbres en contrebas, des GI blessés sont rassemblés. L'hélicoptère les survole et de son flanc, attaché à un câble métallique, un support descend entre les branchages, remonte les GI blessés un à un. L'hélicoptère se maintient à une dizaine de mètres d'altitude, ses mitraillettes crachent des rafales tout autour. Liaojan me fait signe, elle veut s'approcher. Je suis figé. Elle me frappe le visage, hurle sa

rage. Je descends lentement derrière elle, atterris dans un bosquet de bambou. En rampant, nous arrivons à distinguer les derniers blessés qui attendent de se faire remonter, escortés par un GI lourdement armé. « Viens avec moi ! » Non. Elle me secoue, mais rien n'y fait cette fois-ci, je suis enraciné à même la terre. Ce n'est que depuis que je côtoie la mort que j'ai compris l'importance de la vie. Impatiente, furieuse, Liaojan s'éloigne en rampant, me lance un coup de pied en passant. Je ne veux plus rien savoir.

Le dernier blessé est remonté, le monte-charge redescend une dernière fois, cette fois-ci pour remonter le GI armé. Liaojan ! Je la vois ! Elle s'approche lentement, derrière ce garde qui est en train de s'arrimer. Mais une fois assis, le message de confirmation radio envoyé, le câble de métal qui remonte tourne sur lui-même, le GI pivote lentement en direction de Liaojan ! Elle fige sur place. Sans penser, je me lève et hurle comme un loup, à pleins poumons. Le GI tourne la tête vers moi, me repère, pointe sa mitrailleuse… Aussitôt, un couteau lui tranche la gorge. Liaojan. Il continue de s'élever, la tête pendante, mais solidement attachée. Liaojan sort de ses poches la grenade, la dégoupille. Le GI mort monte toujours, elle arrive à tailler une ouverture dans le bas de son pantalon, et en sautant y glisse la grenade. Tout se fait si rapidement. Elle court vers moi à toutes jambes. Le mitrailleur de l'hélicoptère l'aperçoit entre les arbres et lui dédie ses rafales. Je plonge avec elle dans le bosquet de bambou qui est transpercé de balles. Des mains empoignent le GI mort. *Swouch !* Une boule de feu inonde tout. La déflagration m'aveugle, j'ai l'impression que mes oreilles vont s'arracher. L'hélicoptère s'effondre lourdement sur le sol dans un bruit de fin du monde, embrasant les arbres. Liaojan reprend son souffle, la tête contre mon ventre, puis elle lève les yeux, me regarde, étonnée, essoufflée.

— Merci ! Je… Je…

Un sursaut, l'hélicoptère est secoué par une autre explosion. Liaojan semble reprendre conscience, la panique la gagne, elle s'appuie contre ma poitrine pour se relever.

— Viens vite ! Il faut se sauver !

— Liaojan, je suis…

Elle me tire violemment le bras.

— Viens ! Ils ont certainement communiqué notre position à l'aviation. Il faut disparaître avant que le napalm ne nous trouve !

Je gravis la falaise, traverse arbres et buissons. J'ai perdu de vue Liaojan, bien plus agile. La peur qui s'empare de moi nourrit ma course effrénée.

Des cadavres tout autour : la rivière ! Je retrouve la piste, ma bicyclette contre l'arbre, y arrache mon sabre. « Sauve-toi ! » Je me retourne, le sergent me regarde d'un air effrayé, son corps est contorsionné sous des débris. J'arrive difficilement à le comprendre, mes oreilles sillent. « Sauve-toi, ils ont transmis notre position, ils arrivent ! » Je saute sur lui et le retourne. Sa respiration est saccadée, douloureuse. Un son naît derrière la colline. Un son que j'ai appris à haïr. Tous mes sens m'ordonnent de ne pas rester là. Je hurle de panique, saisis le sergent pour le soulever. Je n'y arrive pas, ma main ne trouve que la chaleur de son sang. Il a perdu son bras ! Je place le sabre en bandoulière et attrape le sergent par la taille. Je me débats. Mes pieds s'enfoncent dans la terre, son sang me coule sur le visage. Je le tiens sur mes épaules et avance, pas à pas. La pente descend, trop. Je ne contrôle plus ma vitesse, me concentre uniquement à placer mes pieds l'un devant l'autre à temps. Les avions nous rejoignent rapidement. Leurs réacteurs m'étourdissent. Plus vite, plus vite. L'enfer se déchaîne. Son souffle me projette vers l'avant. Le sergent s'effondre lourdement sur moi. Un brasier naît derrière, le son des flammes qui calcinent les arbres est agressif, colérique. Mes mollets brûlent. Je les remue frénétiquement pour que la terre les recouvre de sa fraîcheur. L'odeur d'essence me remplit les poumons, mais peu à peu elle laisse place à une odeur intolérable. Je me tortille pour me libérer la tête. Les chasseurs

transpercent le ciel, l'explosion nous a recouverts de terre. Je tente de reconquérir ma lucidité. Le sergent m'écrase, je hurle. Dans le ciel, quatre avions en formation s'éloignent. Le vent furieux de leurs réacteurs tord les arbres, attise le feu qu'ils ont allumé, infernal. La jungle derrière moi n'est que brasier, un souffle chargé de poussière me pétrit le visage. L'explosion nous a ratés de peu. Je ne leur donnerai pas la chance de se reprendre. Je dois m'éloigner.

Je me détache du sergent qui me recouvre d'une odeur de chair brûlée. Mes vêtements sont maculés de sang. Je parcours mon corps, affolé, je ne trouve aucune blessure, jusqu'à ce que je ne comprenne que ce sang n'est pas le mien. Le sergent regarde l'au-delà avec des yeux vitreux, son corps frêle repose sans souffle, ses mains sont entrouvertes comme s'il avait échappé sa vie. Je n'arrive pas à discerner où les lambeaux de son uniforme cessent et où la peau de son dos calciné débute. Je lutte contre ma nausée et le retourne, déchire la poche de son pantalon pour prendre son drapeau. Je serre le manche de mon sabre et laisse tout le reste derrière.

Je me sens à des milliers de kilomètres de moi-même, regardant ma propre course de là-haut, comme s'il s'agissait d'un pantin. Je n'ai ni sentiment, ni peur, ni panique, ni tristesse. J'avance, point. Je retourne en direction du campement que nous avons quitté ce matin. La marche est longue et pénible, mais je ne ressens aucune fatigue.

Dès que je rejoins la rivière, je m'accroupis dans son eau, elle caresse mes mollets endoloris. Je remarque d'autres blessés, on me fait signe. Les rescapés sont regroupés dans un abri de fortune. Les visages se crispent, des murmures se créent, mais personne n'ose élever la voix. Chaque présence est une victime de moins.

Sans trop comprendre pourquoi, un visage, puis un autre, puis un autre qui a remarqué l'autre me regarder... tous les visages finissent par se tourner vers moi, m'observent en silence. L'envoyé de Mao. Je sors mon sabre de l'étui que je porte en bandoulière. Lentement, j'extrais le drapeau du sergent de mes poches. Je passe son extrémité à travers la lame. Le drapeau y flotte, je le soulève à

bout de bras. Le sang du sergent l'a complètement baigné, la partie bleue du bas est à présent imbibée de rouge. Des sanglots éclatent… mais une voix s'élève, suivie par une autre, puis une autre. C'est l'hymne national, entonné par ceux qui en ont encore la force.

…Le lointain grondement des canons rythme les accents de notre marche. Le chemin de la gloire se pave de cadavres ennemis…

Une voix féminine s'ajoute, derrière moi.

…Courons vers le champ de bataille ! En avant ! Tous ensemble, en avant…

Liaojan apparaît, mitraillette à la main, son bras droit maculé de sang. Je redescends des nuages et réintègre mon corps. L'étrange bonheur de la revoir, de la savoir en vie… Je ne peux m'empêcher d'esquisser un sourire à son approche.

Son regard croise furtivement le mien, mais revêt une singulière intensité. Quelque chose dans ses yeux brillants témoigne du profond lien qui s'est tissé dans le sang. Quelque chose dans l'émotion engendrée par sa présence me fait réaliser que son combat est à présent le mien.

Les jours se suivent comme nos pas, interminables. De grands arbres touffus voilent le ciel, ne nous permettant que d'entrevoir les sommets que nous devinons tout autour. La chaleur est insupportable, mes vêtements sont baignés d'une humidité constante, éponges de sueur. Nous devons à présent cheminer en file indienne dans de profondes tranchées, car nous approchons parfois dangereusement de plantations de caoutchouc, d'agglomérations populeuses ou de forêts d'hévéas cultivées par l'ennemi. Entre les branches, j'arrive à discerner des rizières alternées de plateaux surélevés et de vastes clairières qui me rendent affreusement nerveux. Pistes d'atterrissages parfaites. Mon esprit confond parfois mon propre battement de cœur avec le bruit d'une nuée d'hélicoptères qui apparaîtrait entre les nuages. La peur m'est une compagne inséparable.

Un par un nous nous rejoignons, nous agglutinons, dans une salle creusée à même la terre. Quelque chose se trame. On me sépare de ma bicyclette, elle qui était devenue partie intégrante de moi-même au cours des derniers mois, qui accompagnait chacun de mes pas. On la décharge dans cet entrepôt improvisé. Je piétine, marche sur place, nerveux. Je saisis mon sabre, il comble mon vide. Un sentiment de panique s'élève en moi : nous sommes arrivés. « Nous nous trouvons à dix-sept kilomètres de la zone libérée, la zone sous contrôle Vietcong. Mais la piste *Hô Chi Minh* se termine ici » m'explique Liaojan qui vient me retrouver. La piste se

termine ici ? Alors comment… ? Ma question est interrompue brusquement à la vue de quelques chapeaux de paysans empilés sur des charrettes chargées de paille. L'insécurité que je noyais sous l'interminable rythme de mes pas se saisit de moi et m'étouffe. On m'offre des vêtements, une chemise de fermier. Je n'arrive que difficilement à nouer ses boutons. J'observe quelques caisses de munitions et des mitraillettes que l'on camoufle sous la paille. À peine le chapeau conique posé sur la tête, on me présente la charrette. Après tout ce que l'on vient de traverser… je croyais… j'espérais que le pire était derrière.

En pleine zone ennemie, nous devons parcourir les presque vingt kilomètres qui nous séparent de notre base totalement à découvert. Comme nous partons en groupes de deux pour ne pas nous faire remarquer, certains dormiront ici plusieurs jours avant leur départ. Étant le représentant de la Chine, l'honneur m'est donné de passer le premier; Liaojan s'offre sans mot dire pour m'accompagner. Je dissimule mon sabre dans le foin avec une attention exagérée. J'espère qu'à tout moment le réveil m'expulsera de ce cauchemar. Mais mes yeux sont déjà bien ouverts.

Je hâle la charrette maladroitement. À mesure que je quitte le refuge rassurant des arbres qui disparaissent derrière moi, mon corps est pris de légers spasmes, comme si le froid me mordait. Je serre les poignées pour empêcher mes mains de trembler. Sans ces branches qui me recouvrent, je me sens dénudé, fragile, exposé, mortel. Je fixe la terre rouge, me concentre sur ma respiration. Le chemin divise deux rizières, longues de quelques kilomètres, larges de plusieurs centaines de mètres, parsemées d'arbres et de buissons. Au loin, quelques modestes habitations se dressent, un village. Les maisonnettes de bambou se rapprochent, des visages nous fixent, aucun mot n'est échangé. Des enfants jouent avec des pierres. Quand on n'a pas ce que l'on aime, on aime ce que l'on a.

Devant une porte, Liaojan me fait signe de poser la charrette et d'entrer. Une vieille femme nous y attend, ridée par la vie, marquée par le temps. Elle nous offre un sourire édenté. Aussitôt la

porte refermée, elle déplace un tapis de sous son lit. Il dissimule une minuscule pièce souterraine. La vieille y disparaît complètement. Je fixe Liaojan avec étonnement. « Les Français enrôlaient de force tous les hommes, alors nous avons creusé des pièces secrètes pour nous éclipser. Mais depuis les Américains, il a fallu faire beaucoup mieux, les relier en tunnels... Attends de voir notre destination ! » me confie-t-elle.

La vieille ressort munie d'un chaudron rempli de minces plaquettes de riz. Du riz cuit, fermement compressé en rectangles d'à peine un centimètre d'épaisseur. Chacun ici semble représenter soit une menace, soit une opportunité.

Liaojan soulève le bas de mon pantalon et à l'aide de fines tiges d'écorce de bambou souples, elle s'applique à fixer le plus de plaquettes de riz possible contre mes jambes, vérifiant de temps en temps à ce qu'une fois les pantalons rabaissés, rien ne paraisse. Je me sens comme un épouvantail que l'on bourre. À son tour, la vieille déboutonne ma chemise de fermier et m'applique quelques plaquettes de riz autour de la poitrine. La gêne s'empare de moi. De sa voix tremblante, elle m'annonce simplement : « Ne t'inquiète pas, j'en ai vu d'autres... » Liaojan pouffe de rire, son visage s'illumine, douce infusion de sang. Elle m'annonce à son tour : « Tu te souviens je t'ai parlé de Duong Minh Chau ? Eh bien... c'est ici ! » Ici ! Ce simple village de huttes ? Son fameux Duong Minh Chau de la Zone de résistance C ?!?

Lorsque Liaojan me décrivait d'une voix enthousiaste cette zone — où les villages sont organisés en hameaux de combat munis de positions fortifiées, de tout un dispositif de points de départ et de positions de repli, où l'on protège le bétail, les réserves de riz et les biens, où l'on organise des classes et même des réunions culturelles, malgré le fait que depuis plus de vingt ans, d'une seconde à l'autre, les rizières, les jardins, les rigoles et canaux d'irrigation peuvent se transformer en champ de bataille; où le peuple mène une vie à peu près normale et se livre à la production de riz pour les troupes tout en se défendant contre les bombardements de

l'artillerie et de l'aviation, contre les fantassins et les commandos, les unités héliportées, les chars, les blindés ainsi que les espions envoyés par l'ennemi — je m'imaginais une véritable forteresse, des murs impénétrables, des tranchées de métal, des canons stationnés partout... pas un petit village de bambou où courent les poules, habité par des vieillards et des enfants. J'entends les jeunes dehors lancer leurs roches. Ils doivent s'entraîner à viser l'œil de Goliath...

La vieille recouvre sa pièce secrète. Mon opération *rembourrage* est terminée. « Remercie-la » me demande Liaojan, « son unité a détruit durant la nuit plusieurs tronçons de routes, rendant impraticable les voies de communication ennemies. Cela nous rendra la tâche plus facile durant quelques jours. » J'incline la tête devant la vieille, elle ajuste ma chemise une dernière fois puis nous émergeons sous le soleil impardonnable. La charrette empoignée, nous quittons le village.

Liaojan s'approche de moi; de ses yeux elle pointe à gauche, à droite, tout en me chuchotant : « Cette plaine est bourrée de mines et de pièges qui s'ouvrent sous le pied pour le transpercer de bambous effilés. Ils utilisent même des nids de guêpes et des serpents ! Pour freiner l'avance des chars, regarde ces profonds fossés camouflés sous l'herbe. Pour minimiser les pertes causées par les attaques venues du ciel, des dizaines de milliers d'abris souterrains de toutes sortes sont répandus un peu partout, dans les champs, sous les maisons, en plus des kilomètres de galeries souterraines, des centaines de kilomètres de tranchées et de boyaux de communication. Munis de simples bêches et de paniers de bambou, nous avons construit plus de deux cents kilomètres de tunnels seulement dans cette région. L'année dernière, plus de mille personnes vivaient sous le sol. La terre creusée était déversée dans les cratères de bombes ou dans les rivières pour ne pas être remarquée... »

Jamais je n'aurais cru que l'être humain pouvait être si ingénieux... sauf quand la mort le guette. « Nous devons faire corps avec la nature pour arriver à nous déplacer sous les rafales de balles et d'obus ennemis. Chaque habitant est un guérillero, chaque

quartier un bastion… » Elle cesse brusquement de parler. Mes yeux se soulèvent, mon cœur se fige. Une patrouille américaine ! Une patrouille américaine se dirige dans notre direction. Mes pieds se bloquent, mes jambes s'alourdissent. Une dizaine de GI, mitraillettes pointées vers nous, s'avancent d'un pas constant, nous rejoignant lentement mais inexorablement.

Liaojan se plaint de la chaleur, retire son chapeau, libère ses longs cheveux. Elle se penche vers la rizière, s'asperge le visage. L'eau ruisselle contre sa blouse entrouverte, cajole sa poitrine. Les GI ne cessent de croître dans notre champ de vision. Ils sont immenses, recouverts de grenades, de chargeurs, de radio, de mitraillettes. Nos vêtements de fermiers sont notre unique arme. Leurs canons nous effleurent à présent. Ils nous hurlent des ordres dans une langue que je ne comprends pas. Un soldat me frappe avec la crosse de sa mitraillette, je tombe à genoux. Il examine la charrette, tape le foin de sa main. La poussière soulevée l'étouffe. Il installe sa baïonnette pour pouvoir l'enfoncer. Soudainement une phrase, des rires s'élèvent. Je tourne la tête pour voir l'un d'eux caresser les cheveux de Liaojan, se les glisser contre le visage. Un autre, d'un geste brutal, étire sa blouse pour entrevoir ses seins. Aimantés, les autres encerclent peu à peu Liaojan, se bousculent pour l'approcher, la frôler. Une énergie s'élève, puissante, une ambiance animale. La mort, le sexe, le pouvoir de tuer, le besoin de baiser, la solitude imposée. Un coup de feu nous fait tous sursauter, brise cet état second. Un GI, fusil fumant pointé vers le ciel, hurle des commandements. Le berger rassemble ses prédateurs. Une dernière tape sur les fesses, un dernier éclat de rire, les soldats reprennent leur patrouille, s'éloignent.

Je demeure agenouillé, comme un pantin sans ficelles. Je veux être certain que ce moment est bien passé, que rien ne pourra m'y faire replonger. Liaojan est livide, plongée dans le néant. Je me soulève, avance de quelques pas. J'ai des jambes de guenille, j'aimerais qu'on me supporte. Mais je ne pense plus qu'à elle. Ses lèvres tremblent, elle s'appuie contre la charrette pour ne pas s'affaisser. Je m'approche lentement. Elle me contourne d'une poussée de coude,

continue son chemin. Je la saisis par la main, la force à se retourner. Elle se défait de mon emprise, poursuit sa marche. Je la bloque de nouveau. Elle se débat, me gifle. Je me maintiens devant, la saisis par les épaules. « Liaojan… » Sa figure s'effondre, sa tête tombe contre mon épaule, elle éclate d'un sanglot profond. Je la serre contre moi. Elle recule aussitôt, gênée par cette souffrance révélée. Elle reboutonne sa blouse, recherche sa dignité. Je la regarde dans les yeux, lui signifie que pour moi, elle ne l'a jamais perdue. Elle replace ses longs cheveux luisants sous son chapeau, essuie ses larmes. Si belle, si forte, si fragile, si humaine… Elle reprend le pas, je ne peux plus l'en empêcher. J'agrippe les brancards de la charrette, l'extrais péniblement de l'inertie.

Durant les heures qui défilent dans un silence complet, Liaojan perd peu à peu toute émotion, sa réalité refait surface. Plus rien n'existe, rien au monde. Elle semble à des milliers d'années-lumière de moi, de toute vie en fait, pourtant jamais je ne me suis senti si près d'elle. « Qui es-tu Liaojan ? » Qui respire derrière ce masque ? Elle se tourne vers moi comme un automate, les yeux vides; rien ne brise le silence lourd. Je répète ma question. La vie s'empare de ses lèvres, doucement elles oscillent, mais sans son. Soudainement, elle se raidit, son regard se perd à l'horizon. Sa voix, détachée et froide, vient détruire tout sentiment de proximité que j'aurais pu m'imaginer. Comme si ses paroles vivaient indépendamment d'elle, j'ai l'impression que c'est quelqu'un d'autre qui me répond, qui m'apprend qu'elle est née près de la zone démilitarisée du 17ᵉ parallèle, dans le village de My Lai.

« Au mois de mars 1968… le 16, le soleil se levait à peine lorsque les hélicoptères ont atterri dans les rizières qui entourent mon village. Les nuages étaient rouges. Rouges comme le feu … rouges comme le sang. Environ quatre-vingts GI sont débarqués, une vingtaine parmi eux sont venus directement vers nous. Aucun coup de feu n'a été tiré. Nul ne comprenait ce qu'ils faisaient là. Tout ce que je savais, c'est que j'avais peur. » Son ton me laisse croire que cette histoire, elle ne l'a pas racontée souvent. Je ne sais plus si je veux vraiment en entendre le dénouement. « Je me sou-

viens, c'était une journée ensoleillée, chaude. Ils ont commencé par fouiller chaque maison, vider chaque panier, nous attrouper au centre du village, agenouillés. Des enfants hurlaient, des femmes pleuraient, ma mère me tenait par la main. Les Américains tuaient nos bœufs, nos poules, nos chiens, tout ce qui bougeait. L'un d'eux nous beuglait des ordres en vietnamien. Il nous demandait où se trouvaient les hommes du village. Il criait qu'on avait trop de provisions, trop de riz, que nos hommes devaient être des Vietcongs, que le surplus de riz était pour eux, que nous étions des ennemis... Le vieux du village s'est approché pour lui expliquer que les hommes étaient partis aux rizières, aux champs. Un soldat lui a enfoncé sa baïonnette dans le ventre. Le cri du vieux s'est propagé à nous tous. Mon oncle s'est levé, a hurlé, protesté. À trois ils l'ont jeté dans le puits avant d'y lancer une grenade. Je me souviens que la détonation a fait trembler la terre, m'a fait réaliser que tout était fini. L'explosion avait libéré le démon dans chacun de ces hommes. Une vingtaine de femmes âgées priaient autour du temple. Les Américains les ont exécutées, l'une après l'autre, d'une balle derrière la tête. Un GI nous demandait sans cesse où nous cachions les armes, où se trouvaient les Vietcongs. Il passait à travers les gens agenouillés et avec son poignard, au hasard, il coupait l'oreille d'un vieillard, ou la gorge d'une femme. J'avais tellement peur qu'il ne s'approche de moi. Ma mère me serrait dans ses bras, je n'étais qu'une enfant... mais un soldat m'a agrippée, il m'a enlevée de l'emprise de ma mère. Il me traînait. Je me suis retournée dès que j'ai entendu les coups de feu. Du coin de l'œil, je voyais les corps des miens tomber. Ils les massacraient, tiraient dans la foule, vidaient leurs chargeurs. Ils tiraient et tiraient, même quand plus rien ne bougeait. Mon petit cousin d'à peine deux ans qui avait survécu, je ne sais comment, s'est levé et a couru vers les soldats. L'un d'eux le frappa d'un coup de pied, plaqua un revolver contre sa tête et tira à bout portant. Je pleurais, hurlais, mais le soldat qui me tenait ne lâchait pas sa prise. Trois autres l'attendaient derrière les arbres. Ils arrachèrent ma blouse, m'empoignèrent les seins. Une lame de couteau contre ma joue, ils m'ont violée à tour de rôle. Tout ce que je pouvais entendre, c'était l'homme blond qui n'arrêtait pas de rire. Il riait

si fort. J'avais tellement mal ! Il me semblait que plus je criais, plus il riait. »

Je ne peux plus l'écouter, je ne veux plus l'écouter. J'arrête de marcher. Mais Liaojan regarde devant elle, au loin, comme si elle voyait la scène devant ses yeux. Sa voix ne s'arrête pas, comme pour me rappeler que c'est moi qui ai voulu savoir. « Quand je suis revenue au centre du village, mes vêtements en lambeaux, les derniers survivants avaient été rassemblés. Des corps déchirés jonchaient le sol. Ils ont attaché l'ami de mon père par les pieds à un hélicoptère. Le GI nous hurlait de parler, de dévoiler nos renseignements. L'hélicoptère s'est envolé, mais pas assez haut. L'homme traînait par terre, se frappait contre les pierres, les arbres, le sol, jusqu'à ce qu'il devienne une masse informe. Puis l'hélicoptère s'est élevé très haut, c'est alors qu'ils ont coupé la corde. C'était leur dernier divertissement. C'était fini. Les GI ont rassemblé tous ceux qui restaient dans le village, les femmes et les enfants encore vivants, pour les mener au fossé rempli de corps, une mare de sang. Sous les coups, nous devions marcher sur les cadavres de nos amis, nos voisins, notre famille. Puis on nous ordonna de nous agenouiller. Nous devions être près d'une centaine à ce moment, les cent derniers. Je ressentais la honte que me procurait ma nudité, mon linge déchiré, mon honneur souillé… je me suis placée à l'arrière pour qu'ils ne me voient pas. Les soldats américains installaient leurs mitraillettes. On pouvait voir derrière eux l'enfer, les toitures de nos maisons flamber jusqu'à terre, leurs murs complètement arrachés. Avec ses habitations détruites, le riz jeté dans le puits, les volailles et le bétail exterminés, mon village était devenu une terre morte. Des GI pillaient tout ce qu'ils pouvaient encore trouver, criaient et hurlaient comme des enfants excités. Un tonnerre de feu retentit, ceux devant furent projetés contre moi. Je tombai tête première dans le sang des autres. Les cris inondaient mes oreilles, les balles transperçaient l'air partout autour de moi, mais pour une raison qui m'est inconnue, aucune ne me toucha. Aucune ne me percuta ! Je demeurai couchée pendant une éternité, immobile, pendant que le sang des habitants de mon village s'infiltrait dans le sol

natal. Derrière moi, les soldats américains repartaient, certains riaient. » Liaojan s'arrête, s'assoie en bordure du chemin et sort une plaquette de riz, impassible. « À mon village de My Lai, en quelques heures, les Américains ont massacré plus de cinq cents personnes… Et moi qui cherchais la mort, je ne la trouvai pas; je désirais mourir, mais la mort m'ignora. Moi qui n'espérais que sa délivrance, j'étais là, à subir la malédiction d'être toujours vivante, à porter pour le reste de mon existence ces souvenirs qui me hantent. » Elle prend une bouchée de riz et continue : « Mais depuis ce jour, j'ai compris pourquoi la mort m'a évitée. Le but de ma vie, la seule raison d'être de ma respiration, c'est de venger les miens, de libérer mon pays des envahisseurs. Et dès lors, je n'éprouve plus aucun regret à les exterminer un par un. » Elle me dévisage. « Lorsque les Américains sont arrivés à mon village ce matin là, il n'y avait aucun Vietcong. Après leur départ, il y en avait un… »

*

Le terrain que nous traversons se présente comme une suite de vastes prairies découvertes. Toujours cette peur me hante, celle de déceler une nuée de troupes héliportées fondre sur nous. Mais bien vite nous pénétrons un terrain boisé qui limite le champ d'observation et de tir ennemi, je me sens plus en sécurité, aucun engin motorisé ne peut se faufiler ici. Derrière chaque tronc je tente de me fondre.

Plus nous cheminons dans cette contrée, plus la végétation jaunie devient rabougrie. Les arbres n'ont plus de feuilles, les rizières sont vierges.

Cette province de Tay Ninh, renfermant la zone de résistance C, est la cible constante des Américains, leur talon d'Achille. Cette base révolutionnaire stratégique est certes une tête de pont commode pour rejoindre la frontière du Cambodge, situé à moins de trente

kilomètres. Mais ce qui hante les Américains, au point de les retourner dans leur sommeil, est que ce tremplin sous contrôle Vietcong n'est qu'à une cinquantaine de kilomètres de Saigon. Les soldats de l'oncle Sam veulent dominer le pays de l'oncle Hô, mais ne sont même pas capables de se débarrasser de simples soldats sous-équipés, sous-alimentés, habillés de pyjamas noirs, qui les narguent en exerçant une pression constante sur leur centre névralgique d'opérations. Véritable capitale Vietcong pour frapper Saigon, les Américains sont prêts à tous pour éliminer cette zone de résistance. Mais sans succès.

Comme la piste *Hô Chi Minh* y débouche, cette région est celle qui contient le plus de forces américaines et de positions fortifiées le long des axes de communication. Elle est aussi celle qui reçoit sur la tête la plus forte concentration de moyens pour frapper un seul endroit. La végétation désertique qui nous entoure à présent est la conséquence des herbicides vaporisés. Liaojan affirme que, seulement le mois dernier, les Américains ont déversé plus de douze tonnes de produits chimiques sur cette seule zone.

— Principalement, m'explique-t-elle, il y a trois types d'*agents* : l'*agent Orange*, un herbicide qui a pour effet de détruire les plantations et de brûler la végétation... qui ont la fâcheuse habitude de nous camoufler et de nous nourrir; l'*Agent White*, un composé de phosphore qu'ils larguent sur les humains...

— Oui, j'ai vu un... une victime... à l'hôpital. Sa peau était brûlée, fondue.

— ... et finalement, l'*Agent Green*, plus rare, qu'ils déversent sur les routes ou les chemins, les recouvrant d'une sorte de gelée si glissante qu'ils deviennent impraticables.

Le pilonnage constant de l'aviation et de l'artillerie, l'utilisation du napalm et des produits chimiques pour raser cette région l'ont transformée en une zone blanche, de feu à volonté, extrêmement déprimante, un désert impossible à vivre... Un paysage quasi

lunaire. « C'est ce qui nous a forcés à nous enterrer et à nous enfoncer de plus en plus profondément dans les entrailles de la terre, pour créer un réseau de galeries souterraines, un indescriptible labyrinthe qui s'étend sous la jungle » poursuit Liaojan.

C'est la mort qui nous entoure. La terre est brûlée. Rien n'a survécu. Nous nous engageons entre les troncs d'arbres secs. Des cratères de bombes saupoudrent la forêt. Ils se remplissent de boue et nous sont parfois invisibles, jusqu'à ce que l'on marche dans l'un d'eux et que l'on s'y enfonce jusqu'aux genoux.

Je chute pour une troisième fois, la charrette se renverse de nouveau. Liaojan m'avertit de la suivre pas à pas : des pièges truffent le terrain autour de nous. Des chausse-trappes qui transpercent les pieds, des fosses où l'on s'empale sur des bambous empoisonnés, des mines piégées, des billots de bois suspendus aux arbres qui tombent dans un silence mortel et fracassent les crânes. Le territoire devient de plus en plus inhospitalier, véritable cauchemar.

Liaojan me fait signe d'arrêter. Nous déchargeons la charrette que nous allons, une fois vide, escamoter au fond d'un cratère rempli de boue, la rendant invisible. À notre retour, les caisses de munitions ne sont plus là, mon sabre non plus. Pourtant, il n'y a rien ni personne. La réponse naît devant moi. Entre les feuilles et les branches mortes s'ouvre une trappe, un minuscule trou noir, d'environ vingt centimètres par trente. Liaojan s'y glisse silencieusement. Je suis des plus maigres, pourtant je ne m'y faufile que difficilement. Un homme replace des feuilles et de la terre sur le couvercle et le referme rapidement pour le camoufler.

Dans la noirceur totale, l'air ranci, Liaojan me prend par le bras et m'avertit : « Si jamais en plein combat tu n'as pas le temps de camoufler la porte adéquatement, tu y fixes une grenade. En l'ouvrant, ils exploseront et la terre s'effondrera pour les empêcher d'entrer. » « Quoi ? » Je n'arrive pas à saisir ses paroles, je n'arrive même pas à comprendre où je suis. Mes mains m'apprennent qu'un tunnel s'ouvre devant moi, ne mesurant même pas un mètre de haut et peut-être une soixantaine de centimètres de large. Mes hôtes

s'évanouissent dans le silence qui m'avale. Je dois m'accroupir, avancer lentement en tâtant les murs. Je suis compressé contre moi-même, l'air se fait rare, la noirceur inonde. J'ai l'impression de suffoquer. Je dois me calmer, me concentrer sur ma respiration et arriver. Mais rien ne débouche, j'ai l'impression de me trouver dans un cercueil, je ne contrôle plus mon souffle. Je suis pris, prisonnier... Une main me frôle l'épaule ! Liaojan est devant moi, elle me révèle que lorsque le tunnel tournera vers la gauche, je devrai prendre un pas d'au moins un mètre car il y a une trappe. Puis elle s'éloigne. Je veux lui crier de rester, je veux me retourner pour sortir... mais je ne peux pas même à pivoter sur moi-même. Des voix intérieures m'emportent. Folie que je dois emprisonner.

Voilà ! Je sens le tunnel tourner vers la gauche. Je tente de prendre mon élan, de faire le plus grand pas possible, mais je n'arrive pas à conserver ma balance. Est-ce bien un mètre ? Je perds l'équilibre, plonge vers l'avant, m'écrase contre le sol. Tout va bien ! Tout va bien ? Qu'est-ce que je fous ici ? De formidables vibrations me secouent. L'air se remplit de terre dans cette noirceur opaque. Je respire douloureusement. Mes oreilles bourdonnent, je perds pied. Les vibrations se font de plus en plus insistantes. Liaojan revient vers moi et hurle : « Ils bombardent ! Dépêche-toi, il faut rejoindre la salle ! » J'avance, progresse comme un ver de terre, paniqué. Le tunnel semble en pente descendante mais je n'en suis pas certain. Les bombardements se poursuivent, me transpercent. J'arrive à une lueur : une étrange porte de métal blindée s'ouvre sur une minuscule pièce faiblement éclairée, étrangement formée. Je regarde autour de moi pour comprendre qu'il s'agit d'un tank américain capturé, qu'ils ont enterré ! Leur centre de commande se trouve dans son ventre, bien protégé. Les lumières fonctionnent toujours. Un soldat à ma droite, portant un casque d'écoute, m'apprend que la radio aussi est fonctionnelle...

Un homme imposant, aux cheveux gris, se présente à moi, me salue et me tend des vêtements de paysans, noirs, la tenue officielle des Vietcongs.

— À quelle profondeur sommes-nous ?

— Quoi ? me répond-il.

— À QUELLE PROFONDEUR SOMMES-NOUS ?

Il hurle sa réponse dans mes oreilles :

— Nous sommes présentement trois mètres sous la surface.

Trois mètres ! Inconsciemment, je me serre la gorge, aspire une longue bouffée d'air. L'homme continue en criant : « Tu aimes mieux te faire enterrer vivant ? Les bombes des B-52 pèsent cent kilos chacune… et c'est des tanks de cinquante tonnes comme celui-ci qui nous passent sur la tête. Tu te trouves présentement dans le Triangle de fer de Cu-Chi, mon garçon ! Nos tunnels comptent trois étages, de trois à dix mètres sous la terre, car dans nos meilleures journées, nous avons reçu 3 600 bombes sur la tête ! » Mes craintes s'éveillent. « Ne t'inquiète pas camarade ! Je suis le Caporal Khang, et ça fait dix ans que je vis dans ce tunnel. » Il hurle à quelques pouces de mes oreilles qui bourdonnent encore du bombardement qui vient de se terminer. Si ça fait dix ans qu'il vit dans cet antre de terre, je peux comprendre qu'il soit devenu sourd.

Des maquisards se joignent à nous dans la minuscule pièce. Le Caporal prend la parole et me présente comme un représentant de la Chine, *envoyé expressément par le Président Mao pour symboliser son appui mouvement Vietcong.* Liaojan arrive derrière moi avec mon sabre. Je salue silencieusement tous ceux qui m'entourent, mais suis incapable de former un seul mot. Je me sens chancelant. Liaojan s'interpose et prend la parole : « Notre camarade chinois m'a confié que le voyage parmi nous lui a permis de constater l'importance de notre cause et de rencontrer des gens d'un courage exceptionnel qu'il admire au plus haut point. » Je laisse couler un regard de soulagement vers Liaojan mais elle demeure d'acier. Je lui prends le sabre des mains et m'exclame :

— En tant que représentant de la Chine, je suis fier de vous offrir ce sabre…

— Non ! me coupe Liaojan

Qu'est-ce qu'elle... Le Caporal lui demande de s'expliquer. « Je crois que le Président Mao ne voulait pas uniquement nous offrir ce sabre » commence-t-elle. Que fait-elle ? « Je pense que le Grand Timonier serait encore plus fier si son envoyé devenait aussi le porte étendard de notre cause ! » Elle sort le drapeau du sergent qui reposait dans ma poche. Elle le passe à travers la lame et lève le bras. Il se déroule et laisse transparaître le sang qui le recouvre. Un murmure se fait entendre, puis un autre. Des acclamations, des encouragements ! « Oui, Mao serait fier ! » lance finalement le Caporal tout en caressant son ventre. Dans un brouhaha, des dizaines de soldats viennent à ma rencontre, me saluent et émettent une prière à la mémoire du sergent. « Silence ! Silence tous ! La rencontre n'est pas terminée ! » nous annonce le Caporal tout en me tendant le drapeau et en rangeant soigneusement le sabre. « Liaojan ici présente nous a apporté, sans qu'elle ne le sache, de l'autre extrémité de notre grand pays bientôt unifié... » Des acclamations le coupent mais il continue d'un ton autoritaire : « ... un présent qui provient directement de notre Général Vô Nguyên Giàp. » À sa seule mention, tous se taisent. Le Caporal reprend son souffle dans ce calme lourd, et déroule un document officiel. « Voici le compte-rendu d'une mission que je désire partager avec vous : il y a six mois, une unité de la marine américaine a fait une incursion au nord-est de la province. Nous n'étions ni préparés, ni équipés pour les accueillir. Nous ne pouvions qu'espérer résister le plus longtemps possible avant d'évacuer nos positions. À deux cents mètres à peine des positions fortifiées ennemies, se trouvait un tireur Vietcong, dissimulé dans un abri minuscule, avec en tout et partout une mitrailleuse 50 mm. Le jour, il tirait sur tout ce qui dépassait des sacs de sable ; la nuit il visait toutes les lumières qu'il voyait. Il était si près d'eux qu'avec la lunette d'un fusil longue portée, les Américains pouvaient même discerner les traits de son visage. Les Marines le bombardaient à coups de mortiers et de canon, il se blottissait au fond de son trou comme une araignée et il attendait. Les hélicoptères lui larguaient des roquettes, il remontait et recommençait à tirer. Les avions lui ont envoyé du napalm.

L'air au-dessus de son trou a été cautérisé, plus rien ne vivait aux alentours. Quand la fumée s'est dissipée, le tireur a jailli de son trou et il a tiré une rafale. Ce tireur était si résistant et si courageux que selon nos sources, les Marines eux-mêmes, du creux de leurs tranchées, l'ont acclamé ! Après avoir retenu une unité ennemie, seule, durant plus de 24 heures, Liaojan a réussi à s'enfuir. »

Dans un silence teinté d'admiration, toutes les têtes se tournent vers Liaojan. Sans dire un mot, elle baisse les yeux humblement.

« Cette histoire s'est rendue jusqu'au Général Vô Nguyên Giàp, et c'est avec grand bonheur qu'il m'a désigné pour remettre à Liaojan la médaille du *Héros tueur d'Américains*, notre plus grand honneur. » Des acclamations fusent de toutes parts. Décidément, elle ne cessera jamais de m'impressionner. Je veux la rejoindre, la féliciter, mais la pièce est si petite et déjà une foule est massée autour d'elle. Je ne peux même pas m'en approcher. Le Caporal reprend la parole : « Pour célébrer cet événement, camarades, dans les bagages de notre envoyé de Mao se trouve un nouveau film ! Je vous convie donc tous à la salle de projection ! » Des hourras s'élèvent puis aussitôt la pièce se vide.

Le Caporal attrape Liaojan par le bras et nous présente un grand homme, dans la trentaine, qui porte la moustache. « Liaojan », commence le Caporal, « je sais que les deux membres de ton équipe sont décédés suite à la dernière attaque. Je te présente Báo, qui vient de nous être affecté. Avec lui et ton nouvel ami de Chine, ton unité est de nouveau complète. » Je salue rapidement Báo. Je remarque, étonné, qu'il porte dans sa poche de chemise un exemplaire du petit livre rouge de Mao. Je me retourne vers Liaojan, la félicite pour son prix. Elle me répond simplement qu'il faut nous dépêcher, il n'y a pas beaucoup de places dans la salle de projection. Au-dessus de nos têtes, de nouveaux bombardements se font entendre.

Dans le noir des tunnels, je poursuis Liaojan aveuglément. Les vibrations intenses me secouent. Báo, derrière moi, me raconte

comme nous sommes choyés d'être dans ce paradis. Il vient d'être muté, étant auparavant stationné à *Iron Mountain*. Dans les flancs de cette fameuse montagne, les Vietcongs ont construit des tunnels à même la pierre. Là, les bombardements américains sont si intenses que la montagne à perdu sept mètres de sa hauteur ! « Et le son voyage très bien dans la pierre. Parfois, après un bombardement, mes tympans saignaient. » Sans ajouter un mot, il nous souhaite une bonne nuit et prend une bifurcation à droite, vers son hamac qui l'attend.

La petite salle de cinéma est bondée. Un drap suspendu sert d'écran. Dès que j'entre, certains m'offrent quelques acclamations. Ils me tiennent responsable de l'avènement de ce film, pourtant je n'en savais rien. La bobine se trouvait au fond d'une caisse de munitions. « On tient des conférences, on peut jouer aux échecs, lire des magazines, mais regarder un film, c'est vraiment rare » me confie Liaojan enjouée. La vie normale, dix mètres sous terre.

Comme il n'y a plus de place devant, Liaojan me fait signe de la suivre et se faufile derrière l'écran où il reste un mince espace, debout, entre le drap et le mur. Les gens sont fébriles, c'est tout un événement. Ils sifflent d'impatience. Voilà ! Les lampes à l'huile sont éteintes, le moteur d'une motocyclette se fait entendre plus loin dans le corridor, génératrice artisanale. L'image apparaît, à l'envers pour nous les titres défilent. Je me tourne vers Liaojan en souriant. La lumière qui filtre à travers le drap lui donne un teint brillant.

Sa peau…
Les images se reflètent dans ses yeux.
Ses paupières…
Ses lèvres sont entrouvertes.
Sa bouche…
Elle a l'air ébahi d'une enfant, merveilleuse innocence.

Un visage se forme à l'écran, le son parvient jusqu'à nous : *L'histoire de toute société est l'histoire de la lutte des classes.* La lourde musique débute, trompettes stridentes. Un film de propagande ! Mon visa-

ge s'effondre. C'est ça que j'ai traîné tous ces mois ? Je me frappe le front. Liaojan me lance un air sévère accompagné d'un coup de coude. Je réalise où je suis et me redresse immédiatement, une grimace d'inconfort remplit mon visage. Liaojan éclate de rire, un rire qu'elle tente aussitôt d'enfermer sous ses mains, mais qui s'échappe toujours en bouffées. Je me laisse gagner à mon tour. ...*la bourgeoisie a fait de la dignité humaine une simple valeur d'échange*... Je la trouve séduisante, simplement belle. ...*elle a substitué à nos libertés fondamentales l'unique et impitoyable liberté du commerce*... Je l'observe dans cette demi obscurité. Elle semble si légère, mais est si lourde. Elle semble si heureuse, mais est si triste. Elle appelle mon étreinte pourtant elle désire être seule. ...*le capital est indépendant et personnel, tandis que l'individu qui travaille n'a ni indépendance, ni personnalité*... J'entends son regard se poser sur moi. Elle me regarde ! Je baisse les yeux. Ils n'ont jamais été assez braves pour rencontrer les siens plus d'une seconde accidentelle.

Elle s'approche doucement de moi, me chuchote à l'oreille, effleure mon lobe : « Et toi Luò, dis-moi. Qui es-tu ? » Luò ! Depuis si longtemps je n'avais entendu mon nom ! Depuis si longtemps je ne m'étais pas senti vivant, moi. D'une profonde inspiration, je savoure ce moment. ... *La culture n'est pour l'immense majorité qu'un dressage qui en fait des machines*...

> — Je ne sais pas pourquoi je suis ici Liaojan, dis-je finalement. Depuis mon premier pas hors de mon ancienne vie, toute une série d'événements inexplicables se sont produits.

Mon sourire disparaît.

> — Souvent le Bien a l'apparence du Mal, Luò, mais il reste le Bien et fait partie du plan qui a été créé pour l'humanité. Toute tribulation a un motif. Mais nous ne pouvons connaître ce motif avant ou pendant les difficultés. C'est seulement une fois que nous les avons surmontées que nous comprenons pourquoi elles sont survenues.

Son visage rayonne, l'image vient de changer à l'écran.

> — Mais si c'était moi la cause... Si c'était moi qui avais commis une erreur en refusant le destin qui m'était dicté ?

> — L'homme a besoin de choisir, et non d'accepter son destin.

Je ne peux répondre qu'avec un silence.

...Vous êtes saisi d'horreur parce que nous voulons abolir la propriété privée. Mais, dans votre société, la propriété privée est abolie pour les neuf dixièmes de ses membres; elle n'existe pour vous qu'à la condition que l'immense majorité en soit frustrée. En un mot, vous nous accusez de vouloir abolir votre propriété à vous. C'est bien ce que nous voulons !

> — Le jour où j'ai atterri dans ce village en Chine pour ma rééducation, lui avoué-je, « j'ai eu l'impression d'avoir sombré dans un océan obscur qui m'étouffait... Mais je réalise que finalement, ce qui nous noie, ce n'est pas la chute, mais bien le fait de rester sous l'eau. »

Elle sourit en baissant les yeux, se détourne. Hoche la tête en fixant le vide. Je sais qu'elle doit avoir connu un océan bien plus obscur et bien plus profond que le mien, dans ce fossé... sous ces hommes... Je ne voudrais pas entrevoir les images que lui expédie présentement sa mémoire. Je ne me peux m'empêcher de ressentir sa douleur. Je serre le drapeau du sergent que je conserve dans ma poche, veux briser ce silence :

> — Pourquoi ces tragédies ?

> — Il n'y a pas de tragédies, il y a seulement l'inévitable. Mais l'inévitable est passager. Seules les leçons que l'on tire de l'inévitable sont définitives.

> — Était-ce inévitable que tu souffres autant, était-ce inévitable que je me retrouve ici ?

> — Il faut accepter les nouveaux virages que la vie nous propose sans tenter de résister, comme le ruisseau se glisse natu-

rellement entre les obstacles qui parsèment sa route. L'unique but est de continuellement progresser.

— Mais est-ce que j'ai vraiment progressé en laissant tout derrière ? Je suis seul des miens, seul parmi vous.

— Le soleil aussi est seul, et c'est pourtant lui qui illumine le monde entier.

Elle se tourne vers moi, pose sa main sur mon épaule et poursuit :

— Oublie ton passé d'incertitudes et crée-toi une nouvelle histoire. Repars à zéro et construis de toutes pièces la personne que tu rêves de devenir.

Celui que je rêve de devenir ? Qu'est-ce que je rêve de devenir ? Sa main est chaude et douce sur mon épaule. Les couleurs de l'écran voltigent sur son visage. Elle me regarde tendrement. Il n'y a rien au monde que j'échangerais contre ce moment passé avec elle; rien que j'ai laissé derrière ne vaut l'énergie dont elle m'irradie… Un murmure de la foule me ramène au film.

…l'ouvrier ne vit que pour accroître le capital, ne vit qu'autant que l'exigent les intérêts de la classe dominante…

La personne que je voudrais devenir, celui que je rêve d'être…

…la volonté de la classe dominante est érigée en loi…

La personne que je rêve d'être… ne se laisserait pas freiner par sa propre gêne et sa propre peur.

…la conquête du pouvoir politique par le prolétariat…

Des cris s'élèvent dans la salle.

…Le libre développement de chacun est la condition du libre développement de tous…

La voix de l'orateur se fait plus forte, plus insistante.

...Abolissez l'exploitation de l'homme par l'homme, et vous abolirez l'exploitation d'une nation par une autre nation...

— Liaojan...

...Faites voler en éclats toute la superstructure des couches qui constituent la société officielle...

— Liaojan... je voudrais...

...Nos buts ne peuvent être atteints que par le renversement violent la domination bourgeoise...

Des applaudissements, certains se lèvent.

...Puissent les classes dirigeantes trembler à l'idée d'une révolution communiste !

— Liaojan !

Je dois crier pour qu'elle m'entende.

...Les prolétaires n'ont rien à perdre que leurs chaînes. Ils ont un monde à gagner...

— Liaojan ! Je voudrais... Je veux te dire...

Prolétaires du monde entier, unissez-vous !

Elle ne m'entend plus. Sous les hurlements, elle applaudit à tout rompre comme les autres. J'applaudis aussi, la bouche remplie de mots imprononcés, et vois ma motivation se dissiper à chaque battement de cœur.

*

Je tâtonne le mur à ma gauche, à ma droite, je ne sais pas où je me trouve. Retourner sur mes pas ? Continuer ? Je suis perdu dans ce labyrinthe de salles ornées de grands miroirs. Elles sont toutes identiques. Puis apparaît devant moi une fine lueur, une

distante musique. Je débouche dans une pièce étrange, faiblement éclairée. Un mur entier est occupé par une gigantesque commode. *Les tiroirs de la mémoire.* J'ouvre l'un des tiroirs, il déborde de vêtements sales. Je fouille dans ce linge souillé avec dégoût, une voix se fait entendre : « il faut laver son passé si l'on veut un futur étincelant. »

J'ouvre les yeux en sursaut… Je n'arrive pas à savoir avec certitude si je suis bien réveillé. Comme pour m'en assurer, je palpe le plafond de terre à quelques pouces de mon hamac. Le couvercle d'un cercueil. Un ver de terre s'y tortille, lutte contre la gravité. Mes poumons se compressent, je me rappelle soudainement que je suis prisonnier des entrailles de la terre. De violents bombardements m'ont fait trembler presque toute la journée, durant laquelle je devais dormir car le tour de garde de mon unité est de nuit. Jour, nuit, ici-bas il n'y a pas de différence. Mon hamac est rempli d'une fine couche de terre. L'air est si humide que mon linge est mouillé. Autour de moi, les gens sont maigres, blêmes, fantomatiques. Depuis combien de temps n'ont-ils pas vu le soleil, entendu les oiseaux ? Ils ne voient que le sang et les os, n'entendent que les balles et les explosions. Je me lève péniblement, mes jambes sont endolories, mes cuisses ne sont pas habituées à me maintenir constamment accroupi.

Je parcours les sombres corridors souterrains et rencontre Liaojan dans la salle de conférence. Le plafond de cette salle est de forme triangulaire, plus résistant, il peut supporter l'impact direct d'un obus. Mais moi, il me rappelle simplement que les autres parties des tunnels n'ont pas cette résistance… Sur son mur est inscrit : *Rien ne vaut la liberté et l'indépendance.* Citation de l'Oncle Hô. Je me souviens des paroles de Liaojan lorsqu'elle me décrivait sa société parfaite, d'entraide, en me pointant des fourmis. À voir ces hommes vivre dans ces tunnels sous la terre, je ne croyais pas que l'analogie pouvait aller si loin. Liaojan m'escorte pour me faire visiter d'autres sections des tunnels.

Les Vietcongs — déjà physiquement petits au départ et qui depuis la guerre n'avalent qu'un peu de riz compressé chaque jour —, sont excessivement maigres. Ce qui est parfait pour circuler dans ces corridors étroits. Cette constitution est d'ailleurs une arme de défense en soi : les GI américains sont si massifs qu'ils ne peuvent pas s'introduire par l'entrée des tunnels. Mais ils ont remédié au problème en faisant appel à des armées fantoches, les soldats de pays pantins qui suivent leurs ordres comme des chiens bien dressés en échange de la promesse d'un bel os. En recrutant des Thaïlandais et des Sud-Coréens dotés eux aussi d'une petite constitution, ils ont formé une armée spéciale qui a pour unique fonction d'explorer et de *nettoyer* les réseaux souterrains. « Ces *rats de tunnel* sont entraînés à vivre et à se déplacer dans une obscurité totale » m'informe Liaojan d'un ton neutre. « Ils sont dotés d'une combinaison imperméable, d'un masque à gaz et d'un casque, d'une lampe puissante, d'un revolver silencieux, d'un poignard, d'un détecteur de mines, de charges explosives télécommandées et de grenades fumigènes pour signaler la sortie des galeries. Habituellement, ils font sauter la première entrée du tunnel à la dynamite, puis injectent un nuage de gaz lacrymogène par le trou de sortie. » Tout ça n'a rien pour me rassurer !

Je rampe dans l'obscurité derrière Liaojan. Mourir ici, enseveli sous la terre ou empoisonné par manque d'oxygène… belle mort en perspective ! Pour ne pas fléchir, il ne faut pas réfléchir. Elle m'indique une pièce à notre gauche : « Voici notre puits, si tu as soif, c'est ici. » Mon cerveau n'enregistre plus. « Attention ! » Devant une échelle descendant du deuxième au troisième étage des tunnels, une trappe laisse sa place à des bambous acérés. Ne pas oublier.

De l'air ? Je m'approche instantanément de la paroi, une odeur de pluie… de l'air frais ! « Oui, c'est un des trous d'aération » m'annonce Liaojan. « Du diamètre d'une pièce de monnaie, il a fallu en creuser énormément pour qu'on puisse respirer ici bas. À la surface, ils débouchent sous des souches d'arbre, sous des renflements de terre, toujours surélevés pour que l'eau de pluie ne s'y infiltre pas. Mais l'eau n'est vraiment pas notre plus grand ennemi. Les

Américains possèdent depuis peu un véritable bataillon de bergers allemands. Ces chiens sont utiles pour repérer les pièges, nos caches d'armes, d'équipement et de vivres certes, mais surtout pour détecter nos tunnels. Si le chien découvre une seule ouverture, nous sommes perdus. C'est pourquoi nous entourons chaque trou d'aération de poivre. Et nous devons en remettre après chaque pluie. »

Tout doit être pensé, chaque détail est infiniment réfléchi. La motivation de s'y consacrer vient facilement lorsque notre survie en dépend. « Voici la cuisine ! » Liaojan me précède dans une petite pièce où règne une chaleur infernale. « La fumée passe à travers trois compartiments distincts avant d'atteindre la surface, ainsi elle devient invisible. Ingénieux n'est-ce pas ? » Mon étonnement ne me permet qu'un simple hochement de tête. La cuisinière me tend un petit morceau de racine de tapioca bouillie. Quel délice après d'interminables semaines de riz !

Les bombardements ont cessé. Liaojan me conduit à l'extérieur. Je peux enfin m'étirer, me redresser à ma pleine hauteur. Mais aussitôt nous redescendons dans une pièce souterraine, séparée des autres. « Voici notre atelier d'armement. » Liaojan me présente une dizaine d'hommes et de femmes affairés, qui me saluent de la tête sans cesser leur travail.

Dans un coin reculé de la pièce, une immense bombe repose sur une pierre. Un petit homme est en train d'en scier l'extrémité ! Il existe tant de manières pour mettre fin à ma vie, le mouvement de sa lame m'en fait découvrir une nouvelle. Liaojan m'extrait de ma stupeur :

— Comme approvisionnement de munitions, nous utilisons tout ce qui nous tombe… sous la main. Elle rit, moi non. Ce sont nos spécialistes de la mort. Après chaque bombardement, ils fouillent les cratères pour dénicher les bombes et les obus non éclatés, puis ils les ramènent et en extraient la poudre avec laquelle nous construisons nos propres explosifs. Des deux côtés les armes sont américaines…

— Mais ce doit être extrêmement…

— Dangereux ? Ils le savent mieux que toi. Beaucoup sont morts, c'est pourquoi plusieurs équipes travaillent en divers endroits.

Liaojan se tourne alors vers un jeune garçon qui bricole, semble s'amuser.

— Tu vois ce petit génie ? me demande-t-elle. Jamais quelqu'un d'aussi jeune n'avait reçu la médaille du *Héros tueur d'Américains* auparavant ! Il a inventé ce tube, relié à des explosifs, qu'on place dans les champs susceptibles d'être utilisés comme zone d'atterrissage. À première vue, ça ne semble être rien d'autre qu'une branche se dressant au-dessus des hautes herbes. Mais le souffle d'un hélicoptère entraîne la chute de la baguette qui commande l'explosion de mines assez puissantes pour abattre l'engin en plein vol. »

Le petit se tourne vers moi, rempli de fierté, sa médaille épinglée sur la poitrine :

— La première fois que je l'ai utilisé, trois hélicoptères ont explosé avant qu'ils ne se rendent compte du piège. Puis, rapidement j'ai reconstitué leurs épaves et je les ai truffées d'explosifs. Les GI qui sont venus à leur secours ont été déchiquetés eux aussi !

À son âge, jamais je ne pensais à la mort… « Félicitations » lui dis-je, incertain. Trois hélicoptères, ce n'est rien pour l'armée américaine. Du métal, quelques victimes. Mais pour les Vietcongs qui paient chaque victoire de leur sang , c'est énorme. « Nous sommes tous frères et sœurs dans cette guerre, tous nous nous épaulons et nous entraidons sans répit, notre propre vie ne vaut pas plus que celle de notre voisin » poursuit Liaojan en caressant les cheveux du garçon souriant. Mais tout ce que j'entends, c'est le bruit de la scie grugeant le métal de la gigantesque bombe. J'ai l'impression que chaque souffle pourrait être l'ultime… « En route pour le dernier arrêt de

notre visite guidée ! » propose Liaojan en se dirigeant vers la trappe. Jamais je n'aurais cru être si heureux de regagner le tunnel.

Elle me fait passer devant. « Stop ! » Merde, le piège ! Je l'aurais oublié. Liaojan me tape le dos, me fait signe de continuer. Mes épaules caressent le plafond. « Ici, à droite. » Une distante ouverture me guide, mais c'est l'odeur qui me gagne en premier. Une odeur empreinte de mort, d'éther et de matière fécale, mêlée à celle de l'alcool à friction. L'infirmerie.

Les murs sont couverts de plastique pour empêcher les insectes d'entrer. Une dizaine de civières sont occupées par des soldats enveloppés de gaze rougie. Liaojan me présente au médecin, l'allure rigide derrière ses lunettes. « Peux-tu m'aider ? » me lance-t-il. Je tourne l'un des blessés sur le côté. Le bas de son corps est entièrement parsemé de trous par où s'échappe son sang. Le médecin mastique des feuilles d'arbre de tapioca avant de les appliquer sur les plaies pour arrêter l'hémorragie. Il rage :

— Ces foutues mines Gravel. Les grenailles sont en matière plastique, indécelables et presque impossibles à extraire... Satanée technologie de la mort.

Pendant qu'il travaille, j'observe la pièce. Pour la transfusion de sang, il utilise les petits tubes de caoutchouc qui recouvrent ordinairement les fils électriques, retirés des tableaux de commande des engins motorisés capturés. Ses instruments chirurgicaux sont faits de métal grossier, probablement des pièces d'hélicoptères ou de *tank* fondues. Je ne veux même pas savoir à quoi sert la foreuse mécanique qui repose sur la table de travail, tachée de rouge. Aucun anesthésiant en vue. Je ne me sens pas si bien, tout d'un coup.

Le médecin attrape le récipient dans lequel le sang du patient s'est recueilli, il le filtre puis le verse dans le tube pour le lui transfuser de nouveau ! Le sang qui sort du corps y retourne. Recyclage, l'absence d'option oblige.

— Laissez-moi me lever ! Je dois aller chercher les œufs à l'étable ! lance un des patients, déboussolé, qui s'est redressé dans son lit.

Un autre, dont les brûlures roses recouvrent la moitié du visage, lui répond aussitôt :

— Oh oui ! Va nous chercher des œufs pour déjeuner !

— Ensuite nous irons labourer la rizière. Il fait beau soleil aujourd'hui.

Tous les patients entrent dans son délire, enjoués.

— Ce soir ma femme nous fera rôtir un poulet... reprend le premier.

— Moi je vous laisse manger le poulet, je veux seulement ma femme !

Ils éclatent de rire. Le médecin me tend une pilule, me désigne celui qui semble avoir perdu la raison. Liaojan me chuchote :

— C'est un anti-dépresseur. Cet homme a perdu sa femme et sa famille le jour de son mariage, lors d'une attaque-éclair. La peur le ronge depuis ce temps, la folie l'a gagné, mais il nous redonne tous un peu d'espoir, car à chaque jour, il se voit chez lui, nous décrit sa journée et nous fait rêver d'y être nous aussi...

Je tends le comprimé au patient qui l'avale aussitôt. Je regarde ces hommes autour de moi. L'un d'eux n'a plus de jambes, l'autre saigne abondamment de la tête. Je demande au médecin :

— Est-ce qu'ils pourront rentrer chez eux ?

— Nous les gardons quelques jours pour voir s'ils peuvent retourner au combat. Mais ceux qui ne se rétablissent pas, nous devrons les laisser mourir. À l'extérieur, tout homme qui porte la moindre cicatrice est considéré comme un

Vietcong. Les Américains l'arrêtent et le torturent jusqu'à ce qu'il révèle notre position. Les patients ici le savent, et préfèrent la mort douce que je leur fournirai… Nous ne dominons pas la mort ici, mais nous lui imposons certaines règles. Elle ne peut pas se manifester à sa guise, elle doit suivre nos ordres, nos lois. Nous ne pouvons pas la chasser, mais si elle est invitée, elle doit bien se tenir. Oh, en passant, pouvez-vous me rendre un autre service ?

Il me désigne une boîte de munitions en métal, couvercle fermé. J'entrevois l'expression de Liaojan se modifier légèrement. Je sens que quelque chose cloche. « Il faut aller au fleuve pour la vider, sinon les chiens vont nous repérer » m'apprend-elle tout en empoignant une lampe à l'huile qui grésille dans l'humidité. Cette caisse à munitions contient les *besoins* des patients.

J'accompagne Liaojan qui tient la caisse à bout de bras. Nous parvenons à la chambre privée du Caporal, dotée d'un petit lit et d'un oreiller qui consiste en un bout de bois, la seule matière qui soit confortable dans cette humidité terrible. Sur son mur, mon sabre est accroché fièrement, devenu l'emblème de notre bataillon. Chaque matin, on l'utilise pour couper les plaquettes de riz distribuées aux soldats. On dit qu'il porte chance. Les autres divisions nous surnomment même *le bataillon de l'épée de feu* !

De la chambre du Caporal, un corridor s'ouvre. Environ un kilomètre plus loin, nous parvenons à un bassin d'eau. « Nous avons rejoint le fleuve Saigon, c'est notre sortie d'urgence. Le tunnel continue sous l'eau et débouche dans cette rivière » me confie Liaojan. « Si jamais nous devons évacuer en catastrophe… »

C'est bien : la simple présence d'un corridor d'urgence me rassure un peu. Il débute dans la chambre de notre plus haut gradé, car ce dernier a le privilège d'être le premier à pouvoir sortir. Je vide la caisse dans l'eau, et au reflet de la lampe qui lutte contre l'obscurité, je dois avouer que je n'aimerais pas avoir à me baigner maintenant.

Un souffle nous rejoint, un jeune messager à la course : « Liaojan ! Des soleils de nuit ! » Elle ordonne aussitôt au messager de me mener à la *termitière* avant de disparaître en trombe dans le tunnel. Je suis le jeune messager dans le noir, je n'arrive pas à maintenir son rythme. Il doit m'attendre, irrité, à quelques embranchements. Il me pointe finalement un mince filet de lumière : « Là ! » Puis il s'éclipse derrière moi.

Je débouche sur une curieuse pièce ovale, basse, grugée à même la terre. Báo m'y attend, accroupi en silence, une carabine surmontée d'une lunette entre les mains. Par les petits trous dans les parois, des lueurs bougent, rayons de lumière, accompagnées d'un son descendant au loin. Je caresse le mur irrégulier, confus. « De l'extérieur, on ne voit qu'une termitière comme il y en a des dizaines autour, mais celle-ci est vide. Nous sommes en son cœur. » me confie Báo en caressant sa moustache. Les trous sont juste assez larges pour laisser passer le canon d'un fusil et son viseur. Par eux, je distingue de magnifiques flammes, extrêmement brillantes, qui flottent doucement, descendent lentement entre les arbres, illuminent la nuit… Un écusson des forces américaines se dresse sous mon nez. « Dans le mur sont enterrés les vêtements d'un GI mort. » poursuit Báo. « C'est pour tromper les chiens… » Nonchalant, il saisit un bout de bois de sa poche et commence à le mâchouiller : « Tu sais, j'ai appris qu'il y a trois bases américaines autour de nous. Il paraît que le tunnel d'une autre unité passe même directement sous l'une de leurs bases… Tu imagines ? Nous ne sommes peut-être que de petites termites qui combattent un géant, mais en lui passant sous les pieds, nous en profitons à chaque fois pour le mordre. Un jour il tombera, un jour il sera à genoux. Même si ma vie entière n'est dédiée qu'à lui infliger une seule morsure, j'en serai fier… Le seul héritage que je puisse laisser à mes enfants, c'est la liberté. »

Le son strident d'un obus parvient à mes oreilles. Un sifflement qui devient de plus en plus féroce… *BOUM !* La pluie de bombes débute. La terre tremble, ses vagues me font perdre pied. Notre plafond n'est certes pas assez résistant pour essuyer un impact direct. Les explosions se font entendre tout autour, notre survie est

aléatoire. La lueur brillante des explosions marque ma rétine dans le noir; leur bruit assourdissant résonne dans mes oreilles. Les flammes qui flottent doucement dans le ciel projettent des ombres vacillantes, les arbres semblent se mouvoir, danser. Ambiance indescriptible mêlée à l'adrénaline pure de savoir la mort rôder. Seuls mes souffles puissants m'apparaissent réels. En me gardant constamment occupé, j'en arrivais à oublier ma peur. Ici, je n'ai rien d'autre à faire que de la ressentir pleinement.

Le choc d'un obus me projette contre le mur. Báo, hors de lui-même, fixe le vide dans un murmure incompréhensible : « Lorsqu'il ouvrit le sixième sceau, il y eut un grand tremblement de terre, le soleil devint noir comme un sac de crin, la lune entière devint comme du sang, et les étoiles du ciel tombèrent sur la terre… » Oui, les étoiles tombent sur la terre… « Le ciel se retira comme un manuscrit que l'on roule, et toutes les montagnes et les îles furent remuées de leurs places. Les rois de la terre, les grands, les chefs militaires, les riches, les puissants, tous les esclaves et les hommes libres, se cachèrent dans les cavernes et dans les rochers des montagnes. »

Je le contemple en silence dans cette lumière irréelle. Le silence ? Les bombardements ont cessé ! Ses lèvres cessent de remuer, il se redresse et s'aligne devant l'une des ouvertures. Son visage cajole la carabine, son regard est projeté par le viseur. Il ne respire plus, se met à scruter lentement l'horizon, pivotant sur lui-même; seul son bassin tourne, toutes ses autres articulations sont fixes. D'un coup, il fige complètement, la carabine a trouvé… Ses lèvres remuent délicatement, presque imperceptiblement : « Ceux qui cherchent à m'ôter la vie iront dans les profondeurs de la terre; ils seront livrés au glaive, ils seront la proie des chacals. » *Clic-clic, PAN !* Báo se baisse aussitôt. Un cri retentit au loin, des hurlements. Ils courent, ils se planquent… Ils viennent d'apprendre qu'ils sont un de moins. Mes oreilles bourdonnent douloureusement, j'y entends le battement de mon cœur. Les mitraillettes crépitent, inondent la noirceur de lueurs oranges qui flottent — étrangement lentes,

mortellement rapides —, qui frôlent la pointe de notre abri. Une autre étoile descend du ciel et éclaire les ombres de la forêt.

Je lui tends une cartouche, Báo recharge son arme. Je lui demande s'ils sont nombreux. Il me regarde avec un sourire, placide. « Ils sont plus nombreux que les cheveux de ma tête… mais ne t'inquiète pas, je vais les raser. » Les mitraillettes se taisent. Ma sueur devient désagréablement froide. Báo se replace doucement, fixe longuement dans sa lunette. Il doit attendre, patiemment, la prochaine erreur, la prochaine cible à découvert. *PAN !* Les cris refont surface, le raz-de-marée de balles, des explosions de grenades lancées au hasard. Un homme hurle, appelle à l'aide. Báo recharge rapidement, se met immédiatement en place malgré les tirs de mitraillettes qui battent leur plein. *PAN !* Voilà pour l'aide. Et puis *PAN !* Et un autre ! Báo recharge son arme : « Le risque à présent est de se faire repérer par l'éclair engendré par ma carabine à chaque coup. Ils sont positionnés avec leurs jumelles, attendent qu'un des leurs se fasse abattre pour repérer ma trace… » Il se redresse. *PAN !* Sa voix se transforme soudainement, devient grave :

— Mais blottis entre les branches au plus profond de la jungle, sous cette nuit sans lune, à des milliers de kilomètres de chez eux, tout ce qu'ils voient, c'est la mort les frapper. Tout ce qu'ils entendent, c'est la douleur. Tout ce qu'ils comprennent, c'est qu'ils seront éventuellement les prochains. Tout ce qu'ils sentent, c'est la panique qui les envahit. Ils savent que quelque part dans la noirceur de cette forêt, sous leurs pieds, il y a tout un village ennemi; que des tireurs d'élite les y attendent; qu'il y a des pièges et des trappes partout; que leurs rares copains qui sont revenus vivants de la mission précédente, après plusieurs jours de combat intense, n'ont jamais de leurs yeux vu un seul ennemi…

— Pourquoi reviennent-ils ?

— Ils doivent transmettre notre position ! Leur commandant leur demande : enfoncez-vous le plus loin possible, et communiquez-moi la position du dernier à mourir.

Le silence se remplit du son terrifiant que jamais je n'oublierai : celui des avions à réaction... et leur provision de napalm. Báo se redresse subitement, scrute la forêt de sa lunette : « Ils sont partis ! » Nous nous enfonçons rapidement dans le tunnel. Une violente explosion me projette contre lui, sa tête percute une poutre de bois, il tombe lourdement. Une vague de chaleur nous irradie. Du sang lui recouvre le cou. Le bruit des réacteurs se laisse faiblement percevoir au-dessus des flammes. D'autres explosions retentissent violemment à la surface. Le son de ce brasier intrigue, apeure, hypnotise. J'aide Báo à se relever, mais je ne peux pas le supporter dans ce tunnel qui n'est pas assez large pour deux. Il rampe à pas de tortue. Je le suis, impuissant.

Le médecin le couche aussitôt sur une civière. Il lui pose un linge sur la nuque pour absorber le sang, puis d'un coup sec il ouvre sa chemise. Son livre rouge est expulsé de sa poche, s'ouvre. Báo a un spasme de défense, il tente de le rattraper. Le médecin ramasse le livre, y jette un coup d'œil, puis se tourne immédiatement vers moi : « Allez immédiatement chercher le Caporal Khang ! » Son ton ne laisse aucune place au questionnement. Báo repose sa tête, abattu.

J'avertis le Caporal Khang qui part aussitôt en direction de l'infirmerie, mais quelque chose en moi me pousse à aller aussi prévenir Liaojan. Elle quitte la réunion du commandement et me suit.

Lorsque nous parvenons à la clinique, Báo gît couché sur le ventre. Des laboureurs ont travaillé son dos, y ont tracé de longs sillons ensanglantés. Khang est à deux pas, le tient à la mire de son fusil. Les veines sinueuses qui descendent le long de ses tempes et les tendons de son cou se gonflent au rythme d'une pulsation emportée. Liaojan demande immédiatement à être informée de la situation. Elle doit s'y prendre à deux reprises pour que le Caporal respecte sa demande... ou ne l'entende. Celui-ci, en guise de réponse, lui lance le livre rouge. Sa couverture est décollée,

camoufle un autre recueil. J'y lis quelques titres. Mon grand-père m'a déjà parlé de ce livre sacré d'une religion qui arbore comme symbole un homme crucifié. « Tu sais très bien, Liaojan » crie Khang, « que le châtiment de ceux qui possèdent un objet religieux est la mort. » « Le poison de l'esprit ! » ajoute rageusement le médecin. « Il semble que nous devrons encore te trouver un troisième membre pour ton unité… » conclut fiévreusement le Caporal tout en chargeant son pistolet. Le médecin installe une toile de plastique sur le sol pour limiter les dégâts. Báo, visiblement frappé au visage, tourne la tête. Le commandant lui plaque fermement son pistolet contre la joue.

— Ce n'est pas une religion ! crie Báo, à bout de force, pour être certain que le Caporal l'entende.

— Ne nous prends pas pour des imbéciles ! lance le Caporal tout en le frappant de nouveau.

— Non ! Je me fous de la religion, je suis un bon communiste ! Mais celui dont parle ce livre n'a pas fondé de religion. Il était simplement un sage, comme Hô Chi Minh ! D'autres ont fondé une religion en se basant sur ses dires. Ce sont eux les coupables d'avoir créé l'opium du peuple…

— Désolé, tu ne peux rien dire qui me fera ignorer le règlement, intervient le Caporal en armant son fusil.

— Mais Jésus était… communiste !

Des murmures se font entendre. Il divague, serait prêt à avouer n'importe quoi pour avoir la vie sauve. Pauvre imbécile. Je me retourne lentement, je ne veux pas être témoin de son exécution.

— Il était l'un des nôtres ! Je vous l'assure ! poursuit-il, désespéré.

Le médecin pouffe de rire, retire ses lunettes. Le Caporal, surpris, relâche la gâchette. Báo en profite :

— Lisez la page 267, le passage souligné, Corinthiens 12:12 !

Il me lance un regard suppliant, moi qui tiens son livre. J'hésite, mais finit par tourner les pages... Je lis d'une voix mal assurée le passage encerclé :

— *Comme le corps est un et a plusieurs membres...*

Báo poursuit d'une voix autoritaire :

— ...et comme tous les membres du corps, malgré leur nombre, ne forment qu'un seul corps, ainsi en est-il du Christ. Les membres du corps qui paraissent être les plus faibles sont nécessaires; et ceux que nous estimons être les moins honorables du corps, nous les entourons d'un plus grand honneur. Il n'y a pas de division dans le corps, les membres doivent avoir également soin les uns des autres. Et si un membre souffre, tous les membres souffrent avec lui; si un membre est honoré, tous les membres se réjouissent avec lui...

Des bombardements brisent le silence qui était tombé.

— Ce sont les prémisses du communisme ! ajoute Báo.

Le Caporal tourne légèrement la tête mais sa prise sur le fusil ne relâche pas. Il pose son doigt sur la gâchette.

— J'ai une proposition ! Liaojan comble autoritairement le vide. En tant que chef de son unité, je propose que nous soyons affectés à la mission de Quang Tri.

— Quang Tri ? Le Caporal est secoué, mal assuré. Sa question n'est pas due à sa surdité mais bien à son étonnement.

— Oui, la mission de Quang Tri ! renchérit Liaojan avec conviction.

Elle le soutient du regard, ne remue pas le moins du monde. Le Caporal, déconcerté, hésitant, baisse son arme. Son regard alterne entre Báo et moi; il recule d'un pas et emprunte une voix austère :

— L'ordre du commandement du front vient d'arriver. L'ennemi cherche à nous contrer au nord-est de Quang Tri. Le commandement du front ordonne à votre unité de vous préparer à attaquer les bateaux de ravitaillement ennemis au moment prévu. Rassemblez votre équipement, vous partez avant l'aube.

Puis, dans un élan de rage, le Caporal plaque durement le livre contre le mur et le transperce d'une balle qui se perd dans la terre. La déflagration rebondit contre les parois de la pièce, me fracasse le cerveau. Je me tiens la tête entre les mains, assommé. Liaojan s'approche de moi. Je lève les yeux vers elle. *Attaquer des bateaux de ravitaillement... à trois !?!* Elle me regarde d'un sourire déçu, s'accroupit près de moi et me dit d'une voix faussement réconfortante : « Au moins, bonne nouvelle : nous allons à la plage. »

« Un nouveau bateau vient d'accoster au large… un pétrolier ! »
Báo s'effondre dans le refuge en terminant sa phrase. Il s'est enterré sous le sable brûlant hier soir, à l'intérieur de la ceinture d'encerclement de l'ennemi, pour une mission de reconnaissance. Je
secoue les quelques grains qui garnissent encore ses cheveux et lui
tends une barre de riz qu'il engloutit d'une bouchée. Je l'aide à
rejoindre la planche qui me sert de lit : la sienne gît encore sous
l'eau des dernières averses. Il s'endort aussitôt.

Liaojan note cette nouvelle information sur notre schéma. Peu à
peu nous rassemblons les éléments du puzzle. Malgré moi, je suis
heureux de revoir Báo, fier du sacrifice qu'il vient d'accomplir. Je
me rappelle l'interminable angoisse que m'a procurée la dernière
reconnaissance durant laquelle j'ai dû demeurer toute une nuit
sous l'eau, ne laissant sortir que la plus petite portion de mon visage, mon nez et mes yeux, pour déceler les bateaux patrouilles nocturnes. Interminable. Pourtant une seule pensée m'avait accaparé
des heures durant : je réalisais que je ne me souvenais plus du goût
de la viande, ni de sa texture. Banalité qui m'a pourtant atteint
droit au cœur.

La base militaire de Cua Viet est en pleine construction. Ce port
gigantesque présente une menace sérieuse pour nos forces, puisqu'il
est destiné à accueillir les pétroliers immenses que l'arsenal américain requiert. En fait, avec l'information que Báo vient de nous

transmettre, il semble à présent opérationnel. Cependant — lueur d'espoir —, la faiblesse fondamentale de ce port consiste en ce qu'il se trouve au cœur d'un village de pêcheurs. Grâce à certains éléments de la population locale, nous avons réussi à nous déployer dans un secteur frôlant les lignes ennemies. Plus précisément à l'intérieur d'un boyau enfoui sous le sol de la forêt, entouré de quelques retraites que nous nous sommes aménagées. Nous y vivons en permanence afin de surveiller les manœuvres ennemies, connaître ses intentions, déceler l'emplacement de ses sentinelles et l'horaire des rondes...

Petit à petit, avec l'aide d'un réseau d'espionnage en interaction, nous sommes arrivés à dresser un plan du dispositif de défense ennemi. Un schéma primitif et magistral à la fois. Tellement d'efforts sont entrés dans sa composition, tellement de risques. Mais le pire est à venir. Il nous reste à découvrir les vraies possibilités de cette base, ses points forts et ses points faibles, les détails du périmètre intérieur ainsi que et surtout, le centre du réseau où se trouve le dock flottant, ce point d'attache des bateaux patrouilles. La forêt nous camoufle, mais limite aussi notre champ de vision. Les minces fenêtres d'observation taillées à travers les parois de notre galerie ne sont pas suffisantes. Chacun notre tour, nous devons effectuer des rondes de reconnaissance de plus en plus périlleuses.

Voilà ! Les vibrations envahissent ma cage thoracique, puis notre refuge tout entier : les canonnades des bateaux ancrés à l'estuaire reprennent. Je me place en boule, me bouche les oreilles, au point que ma tête semble s'écraser. Les obus déchirent le ciel, s'abattent parfois tout autour de nous, mais le sort est en notre faveur... jusqu'à présent. Un impact direct signifierait irrémédiablement notre perte, mais je suis encore bel et bien ici à m'étouffer en respirant la terre qui s'élève des tremblements. Seul l'effleurement d'une bombe de B-52, il y a deux semaines, nous a vraiment bouleversés. Notre toiture en lattes de bambou s'est effondrée sur nous. Ma poitrine compressée sous un tronc, mes narines saturées de terre, mes bras immobilisés, incapable de bouger. L'éternité s'est terminée

lorsque Báo m'a déterré la tête. J'envie les hommes qui luttent dans les tranchées, l'arme à la main, contre un ennemi qu'ils peuvent affronter.

*

Le rayon du soleil se faufile par la fente d'aération, sa ronde de douze minutes vient de débuter. Aujourd'hui, c'est à mon tour. Je m'étends sous ce filet de lumière, y place ma figure. Un léger vent se glisse dans la galerie. Ce bonheur doit être consommé sans modération, car son souvenir est tout ce qu'il nous restera à la prochaine saison des pluies, dans cette galerie de termites, lorsque l'eau dévalera des hauteurs, s'infiltrera à travers les fentes d'observation sous notre regard impuissant, formant une mare impossible à évacuer. Déjà après la faible pluie d'avant-hier, l'humidité s'est installée, l'abri est recouvert de moiteur. Moiteur qui se transforme peu à peu en bain de vapeur. Bien vite mon agréable rayon de soleil perd tout son charme, son créateur commence à battre son plein et chauffe l'étroit boyau comme un four, ce qui rend impossible tout repos.

Báo se réveille, irrité, et se rend aux meurtrières, se plaque contre l'ouverture dans le but d'intercepter chaque bribe d'air possible. Un léger courant se faufile par l'une des fenêtres d'observation, mouvement d'air salvateur. D'un réflexe commun, sans préméditation, je m'y dirige en même temps que Liaojan, nos nez convoitent la même ouverture. Nos figures entrent en contact, nos joues se cajolent. Je lutte soudainement contre moi-même pour tenter de m'en détacher... mais le contact de sa peau est directement lié à l'extase qui me saisit. Je pourrais demeurer ainsi toute ma vie, mais je n'en laisse rien paraître, je demeure distant, froid. Elle de même. Apprécie-t-elle ma présence ? Dans cette boîte de conserve enterrée, nous nous marchons continuellement sur les pieds, nous vivons comme des rats en cage. Nous désirons ardemment ce dont nous sommes privés : l'espace, la solitude, la liberté, l'air... La

majeure partie de notre énergie est consacrée uniquement à demeurer sain d'esprit.

Une tape sur l'épaule me chasse de ma rêverie. Gracieuseté de Liaojan justement. Chaleur suffocante ou non, il est l'heure des exercices. En tentant de ne pas accrocher Báo, ronflant contre le mur à ma gauche, je m'étends sur le ventre pour effectuer des mouvements de natation, des sacs de sable noués à mes poignets et à mes chevilles. Ce faisant, je retiens ma respiration le plus longtemps possible, ne l'expulsant que lorsque ma vision se noircit, étourdi, à la limite de la perte de conscience. Est-ce que mes poumons se sont élargis d'une quelconque manière à force d'effectuer ces exercices ? Je ne sais trop, mais je suis impressionné par mon progrès constant. Que ce soit de une, deux ou cinq secondes, j'arrive régulièrement à améliorer le temps entre mes respirations. Une forte motivation me stimule, puisque je sais que cette capacité précise déterminera en partie si je vivrai ou si je mourrai lors de notre mission finale. Déjà mes rêves me l'annoncent : à chaque nuit je me réveille brutalement, cherchant mon air sous l'eau de mon imagination.

Liaojan se rend au point de rendez-vous. Je prends une pause. Báo est secoué brusquement, un insecte essaie de traverser la brousse de sa moustache pour accéder à sa narine. Au lieu de l'écraser aussitôt, il la saisit par la patte et la lance à l'extérieur. Malgré mon aversion initiale pour lui, le ressentiment que m'inspire celui qui m'a plongé dans cet enfer diminue peu à peu; le bois qui nourrit ce feu vient à manquer. Je vais pallier à cette réalité :

— Ton Dieu doit avoir complètement perdu le contrôle de sa création à en juger par le carnage dans lequel nous sommes plongés. Ou bien il se fume un gros cigare à l'autre bout de la planète. Chose certaine, il se fout de nous.

Il me regarde, semi éveillé, étonné d'abord que je lui adresse la parole, puis par le sujet de celle-ci. Il me répond simplement :

— Tu peux vivre près d'un homme, le toucher, et quand même ne pas le connaître. Alors que tu peux te trouver à l'autre bout du monde, suivre ses enseignements, et alors être proche de lui.

— Je ne te parle pas d'un homme...

— Mais moi oui ! Je déteste comme toi les religions. Mais Jésus n'a rien à voir avec elles. Il n'a pas créé ce monde, ne contrôle pas son destin. Il n'était qu'un homme... Les Occidentaux ont créé le christianisme à partir de ses enseignements, pourtant, à voir ce qu'ils en ont fait, on dirait qu'ils ne l'ont même pas écouté. Jésus ne jugeait personne ! L'Église juge tous et chacun... Et leur symbole suprême, Jésus crucifié, représente l'incompréhension des humains, notre ignorance et notre discordance qui nous poussa à le tuer. C'est de lui en train de s'adresser à une assemblée, en train de partager ses connaissances qu'il faut se remémorer.

— Mais s'il n'est pas un Dieu, quelle est cette histoire de miracles ?

— Les miracles ? Même le Coran, le livre saint de l'Islam, mentionne plusieurs miracles de Jésus, de même que sa capacité à créer des oiseaux, à guérir les lépreux et les aveugles, à ramener les morts à la vie... Mais les écrivains de l'époque étaient poètes ! Ils ont vu les gens qui suivaient Jésus s'envoler dans les hautes sphères de la spiritualité ? Ils ont écrit : *Jésus a créé des oiseaux.* Quelle belle manière de l'amener ! Sa résurrection ? Certes ! Bien qu'il soit mort, ses paroles ont survécu. Regarde, presque deux mille ans après, il vit toujours en moi. *Il rendit la vue à ceux qui étaient aveugles...* spirituellement. *Il ramena à la vie...* des non-croyants. Mais qui interprète un poème au premier degré ? L'Église ! Quand ça lui permet d'assouvir des fidèles. Elle a ajouté du surnaturel et quelques miracles pour être certain que toutes

les oreilles deviennent attentives. Mais leur imagination laisse à désirer… Le *Fils unique de Dieu*, sauveur du monde, doté d'un pouvoir infini, a décidé comme premier miracle… de transformer de l'eau en vin pour enivrer quelques convives à un mariage privé. Alléluia ! Des guerres, de la misère, de la pauvreté ? On va se soûler pour oublier ça !

— Les prêtres auraient inventé cela ?

— Et le système de péché ! Et le symbole d'enfer pour tous ceux qui ne s'adonnent pas à un rituel complexe qu'ils ont eux-mêmes inventé… dans l'unique but de se rendre indispensables ! Comme si un Dieu tout puissant avait besoin de converser avec des hommes pour faire valoir ses ordres… Les prêtres tendent la main : *votre place au paradis est payable à l'avance s'il vous plaît !*

— Alors, tu ne crois pas en l'enfer ou au paradis ?

— L'enfer n'est pas un endroit physique, non. On n'y parvient pas après notre mort, il nous habite durant notre vie ! L'enfer est simplement composé de nos remords. Quelqu'un qui fait le mal se sentira coupable, consciemment ou non. L'accumulation de remords entraîne une souffrance, infernale… et l'absence totale de cette souffrance est paradisiaque.

— Mais alors le paradis, c'est la vie normale ? C'est un peu moche…

— Non ! L'absence de remords, de regret, c'est fabuleux ! Je l'ai connue plus jeune, je l'ai perdue, et à présent je conçois à quel point c'était merveilleux.   Sa tête s'abaisse tout comme sa voix : J'aurais préféré mourir avant d'avoir tant de sang sur les mains… Depuis cette foutue guerre, ce qui est bon, je l'ai compris, n'habite pas en moi : j'ai la volonté, mais non le pouvoir de faire le bien. Je ne fais pas le bien que je veux, et je fais le mal que je hais.

Il place alors ses mains de manière à soutenir une carabine imaginaire et avec de légères bouffées d'air, expulsées en même temps que le mouvement de recul de son corps, il tue des ennemis fictifs. Je me vois à ses côtés, les fusées dans le ciel qui descendent, éblouissantes. Les hurlements, la mort qu'il distribue, le feu qui vient tout nettoyer…

Báo me remplace pour effectuer l'exercice de natation à son tour. Entre ses premières brassées, il murmure :

— Que sert-il à un homme de gagner le monde s'il y perd son âme ? Que donnerait un homme en échange de son âme ?

— Mais pourquoi ne nous as-tu pas avoué plus tôt que tu étais religieux ?

Il me répond d'un souffle :

— L'homme prudent cache sa science, le cœur des insensés proclame la folie.

Liaojan revient, munie de nos provisions. Elle est terriblement blême, silencieuse. Je la regarde avec étonnement, des points d'interrogation dans les yeux. Elle déroule une feuille et se met à nous lire d'une voix dénuée d'émotion :

— Comme le temps ne nous permet plus de mener des actions de reconnaissance pour résoudre les inconnues qui demeurent, nous recommandons aux combattants de faire preuve d'initiative dans la mission qu'ils doivent effectuer cette nuit.

— Cette nuit ! Mais ils sont complètement…

Liaojan me coupe sèchement, lève sa main :

— Nous ne savons pas… Nous ne connaissons pas les ordres des unités du front de Quang Tri. La mission que nous effectuerons ce soir, même partiellement réussie, sauvera peut-être la vie de centaines des nôtres.

Partiellement réussie. Elle sait tout comme moi que nous n'avons encore aucune idée sur leur défense sous-marine, sur l'horaire de roulement des sentinelles, sur la modification du train de vie des troupes depuis l'arrivée du pétrolier…

« Les souffrances du temps présent ne sauraient être comparées à la gloire à venir qui sera révélée pour nous ! » déclare Báo en préparant son équipement. Chaque fois qu'il prononce un mot, mon opinion change du tout au tout à savoir s'il est sain ou fou, si je l'aime ou non. Liaojan repart transmettre notre confirmation, et toutes les informations que nous avons récoltées jusqu'à présent, en cas de non-retour. Je la regarde sortir, un vide se crée. Comme une claque en plein visage, je me rends compte à quel point je suis attaché à elle. Je suis capable de vivre exclusivement d'elle, personne d'autre ne m'est indispensable. Báo surprend mon regard et s'esclaffe devant mon expression. Il chante d'une voix exagérément romancée : « Quand j'aurais le don de prophétie, la science de tous les mystères et toute la connaissance, quand j'aurais même toute la foi jusqu'à transporter des montagnes, si je n'ai pas l'amour, je ne suis rien. » Mon regard se remplit de noir, comme lorsque je chevauche la limite de ma perte de conscience.

En plus du bol contenant notre souper, Liaojan nous présente une minuscule bouteille d'alcool de riz; c'est un immense honneur de l'avoir à notre table ! Elle verse une goutte à chacun. Nos levons nos récipients dans un silence lourd. Je suis submergé par le combat contre ma gêne pour soutenir le regard de Liaojan. Elle baisse les yeux, peine perdue. Mais elle les relève aussitôt, avec un sourire, et déclare avec enthousiasme : « Je soulève ma coupe vide en l'honneur de toutes les pleines que nous lèverons dès notre retour ! » Son regard oscille entre Báo et moi, mais je me nourris de l'espérance que ses paroles me sont dédiées. Ce repas ne sera pas notre dernier.

*

Le vent est humide et froid. Les nuits noires comme l'encre se rafraîchissent, les étoiles, gelées, sont rarissimes. Nous rampons, les visages couverts de boue foncée, sur le qui-vive, car cette nuit sans lune qui nous camoufle dissimule aussi nos ennemis. Nos points de repère sont difficiles à détecter, il s'agit de ne pas dévier. Notre parcours est marqué par de brèves haltes pour observer les lieux, scruter la pénombre. Je réajuste la gaine de mon poignard, celui-ci frotte douloureusement contre ma cuisse à chaque poussée. À nos tailles, de petits sacs contiennent les charges de plastic.

Nous parvenons à de hautes dunes formant une vaste étendue de sable entourée de petites collines plus ou moins boisées, à la portée des obusiers. Des fusées éclairantes créent de longues ombres entre les dunes. En nous courbant, rapidement nous courons d'un buisson à l'autre. Ces arbustes sont autant de cachettes que de points d'embuscades possibles. Nous progressons lentement, devons être cachés chaque fois qu'une fusée éclaire le ciel, ne pouvons courir qu'uniquement entre le moment où l'ancienne pâlit et la nouvelle s'envole.

C'est à leurs ombres que je les remarque. À la lueur d'une fusée éclairante, à une centaine de mètres, une patrouille ennemie se dresse. Ils tiennent des chiens en laisse. Je fais signe à Liaojan, Báo nous pointe un trou d'obus rempli d'eau. Nous nous y jetons. Une canonnade m'arrache un cri involontaire. Les obus nous survolent comme des centaines de météores. Plus rapides que le regard, ils tracent simplement notre rétine. Les chiens jappent maintenant à tue-tête. Mais leurs hurlements faiblissent, peu à peu. Leurs maîtres doivent les retenir. Si des coups de feu s'élèvent, si nous avons été découverts, il ne nous reste plus qu'à pointer nos armes en direction de l'abîme. Je sors la tête, Liaojan confirme : la menace a disparu. Nous nous élançons pour quitter ce trou avant qu'elle ne revienne. Nous rejoignons un bosquet d'arbres. D'ici à l'estuaire, le terrain est moins découvert, mais plus dangereux car plus près des lignes ennemies.

Je rampe entre les branches, sans regarder derrière, toujours plus rapidement, silencieusement. Je me concentre sur chacun de mes mouvements, jamais aucun d'eux n'avait eu autant de gravité auparavant, porté autant de poids. Je cherche mon souffle, dans l'absence je m'arrête sous le feuillage d'un buisson réconfortant. Je lève la tête, la retourne, me retourne tout entier. Je ne vois plus mes camarades ! En l'espace d'une seconde, mon univers bascule, la peur naît en moi. Je ne peux plus retourner, la patrouille et les chiens sont derrière. Je ne peux plus avancer, je suis seul au monde. Je croule... Un étrange sifflement, le cri d'un chat-huant me rappelle à l'ordre. Dans le noir je distingue un mouvement. Liaojan et Báo sont derrière cet arbre. Le réconfort et la panique se mêlent en moi, je me planque contre le sol.

Liaojan me rejoint, j'espère que la nuit cache mon visage à ses yeux. Elle m'avertit que Báo a repéré un barrage de barbelés truffés de mines. Nous le rejoignons, mais demeurons derrière. Il gratte doucement la terre devant lui avec une brindille. Dès que sa brindille heurte un objet solide, il déterre puis soulève lentement la mine à l'aide de son poignard, la place en retrait. Des fusées éclairantes sont fixées aux barbelés; à la moindre vibration elles se déclenchent, accompagnées de l'alarme. Báo coupe patiemment les connexions. Des gouttes de sueurs scintillent comme des perles transparentes autour de sa moustache. Après une dernière ronde d'inspection, il n'en trouve plus. Je sors la paire de pinces qui pesait contre ma poitrine, m'approche des barbelés tout en espérant que Báo ne se soit pas trompé. Nos vies dépendent de son déminage. Liaojan et Báo m'entourent alors que je coupe le premier fil du barbelé. Ils sont à la fois les gens qui comptent le plus pour moi, et ceux qui comptent le plus sur moi. Le dernier barbelé sectionné, nous soupirons de soulagement. Nous rampons sous les tirs de canons des navires qui tonnent de nouveau dans la nuit, leur cadence se faisant toujours plus rapide, plus insistante. Il n'y a plus de doute, le front de Quang Tri a bel et bien déclenché une attaque. Tout déboule.

Devant nous se dressent le parc de chars et les casernes de tôle ondulée. Ces dernières se trouvent au milieu d'un cordon de blockhaus à demi enterrés qui communiquent entre eux par des galeries souterraines. Au moindre signal d'alarme, l'ennemi fera appel à l'aviation et aux GI des bases de Con Tien, Doc Mieu et Dong Ha, réputées inexpugnables. En d'autres mots, l'existence même d'un lendemain dépend d'une absence totale d'erreur. Nous rampons sans fin dans ce terrain semi boisé. Alors qu'une salve de canons est tirée au-dessus de ma tête, une lueur apparaît devant moi, faible reflet dans la terre. Peut-être ai-je mal vu... Je tâte doucement de la main... non... un peu plus loin... Une amorce métallique se révèle sous mes doigts. Une mine ! J'allais droit vers elle ! Báo arrive à mes côtés, la dégage délicatement avec son poignard et me chuchote en souriant : « Pour bien voir la lumière, il faut veiller dans l'ombre. » Un frisson me parcourt. J'ai froid. Liaojan nous rejoint rapidement. Avoir franchi la première ligne de défense de l'ennemi constitue déjà une demi-victoire. Elle savoure le moment, me donne une petite tape sur l'épaule et m'envoie un sourire : voilà la commune numéro huit ! Ici des tentes et des chars s'alignent à l'intérieur des barbelés. Pour atteindre l'estuaire, nous devons contourner ce point fortifié. Le chemin est court, mais ici se terminent nos observations préalables. À partir de ce point, nous n'avons aucune idée ni de la cadence, ni du nombre de sentinelles entre lesquelles nous devrons nous faufiler. Impossible d'en tuer ne serait ce qu'une, car nous sommes trop loin du but pour que sa disparition ne passe inaperçue. Centimètre par centimètre, nous pénétrons dans l'inconnu total.

Nous nous rejoignons entre deux arbres pour écouter, discuter. Une étrange pression nous pousse à nous dépêcher, à repartir alors que notre esprit voudrait seulement demeurer, observer la prochaine ronde de sentinelles, la comparer, étudier les lieux... Mais aucun d'entre nous n'est en mesure d'évaluer le temps nécessaire pour atteindre notre objectif. Tout ce que nous savons, c'est que l'opération doit être terminée avant l'aube. C'est notre seule certitude.

Un GI apparaît subitement, bouteille à la main. Il se tourne vers un arbre et... se met à pisser. Pas le temps d'évaluer si ce sera suffisant, nous devons profiter à tout prix de ce moment de relâchement pour nous frayer un chemin à travers la clôture. Liaojan se lance la première, rapide et légère, se projette dans un coin enseveli d'ombre. S'il faut attendre le moment idéal, nous ne bougerons jamais, un peu de folie est nécessaire pour faire un pas de plus... Après quelques instants d'observation, je m'élance, suivi de Báo. Nous contournons rapidement les blockhaus et les baraques de tôle, puis nous nous glissons sous le premier abri trouvé. Ce maigre tronc bloque la lumière des fusées éclairantes. Selon nos estimations, nous nous trouvons à mi-chemin de notre but, il nous reste quelques centaines de mètres avant d'atteindre l'estuaire.

Nous nous engageons dans le secteur fluvial qui mène de l'embouchure du fleuve, à l'entrée du port. La terre est humide, colle sur nos vêtements, contre nos mains. Nous glissons comme des serpents en suivant les méandres du sentier. Il fait si noir que je n'arrive plus à distinguer la mer du ciel. Seule la brise guide notre avancée vers la rive. Mon regard se perd vers le large. Le voilà ! Le pétrolier américain apparaît au loin sur l'eau, nimbé de lumière jaune. Poser des mines sous ce navire avant l'aube, tel est dorénavant mon unique raison de vivre.

Des phares s'élèvent, ceux des pontons qui fouillent l'eau. Plus loin se trouve une maison à toit plat hérissé d'antennes de radio. Des fusées éclairantes illuminent toute la zone. Des rafales de mitraillette crépitent, s'ajoutant aux sourdes explosions des canons. Báo se tourne vers moi, me fait signe que nous devons aller directement dans l'eau du fleuve. Son regard se fige... Une sentinelle ! Liaojan bondit derrière le soldat, comme une panthère, pose une main sur sa bouche et lui tranche la gorge.. D'autres voix se font entendre ! Elles se rapprochent ! Apeuré, je saisis mon poignard, sans conviction contre ces gardes armés. C'est la fin... Báo se tourne vers moi, s'incline légèrement et s'appuie contre mon bras pour se relever. Il hoche la tête vers Liaojan, lentement : « Nous sommes quittes... ». Brusquement, il se met à courir vers

les bois. Le bruit de branches cassées attire l'attention des patrouilleurs qui se regroupent aussitôt, les chiens aboient frénétiquement. La voix de Báo s'élève d'entre les arbres :

...viendra la fin, après avoir réduit à l'impuissance toute domination, toute autorité et toute puissance...

Les patrouilleurs décampent dans sa direction, le poursuivent à pleine vitesse.

Car il faut qu'il règne jusqu'à ce qu'il ait mis tous ses ennemis sous ses pieds.

Leurs mitraillettes hurlent vers les arbres, l'alarme est sonnée. Liaojan me saisit le bras. Nous devons rejoindre le fleuve avant que les patrouilleurs ne reviennent. Je cours furieusement vers l'eau. Les mitrailleuses se taisent entre les arbres. La voix de Báo revient aussitôt, comme un cri de l'au-delà :

Le dernier ennemi qui sera réduit à l'impuissance, c'est la mort !

Les mitraillettes s'époumonent de nouveau, puis s'arrêtent. Un violent hurlement de douleur. Báo ! Une autre salve est tirée, le cri disparaît dans les collines boisées. De fortes voix se font entendre, américaines. Ils s'appellent, se rejoignent autour de leur victime. Ils l'ont trouvé... *BOUM*. Une énorme explosion surgit des bois. Sa charge explosive ! Le détonateur ! Il les a eus... il les a eus jusqu'à la fin ! Même les chiens se sont tus.

Je m'enfonce dans le fleuve. Les yeux pleins d'eau, la bouche remplie d'un sourire. Tout se passe si rapidement. Des bruits de moteurs se font entendre. Je me laisse flotter à la dérive pour ne pas faire de vagues, tente de tout immerger sauf mes narines. Sur le long de la berge s'aligne une rangée de chalands en cale sèche derrière un réseau de barbelés. Les boîtes de conserve vides qui y sont attachées pêle-mêle étincellent sous l'éclat des projecteurs. Des soldats armés de AR-15 patrouillent la rive frénétiquement, longeant cette clôture. Dans le port, un canot de ronde, armé à la proue d'une mitrailleuse et à la poupe d'un filet de contrôle, va et vient, zigzague. Un grand bâtiment est ancré au milieu des pontons,

équipé de grues et flanqué de bateaux plus petits qui font la navette avec la rive, assurant son déchargement. Il transporte probablement des vivres. Mais notre cible est toute autre. Elle se trouve en mer, à environ trois kilomètres de la côte : le pétrolier de 15 000 tonnes, venu ravitailler en carburant les troupes en action au nord de Quang Tri.

Le courant nous mène lentement vers un filet tendu sous l'eau. Celui-ci filtre complètement le fleuve, d'un bord à l'autre, et descend jusqu'à son lit avec des harpons à pointes multiples. Liaojan s'agrippe solidement au filet, puis à mon tour, je m'agrippe à elle, utilise mes pinces pour découper une trouée par où nous passons en file indienne. Le temps de remonter à la surface pour un souffle, nous replongeons en profondeur pour éviter les remous. Nous quittons le fleuve pour la mer. Je tiens l'extrémité d'une ficelle que Liaojan m'a tendue. Je me dirige dans la même direction qu'elle. Deux coups signifient qu'il faut remonter.

Des centaines de phares installés sur les bateaux survolent la surface de l'eau, balaient le port. Leurs faisceaux lumineux remplissent d'éclairs bleutés l'eau sombre, inondent le cargo de ravitaillement. Le courant lutte contre nous, à chaque vague j'ai l'impression de revenir en arrière. Je sens la pression monter, m'étourdir ; ma limite avant de perdre connaissance. Je tire la corde par deux fois et remonte. Je dois me contrôler pour ne pas faire de bruit en aspirant, puis replonge aussitôt. Deux vaisseaux de guerre, l'un à bâbord, l'autre à tribord, assurent la protection du cargo. Ils sont immenses, mitraillent des salves orangées dans le ciel noir. Je suis insignifiant comparé à eux, infiniment petit. La peur me donne de l'énergie, elle devient mon moteur et non mon frein, je nage, nage et nage encore.

Encore une autre brasse, Liaojan me fait signe, nous remontons à la surface. Nous nous sommes éloignés du port, mais pas assez pour nous reposer. Nous replongeons. Une autre brasse, une autre, et une autre… L'épuisement me gagne, je n'arrive plus à garder mon souffle. Je dois dorénavant nager en conservant la tête à flot. Notre

destination finale semble immobile au loin, lumière dans la nuit, lueur sur la mer.

Mes muscles brûlent, mes bras n'en peuvent plus. Je me place sur le dos, balaie uniquement des jambes. Le temps est figé. Une étoile se fraie un chemin entre les nuages. Je n'arrive pas à distinguer si j'avance réellement, si je fais du sur place ou si je suis repoussé vers la côte. Je ne ressens plus la peur, ni l'instinct de survie, ni rien. Je nage dans l'obscurité, automate, comme si toute cette scène avait déjà été définie voilà bien longtemps, comme si je tenais simplement un rôle dans un drame dont je ne suis pas l'auteur.

Une lueur au coin de mon œil me surprend. Je me lève la tête pour constater brusquement que le pétrolier n'est plus si loin. Comme un revenant que je n'attendais plus. L'adrénaline revient en moi, m'éclaircit les idées… ce n'est pas fini. Liaojan me rejoint, exténuée. La ligne de flottaison du pétrolier démontre qu'il est toujours bien plein. Sourire. Ils n'ont pas eu le temps de le décharger. J'ai devant moi mon but, je suis nécessaire, jamais de ma vie je n'ai été aussi certain de ma destinée. La peur existe jusqu'au moment où survient l'inévitable. En ce moment elle se retire complètement de mon esprit.

Je replonge, arrive encore à conserver mon souffle. En refaisant surface, je remarque qu'une odeur étrange m'entoure. Nous parvenons à une nappe d'huile qui entoure le bateau. Une lueur constante tombe sur nous, j'avance silencieusement, en battant légèrement des mains pour ne créer aucun reflet. Un sursaut dans l'eau attire mon attention, des mouvements autour de moi. Liaojan saisit son couteau et plonge sous l'eau. Des requins ! Ils sont attirés par la lueur, cernent le pétrolier tels une véritable ligne de défense. Je plonge aussi mais impossible de voir Liaojan. Elle mène un combat silencieux. Je dois terminer la mission.

Je m'approche de la coque du bateau, et à l'aide de mon poignard, j'arrache les coquillages collés au niveau de la ligne de flottaison.

Je tente de minimiser le bruit métallique, mais les coquillages sont solidement ancrés. Je fixe la charge et vérifie une dernière fois le mécanisme d'horlogerie du détonateur. Je tâte la chaîne de l'ancre, puis plonge sous la coque pour y fixer l'autre charge. Une masse sombre fonce droit sur moi ! Automatiquement, je brandis mon poignard. Je suis frappé en pleine poitrine, j'en perds mon air, j'échappe la charge explosive. Ma lame est coincée, j'ouvre les yeux sur un énorme requin. Mon poignard se libère dans une traînée de sang. Il se débat, je le pique une seconde fois. Il disparaît. Je remonte furieusement à la surface, cherchant mon souffle. Dans la nuit de l'eau, transpercée de lumière, j'aperçois la silhouette de Liaojan entourée d'un nuage foncé. Elle flotte, immobile, la tête à la surface. Je fonce vers elle, la saisis par le bras. Elle s'est fait morde un mollet, sa peau est lacérée. Son sang va nous attirer des ennuis, d'autres bêtes… Je retire ma ceinture, lui confectionne un solide garrot à la cuisse. J'aperçois un autre requin, il vient droit vers nous, puis change d'avis, semble foncer vers celui que j'ai transpercé. Le sang de ma victime va peut-être les attirer à présent. Leur souper est servi, mais pour combien de temps ?

Je fixe rapidement la charge de Liaojan au pétrolier, sans même régler le détonateur. J'espère seulement que l'explosion initiale sera suffisante pour la faire éclater aussi. Nous devons partir à tout prix. Liaojan tente de se débattre, m'avertit faiblement qu'elle veut rester au cas où des hommes-grenouilles viendraient. Il faut les combattre jusqu'à la mort pour les empêcher d'enlever les mines. Elle divague, semble si faible. Elle a perdu beaucoup de sang. Je l'empoigne de force par le cou, la tire vers la rive. Mais je n'avance que centimètre par centimètre. Je suis exténué.

La mer est agitée, ses vagues nous poussent lentement. Nous nous éloignons silencieusement de la clarté du pétrolier. Mes yeux se ferment, je n'arrive plus à demeurer conscient. Ma peau est flasque, mes cuisses insensibles, mes muscles des bras brûlent. Je me sens lourd. Trop lourd. Je dois abandonner tout effort pour nager, ne fais que serrer Liaojan contre moi, tente de demeurer à la surface. Les vagues nous ballottent comme un radeau à la dérive. Un son

immense me frappe, un incroyable éclair, une flamme s'étend jusqu'au ciel, suivie d'une brise brûlante et de grandes vagues. Le pétrolier brûle dans un nuage plus noir que la nuit. Des hélicoptères et des bateaux l'encerclent à présent. Mais ma tâche est terminée, ma mission est accomplie. Je ne veux plus que me laisser sombrer dans le plus profond des sommeils.

Liaojan entre mes bras se tortille, des spasmes la berce. Des lueurs m'aveuglent, me dérangent, se dressent sur l'eau. *Je rêve de son sourire...* Elles disparaissent au gré des vagues. *Je peux sentir le contact de sa joue contre la mienne...* Je ne veux que dormir.

Des centaines d'oreillers me cajolent, me caressent, une étrange sensation me parcourt. Des éclaboussures, de l'eau s'engouffre dans mes narines. Je m'étouffe, une lumière m'aveugle. Mystique, irréelle, puissante, elle devient mon ciel. L'eau remue violemment autour de moi, bouillonne. Des centaines de taches blanches... La lumière... Des calmars me submergent ! Mon pied se prend, s'enroule autour d'une corde... un filet. Un bateau de pêcheur ! Ses puissants projecteurs qui illuminent l'eau attirent ses proies. J'entends vaguement des voix. Je sens qu'on m'enlève Liaojan, on me l'arrache. On m'attrape par les bras. J'attends mon sort, peu importe quelle forme il prendra. La pression monte à mon visage, étourdi, la limite de ma conscience. On me secoue. J'ouvre légèrement les yeux, on me montre un papier plié : une image de Hô Chi Minh !

On nous transporte dans la cale, nous camoufle sous des filets. J'entends un hélicoptère s'approcher, une voix au haut-parleur. J'enfonce dans les planches, je n'arrive plus à me relever, je ne vois rien sous ces filets qui nous recouvrent. Ce n'est qu'à présent, réalisant que j'ai une chance de survivre, que la peur de mourir renaît en moi. Je tâte le néant autour de moi, arrive à découvrir le bras de Liaojan. Elle saisit ma main faiblement. Je me tortille, rampe, me débats pour arriver près d'elle. Je pose ma tête contre son épaule, j'arrive à passer ma main au-dessus de son ventre pour la serrer dans mes bras... puis je m'écroule à ses côtés.

Je ne m'étais pas préparé pour un *après*. Je ne croyais point en la vie après la mort, ne l'avais pas prévue. Je pensais me retrouver six pieds sous terre, mais je ne savais pas que ce six pieds se trouvait à Cu-Chi, de retour dans ses tunnels…

J'y progresse tel une fourmi androïde, sur le pilote automatique : lorsque je croise quelqu'un, un simple contact des antennes, puis je continue mon chemin. Un « Bonjour, ça va ? » sans même écouter la réponse, sans même écouter s'il y a une réponse. Je ne m'étais pas préparé à vivre après le suicide qu'était cette mission. Je me suis ouvert les yeux sur un vieux cauchemar, prisonnier des entrailles de la terre. Et une fois de plus, il m'est impossible de m'en réveiller.

Autour de moi, on m'observe avec une distance étrange, un froid respectueux que je déteste. Le fait que je sois revenu de cette mission impose un mur, un éloignement qui isole. Ils me saluent avec une cordialité excessive lorsque j'arrive, puis semblent attendre inconfortablement que je m'en aille. Tous sont toujours amicaux, mais personne n'est vraiment gentil; tous me parlent, mais personne ne dit jamais rien. Je ne me sens plus faire partie d'eux, je ne suis plus des leurs. Seule Liaojan peut comprendre ce que j'ai vécu, seule Liaojan peut encore pénétrer ma bulle.

Elle est stationnée à l'infirmerie. Le requin a englouti une bonne partie de son mollet. Elle n'arrive plus à remuer son pied droit, mais c'est surtout son être qui ne semble plus vouloir bouger.

Depuis qu'on nous a repêchés, elle s'est plongée dans un mutisme profond, impassible, immobile. Je la rejoins comme à chaque jour depuis que, sous les filets de pêcheurs, nous avons échappé à ceux que nous tendait l'ennemi.

Le médecin me cède la place, comme ils le font tous.

Depuis des jours ça me trotte en tête, depuis des heures je me motive : je décide d'en terminer, d'en finir une fois pour toutes, ma décision se concrétise. Tant qu'à me sentir seul au monde... Je suis en train de perdre la raison. Pour alléger le poids qui m'écrase, je m'évade peu à peu dans la conviction que rien de ceci n'est réel, un rêve. J'abandonne les limites qui m'ont toujours écrasé, comme la terre perdrait soudainement sa rotation. En rejetant toute gravité, apesanteur, je m'envole dans un monde où aucune conséquence n'est catastrophique. J'agrippe la main de Liaojan et laisse mon âme lui parler, la laisse se vider. Je n'ai nul besoin d'inventer quoi que ce soit, tout flottait en moi depuis si longtemps. Aucun mot ne la décrivant, aucun sentiment qu'elle m'inspire, n'était demeuré muet dans mon esprit. Elle m'habite, je lui dévoile simplement à quel point sa présence a modelé mon intérieur. Combien tout d'elle m'est synonyme de beauté. Combien son être m'attire, sa présence m'irradie, son absence me blesse, son énergie me propulse. Combien chaque jour sans elle est une éternité de ténèbres...

Ses yeux sont scintillants. Sans dire un mot, elle m'invite à poser ma tête contre la sienne. Elle glisse doucement ses doigts dans mes cheveux, soudainement sa poigne se referme. Je relève doucement la tête, sa main me guide vers ses lèvres. Je les effleure doucement, les caresse. Je sens son souffle chaud, je goûte sa bouche tendrement. Je me laisse sombrer dans un baiser, un baiser que je n'attendais plus tant je l'espérais. Un feu m'envahit, une décharge me parcourt, un bonheur se déploie en moi. « Venez immédiatement tous les deux, le Colonel Khang veut vous voir ! » Je me retire, me déchire d'elle. La voix impertinente d'un messager me transperce. Le choc provoque un retour brutal à la réalité qui tient mon corps prisonnier, moi qui m'étais pourtant évadé. Liaojan se détache, se

redresse. Je veux la retenir, l'en empêcher. Elle s'appuie contre moi, se lève, pivote sur sa jambe valide puis rampe péniblement dans la noirceur du tunnel. Je la regarde disparaître, emportant avec elle un univers brusquement éclipsé.

Le Caporal Khang se tient au centre d'un chaos d'officiers qui tourbillonnent à l'étroit dans la salle du *tank*. Visiblement quelque chose se prépare. Mouvement, angoisse, affolement… Quelque chose que je n'aime déjà pas. Il prend la parole d'un ton d'acier, commande automatiquement le silence, ne regarde que nous : « Je voulais vous accorder la paix de l'ignorance le temps que vous récupériez, mais la situation actuelle ne me permet plus telle démarche… Nos informateurs nous ont fait part d'un mouvement important dans le sud-est. Sur la route treize ces derniers jours, plus de cinq mille camions ennemis ont défilé. Nous ne savons pas ce qu'ils transportent, mais à en juger par leur suspension, ils étaient chargés à bloc. » Il appuie durement son doigt sur une carte géographique. « Hier matin, des avions de reconnaissance et des chasseurs ont pilonné intensément cette zone. L'ennemi a aussi créé plusieurs diversions en simulant des débarquements afin de nous appâter pour aussitôt nous larguer du napalm. Peu après, plus de cent avions ont aspergé le terrain de bombes pour couvrir le débarquement d'une division de GI qui ont ratissé au peigne fin et cerné tout un secteur. Ce matin, dans ce même périmètre, des hélicoptères ont déposé l'un après l'autre des canons et des obus de 105 mm. Puis des grues volantes CH-54 ont à leur tour transporté des canons de 155 mm. »

Comme on peut deviner la menace d'un orage seulement en apercevant les nuages noirs se dressant à l'horizon, je sais fort bien qu'une tempête explosera bientôt sur nous. Je ne crois pas que les Américains aient bien digéré la perte de leur pétrolier.

Le Caporal reprend son souffle et poursuit :

— Depuis ce matin, notre division 7 essuie un bombardement ininterrompu. Quatre vagues de B-52 sont venus dérouler

leur tapis de bombes tour à tour… Nous venons tout juste de recevoir son message d'alerte, elle demande notre appui. Cette division subit présentement une attaque frontale menée par l'infanterie et les blindés, soutenus par deux bataillons d'artillerie divisionnaire et une quinzaine d'avions. Cet assaut est conjugué à des débarquements de troupes héliportées qui forment des étaux d'encerclement pour intercepter le ravitaillement et couper leur repli.

Khang s'arrête, enlève sa casquette, secoue ses cheveux.

— Isolés ils seront anéantis.

— Nous sommes prêts à partir Caporal ! lance brusquement un soldat qui vient d'entrer dans la pièce en se plaçant au garde-à-vous.

— Oui, répond Khang aussitôt. Il se tourne vers moi, puis son regard glisse sur le mollet de Liaojan, entouré d'un tissu imbibé de sang. J'envoie en renfort toutes nos troupes vers la division 7, mais je dois demeurer ici pour assurer la liaison radio. Je veux que vous preniez place dans la termitière au cas où leur attaque déborderait sur nous. Rompez !

La ruche se vide, les hommes ont revêtu le peu d'équipement qu'ils possèdent et se dirigent en file indienne vers la sortie. Dans l'obscurité totale de ce tunnel qui me caresse le dos, j'ai des dizaines de soldats devant moi, des centaines derrière, nous sommes arrêtés. Je suis pris dans cet embouteillage, je ne peux ni avancer, ni reculer. Ma respiration suit un rythme de plus en plus rapide, je n'ai pas suffisamment d'air. Je me sens pris, la panique naît en moi. Je ne peux pas sortir, pas crier, pas respirer, pas voir… J'essaie de me calmer, de penser à autre chose, de me concentrer, mais je sais pertinemment que je me mens à moi-même, que je tente seulement de camoufler la réalité qui me serre dans un étau. Je pousse dans le dos de celui qui est devant, et celui qui est derrière en profite pour se serrer contre moi. Je n'y arrive plus. Je n'y arrive plus ! Mes mains agrippent les murs, je déchire la terre, ma tête pend à mon cou…

On avance finalement un peu. Une ouverture se dessine à ma droite, la cuisine ! J'y concentre toute mon attention, son ouverture me rassure, son espace m'appelle. Je pousse devant, un autre pas, et je m'engouffre dans son orifice, délaisse ce cordon humain. Je reprends peu à peu les commandes de mon esprit.

Je remarque les restants de plaquettes de riz qui ont été tranchées avec mon sabre. Que des soldats doivent mourir était une certitude; lesquels ce serait dépendrait des circonstances. C'est dans cet état d'esprit qu'ils ont englouti leur dose de riz *chanceux*. Ils défilent devant moi en me servant des regards remplis de respect. *Ave César, ceux qui vont mourir te saluent.*

Certains visages me sont familiers. Mais souhaiter leur retour équivaut à souhaiter la mort d'autres jeunes que je ne connais pas.

J'en ai marre de me trouver partout où je vais ! Je rebondis d'un champ de bataille à l'autre, la mort partout ne cesse de me suivre, mes pas me dirigent vers des désastres…

Les tunnels se vident. Je n'ai maintenant que le noir le plus profond, le plus opaque, comme compagnon. L'absence totale de bruit est étrange, inusitée pour ce lieu habituellement bondé. Le son d'une explosion me parvient de la surface, elle me rassure presque, meuble cet inconfortable silence.

Je rejoins Liaojan déjà en place sous la termitière, carabine en mire. L'artillerie envoie quelques coups autour de nous, des avions apparaissent entre les arbres et nous bombardent à leur tour… puis tout s'arrête. Ça ne présage rien de bon. Cette pause me rend inconfortable. Bombardez-nous un bon coup, puis laissez-nous tranquille ! Rien.

Un étrange bruit d'hélicoptère se fait entendre au loin, plus grave, plus lourd, singulier. J'espère que ses troupes seront destinées à la division 7, car ici la fête de bienvenue sera bien courte. Je regarde Liaojan, fière, immuable dans sa position. Elle constitue la moitié de nos effectifs…

— J'aurais voulu te rencontrer à l'école quand j'étais jeune, au parc lorsque je jouais, à la danse du quartier... en temps de paix, lui avoué-je d'une voix cassée.

Liaojan pose sa main sur ma joue un instant, puis reprend position, ses doigts reviennent à la gâchette. Son ton devient frondeur :

— La paix ? La paix n'est qu'un concept abstrait qui ne s'est jamais manifesté dans l'histoire. Aucun être humain sur terre ne sait ce qu'est la paix, n'a jamais su ce qu'est la paix.

Toute son attention est consacrée à son viseur. Le temps passe dans un silence pénible, je m'écrase contre le mur, lance des cailloux. Subitement, la position de Liaojan se durcit, sa mire est fixe, son souffle se coupe. Je me redresse. Tout comme Báo réagissait, je sais qu'elle vient de repérer une cible. Pourtant, elle relâche la carabine, se tourne vers moi. Fausse alerte ? Le soleil se couche, rougit son visage pâle. Elle me pointe le contenant à munitions personnel et me demande sèchement d'aller le nettoyer au fleuve. « Je vais y aller plus tard Liaojan... » « Non ! », insiste-t-elle d'une voix autoritaire. Étrange. Sa gêne ? Le regret de m'avoir embrassé ? Mon âme se déchire devant cette possibilité. Je veux à tout prix mettre fin à cette tension déplaisante. Je saisis le récipient et m'enfonce dans le tunnel, irrité.

Je n'arrive pas à comprendre son comportement rude, détaché. Je réalise douloureusement que nous sommes bel et bien deux malgré l'impression contraire qui me submergeait plus tôt. Ses yeux qui me fuyaient. Elle me veut loin d'elle, à l'autre bout...

Un étrange bourdonnement, lointain, presque impalpable, m'entoure soudainement. Mon visage se relâche, ma conscience vient me frapper. Je reviens aussitôt sur mes pas. Liaojan n'a pas même le temps de protester que je la pousse en lui retirant sa carabine. Je fouille par la lunette du viseur, aperçois les feuilles tourbillonnantes d'arbres qui tombent. En suivant la chute des arbres j'arrive à entrevoir le premier, puis le deuxième, puis les deux autres...

Une décharge me parcourt l'échine. Des *bulldozers* se suivent en formation, entourés par une unité de fantassins. La végétation est rasée, les arbres sont déblayés, la terre est retournée. L'immense lame devant chaque engin protège les conducteurs de nos balles. Ils avancent droit vers nous, leurs morts les ont renseignés sur notre position. Nous sommes impuissants devant eux, Liaojan m'envoyait vers la sortie de secours en le sachant fort bien. Je la saisis par les bras, il faut déguerpir ! Liaojan se débat sur une jambe, elle tombe, hurle :

— Sauve-toi Luò ! Moi je reste !

— On ne peut rien faire contre eux, peut-être en tuer un ou deux avant de mourir nous-mêmes !

— Exactement ! Et c'est là mon devoir ! Elle pointe la carabine vers moi, me regarde droit dans les yeux. Je te jure que je te tuerai...

Je recule d'un pas. Jamais je ne la laisserai derrière. Je dois la convaincre.

— À quoi servira ta mort... ? Nous devons aller rejoindre les autres divisions. Nous serons capables d'en tuer bien plus qu'un ou deux si nous demeurons en vie ! Tu ne sers pas la révolution en te laissant mourir !

Je l'agrippe par la taille, la traîne vers le tunnel. Elle se débat, refuse, résiste, me frappe du manche de sa carabine. Je tombe à ses côtés. « Lia ! » Elle prend appui sur le mur et se redresse. Étourdi, je l'observe, découragé. Par l'ouverture elle ne voit que le métal des tracteurs. Les fantassins sont dissimulés derrière, aucun n'est à découvert. Elle cherche, cherche, ne trouve rien. *Pan ! Pan ! Pan !* Elle tire, tire furieusement. Le bruit des ricochets nous revient, nos balles ne provoquent que quelques étincelles sur ces tonnes d'acier. Je lui arrache la carabine de force. Elle hurle, me dévisage, folle de rage, frappe le mur... puis l'angoissant sentiment d'impuissance

fait son chemin, la gagne. « Il faut rejoindre les autres divisions ! » lui crié-je. Elle me tend la main, elle abandonne.

Sa jambe la ralentit, la fait souffrir. Je ne peux pas la soutenir, le tunnel est trop étroit. Nous avançons toujours lorsqu'un immense bruit résonne à travers les parois du tunnel. Des cris, un moteur furieux : ils ont trouvé. Ils sont derrière nous ! J'accélère le rythme, Liaojan sur les talons.

Des bruits d'hélice, un hélicoptère tout près. Mes orteils sont submergés en premier, puis mes poignets. De l'eau ! Ils déversent de l'eau dans le tunnel, ils veulent nous noyer ! Elle monte en vagues rapides. L'hélicoptère repart pour un autre chargement.

Nous parvenons à la chambre du Caporal Khang. Il n'est pas là. Il doit être devant nous, dans le corridor d'urgence qui mène au fleuve. Je fais un crochet devant Liaojan et saisis le sabre qui est suspendu à son mur. Je ne le laisserai certainement pas tomber entre leurs pattes. Une deuxième vague se propulse contre nous, l'eau noire me monte à présent aux genoux. Il faut rejoindre le fleuve au plus tôt mais le chemin est encore long. « Liaojan ! » Je tente de la tirer par le bras. Nous n'avançons pas assez rapidement. Une troisième vague nous frappe. Cette fois-ci, seules ma tête et mes épaules émergent de l'eau. Liaojan doit se redresser, impossible de ramper. Elle parvient à se laisser flotter. Je l'entends lutter dans la noirceur totale. « Liaojan, prends-toi à ma taille, je vais te traîner ! » « Non ! Avance ! Je suis juste derrière, tout va bien ! » Tout va bien ! Je me le répète intérieurement. Tout va bien ? J'avance péniblement à travers cette eau qui bientôt me privera de tout oxygène ; la sortie est encore à une bonne distance. L'hélicoptère remplit son récipient au fleuve, son retour marquera notre fin. Mes poumons se rempliront pour la dernière fois, d'un instant à l'autre. Je réalise brutalement toute l'importance de nos dernières secondes. Je ne veux pas les gaspiller à courir comme une poule décapitée, je veux les passer en compagnie de celle que j'aime, être avec elle, contre elle. Je m'arrête. Aucun bruit derrière moi, pas de vague. Un sentiment d'immense vide m'oppresse. « Liaojan ?

Liaojan ! » De l'obscurité, sa voix rebondit doucement jusqu'à mes oreilles, lointaine, douce : « Luò… » Je fais demi-tour, je dois la rejoindre. De l'eau s'engouffre dans mon nez, elle monte ! Liaojan poursuit faiblement : « Avant ton arrivée, j'ai désiré la mort pendant des années… Elle m'a entendue alors que je ne l'appelais plus. »

« Elle devra t'arracher à moi ! » Je reviens frénétiquement sur mes pas. « Pour que nous vivions Luò, l'un de nous doit mourir. » Un bruit métallique… une goupille. « NON ! » Je suis projeté violemment sous l'eau. Des flammes survolent la surface, éblouissantes, des torrents d'eau me propulsent vers l'arrière, charriant de la terre. Puis tout s'éteint. Je sors la tête, l'air est impossible à respirer. Je m'étouffe, je suffoque. « Lia ! » Sa grenade… Elle a provoqué un éboulement qui bouche le tunnel, l'eau ne monte plus. « Lia ! » Ma voix s'élance dans le noir, mes oreilles bourdonnent. Je hurle, je cogne, je pleure. L'eau ne monte plus… mais j'aurais voulu mourir à ses côtés, je n'ai plus aucune motivation. J'avance, lentement, il ne faut pas que sa mort soit vaine, vaine comme ma vie.

Mon pied perd prise, l'ouverture vers le fleuve est près de moi. J'arrive à percevoir le battement sourd d'un hélicoptère. Il doit voler au-dessus du fleuve, m'attendant patiemment avec ses projecteurs dans la nuit. L'eau recommence à monter. Elle a fini par se frayer un chemin. Je dois sortir, mais l'hélicoptère me tuera dès que j'apparaîtrai à la surface. Je saisis mon sabre, l'extrais de sa gaine. À l'aide de sa lame, je tranche l'étui en deux, sépare l'étreinte du dragon et du phénix. J'en rejette le bout, la section du haut que je conserve est trouée aux deux extrémités. Je la fixe à ma taille avec le sabre dénudé et je prends la plus grande respiration que le peu d'air restant me permet. De l'eau s'infiltre dans mes narines, je m'étouffe bruyamment. L'eau rejoint presque le plafond. Je plonge dans l'abîme. J'avance à l'aide de mes mains dans ce corridor sous-marin, sans connaître sa longueur. Toute mon énergie passe dans chaque brassée, en espérant qu'elle soit la dernière. La pointe de mon sabre me mord le mollet. Un éclat lumineux passe, puis disparaît devant moi. Mes poumons brûlent, je dois respirer. Je vais

me noyer. Mes mains ne frappent plus de parois, le jet lumineux de l'hélicoptère balaie l'eau trouble au-dessus de moi. Une masse flotte à la surface, je m'y dirige aussitôt. La masse est molle, chaude : le Caporal Khang repose dans un nuage de sang. Il n'a pas entendu l'hélicoptère... je me retiens sous lui. Je prends la gaine du sabre, fais sortir une des extrémités sous le bras du Caporal, puis je pose mes lèvres contre l'autre. J'avale l'eau qui la remplit. J'aspire, avale... tout ce que je veux c'est de l'air. Ma figure va exploser, mon sang s'y précipite. Encore de l'eau, âcre, le goût du sang. Une autre gorgée, encore... La prochaine gorgée remplira d'eau mes poumons. Je n'en peux plus... De l'air ! Je maintiens l'extrémité de l'étui à la surface. J'aspire l'air violemment, jamais je ne l'ai tant apprécié ! Je reprends mon souffle lourdement, espérant que personne ne m'a remarqué. Je demeure ainsi une éternité. N'entendant que mon souffle noyé sous le battement de l'hélicoptère.

Des images me bombardent, le visage de Liaojan... Je n'en peux plus.

Lentement, interminablement, je tire le corps du Caporal Khang, le libère doucement des racines qui le retiennent. Paisiblement nous rejoignons le courant du fleuve, moi dessous, lui dessus. Le jet de lumière de l'hélicoptère fond sur nous dès que nous commençons à dériver. Mais le sang rend l'eau opaque. Quelques coups de feu sont tirés au hasard, sans plus...

Suivant les flots, je m'éloigne des tunnels de Cu-Chi, de cette guerre qui m'a détruit, de cet enfer que je laisse derrière.

Seul.

Je sors le drapeau du sergent de ma poche. L'eau le nettoie de son sang. Je l'abandonne au gré du courant tout comme le Caporal Khang. Je ne veux jamais plus revenir. Ma seule raison de combattre parmi eux vient de s'éteindre. Je dois tourner le dos aux fantômes, aux morts... avant qu'ils ne m'avalent. J'ai perdu toute joie

et le sens du repos, cette étape de ma vie est bel et bien révolue :
ce fleuve mène au Cambodge.

找樂

Je m'enfonce toujours plus profondément sous le bleu du ciel, ses nuages ou ses étoiles. La nuit, elles m'apparaissent brillantes comme des soleils. Je respire l'air frais à pleins poumons; renoue avec la brise qui me caresse les cheveux, qui ne faisait plus partie de ma vie à Cu-Chi. Tel un nouveau-né, je sors de ces tunnels comme émergé d'une mère. J'ai l'impression de découvrir pour la première fois la splendeur des vallées, les montagnes puissantes se projetant vers l'éternel, le soleil qui parcourt la voûte pour que le riz puisse croître. Le soir, avant de m'endormir, je me laisse bercer par les sons qui meublent la jungle, la mélodie des oiseaux nocturnes, le bruit du vent qui se fraie un passage entre les branches, la pluie qui martèle les feuilles. J'observe la vie de chaque nouvelle lune qui, à son apogée, attire l'océan telle une amante. Combien de fois auparavant j'ai écouté sans entendre, regardé sans voir... Comme j'apprécie cette nature qui m'enveloppe d'un voile de paix. Dans cette guerre, je me sentais comme un poisson dans l'air, comme un oiseau sous l'eau. Mon corps s'est libéré de ses chaînes... mais mon âme vient de se faire projeter brutalement dans un cachot. Comme si j'étais d'un coup séparé d'un membre de mon propre corps, il manque une partie essentielle à mon être.

En marchant, parfois, j'ai l'impression d'être accompagné, je me surprends subitement à vouloir échanger avec quelqu'un derrière moi... pour réaliser en me retournant que je suis bien seul, pour me remémorer douloureusement l'absence de Liaojan. Partout sa

présence irradiait, faisait reculer le gris. Sans elle ce n'est que le noir. Du pluriel, je suis brusquement passé au singulier. Une plaie qui jamais ne sera cicatrisée. Seule ma tristesse prouve que mon âme est toujours vivante.

J'agrippe mon sabre. Avec le linge que je porte, il est ma seule possession, mon seul compagnon. Je lève la lame bien haute et observe, hypnotisé, sa fine courbe, son fil tranchant, les caractères qui coulent le long de ses parois, l'ivoire travaillé de son manche… Je le plains. Malgré moi, des larmes me montent aux yeux. Sûrement aurait-il préféré demeurer sur cette montagne perdue de Chine, tranquille sous l'arbre, à se faire dorloter au soleil, admirant la vue. Je l'ai mené à travers guerres, morts et misère. La lumière frappe sa lame rayonnante, je déchire l'air pour sentir sa vibration, ma poigne se resserre, je coupe une branche, d'un coup sec, sans effort. Soudainement, son énergie s'insuffle en moi, il me fait sentir immortel, prêt à traverser ce qui se présentera devant moi, peu importe.

Je sais que je me trompe : le sabre ne regrette rien, car il sait. Il sait qu'il est l'un des derniers vestiges de l'histoire de mon peuple; il sait que par lui, elle se perpétuera. Il est ma mission, ma seule raison de continuer. Je suis tout ce qu'il a au monde, il est tout ce que j'ai… comme au premier jour de ma nouvelle vie.

*

C'est entre deux feuilles que je l'entrevois en premier. Tache noire brisant le vert. En avançant lentement, délicatement, je crois d'abord qu'il dort, simplement, dans l'herbe. Mais peu à peu, en sondant les détails, je remarque les traces de sang qui maculent ses jambes. En redressant la tête, je découvre les autres. Des enfants, des femmes… La musique des mouches au-dessus des cadavres s'élève à mes oreilles, en fanfare.

Je reste dissimulé derrière un vieil arbre, à la lisière de la forêt. Ma tête se permet quelques lents voyages à l'extérieur de ma planque. Un chemin de terre tourne à angle droit au milieu de la clairière, contourne un champ complètement ravagé par les obus. La voie descend d'abord une colline devant moi, pour tourner vers la gauche et passer devant une petite cabane plus loin, délabrée, abandonnée. Mis à part quelques porcs gambadant en famille, aucun mouvement, aucune vie… Soudainement deux oiseaux hurlent, se poursuivent, se chassent. Mes mains s'encastrent dans le tronc de l'arbre. Autour de moi la guerre fait rage. Les animaux se combattent, les humains se tuent.

Je m'approche, curieux, des cadavres — sept —, transpercés de balles. Mon cœur est le seul à battre, mais il le fait pour tous. Malgré l'absence qui m'entoure, ma conscience ne me laisse pas quitter mon mode *survie*. Tout son me paraît annonciateur de catastrophe, même s'il est produit par un oiseau. Je suis vulnérable sans ces arbres qui m'entourent.

Je ramasse la couverture d'une femme qui n'en aura plus besoin, l'enroule autour de mon sabre puis la fixe solidement à l'aide de cordelettes. Mon sabre efficacement camouflé, je laisse mon regard voguer à nouveau vers les corps. Bien qu'ils portent, comme moi, des vêtements de paysans noirs, le teint de leur peau est foncé, leurs nez plus larges… Je suis arrivé au Cambodge, c'est confirmé.

Je me tourne vers les porcs à l'autre bout de la clairière. Depuis bien longtemps je n'avais rien vu d'aussi appétissant. Je vais aller m'en cueillir un comme une fleur de printemps… Un bourdonnement ! Je pivote la tête pour mieux entendre. Non ! Le bruit s'amplifie dangereusement. Une fumée noire s'élève du haut la colline. Je m'éloigne aussitôt des morts, rejoins le chemin. Le son du moteur me tient à présent en haleine, alors que la cabine d'un camion se dresse par-dessus la côte. Une décharge en moi, je retiens un cri. Des hommes sont debout dans la caisse arrière ouverte, les ombres de mitraillettes couvrent leurs tailles. Je me retourne innocemment, puis détourne la tête. Impossible de rejoindre la forêt,

courir serait ma mise à mort. J'avance d'un bon pas sur le chemin, mais ils me rejoignent rapidement. J'accélère, légèrement, vers la cabane. M'y enfouir, espérer que le camion passe son chemin. J'augmente le rythme au millième de ce que mon adrénaline l'exige. Ils me talonnent, le vrombissement m'englobe.

Je rejoins la cabane, referme rapidement la porte derrière moi... « Merde ! » Je fais le saut. Un vieil homme se tient devant moi dans la demi clarté, sa canne à la main. Les freins du camion crient, ses portes s'ouvrent, des bruits de bottes et des cris nous parviennent. L'attention du vieux me quitte aussitôt pour capter ces sons, puis ses yeux suivent le regard paniqué que je jette à mon sabre. Il boite jusqu'à moi, jette sa canne dans un coin et saisit mon sabre. Avec celui-ci, il lance vers moi un vieux chapeau de paille qui dormait sur la table. Dès que je l'attrape il me dit en chinois : « Tu n'as pas rassemblé les porcs encore ? Va vite, tu es en retard ! » La porte s'ouvre en fracas sur quatre adolescents — turban carreauté blanc et noir au cou, casquette kaki sur la tête —, qui pointent sur nous leurs mitraillettes. Le vieil homme s'appuie sur mon sabre emballé comme sur une canne, me donne une tape derrière la tête qui fait presque tomber le chapeau et me crie des ordres, dans une langue que je ne comprends pas. Puis il se tourne vers les jeunes armés, et de la façon la plus naturelle qui soit, se plaint en me pointant, doit leur traduire la requête qu'il m'a formulée en soulignant mon incompétence. Du moins c'est que je présume, car ses paroles ne sont que bruit pour moi. Je replace le chapeau sur ma tête et tente de me faufiler vers la sortie. Mais les soldats ferment le chemin, hurlent. Le vieil homme poursuit sa plainte un instant, puis semble devenir blagueur, rit en me poussant vers la porte. Les mitraillettes s'écartent, lentement, pour me céder le passage. J'en profite, craintivement, et aussitôt sous le soleil, je cours en direction des porcs effrayés. Par-dessus mon épaule, j'aperçois les jeunes me lancer un regard suspicieux puis s'allumer des cigarettes dans la boite du camion. Le plus âgé d'entre eux doit avoir à peine seize ans !

Le vieil homme sort à son tour, s'appuyant toujours sur mon sabre qui compense pour sa jambe droite qui ne plie pas. Il se dirige vers

moi en criant : « Non, non, non ! Il faut les amener vers le camion, pas à l'autre bout du monde ! » Les porcs ! À force de vouloir m'éloigner des mitraillettes, je les ai poussés à l'autre extrémité du champ. Je les contourne puis tente de les ramener en courant comme un fou à lier, dès que l'un d'eux décide de modifier sa trajectoire. Les soldats s'esclaffent, tirent une salve en l'air pour exciter davantage ces porcs hystériques. Le vieil homme me rejoint avec des éclats d'un rire aigu qui me rappellent le cri d'une corneille. Calmement, il sort une carotte de sa poche, les porcs se ruent vers lui, l'entourent et le suivent pas à pas. Je m'approche aussi de lui, mais ce n'est pas la carotte qui m'attire. Qui est-il ? Qui sont-ils ? Tout ce que mon cerveau formule se termine en point d'interrogation. Mais c'est lui qui brise le silence, à peine plus fort que le grognement des bêtes : « Alors, tu es Chinois ? Mon père l'était aussi. J'ai reconnu ton exclamation : *Merde*... » Sans attendre de réponse, il baisse le regard, sourit, visiblement heureux : « Mon nom est Kuan-yin ». Ses cheveux blancs repoussent à peine sur sa tête rasée. Son dos est légèrement courbé, mais il se déplace avec vigueur malgré son handicap. Je profite du silence :

— Mais qui sont-ils ?

— Ce sont des Khmers Rouges.

— Des Khmers Rouges ?

— Tu n'as jamais entendu parler des Khmers Rouges ? Alors on va aller prendre un peu d'eau, sinon j'ai bien peur que ma langue ne sèche et ne tombe avant que j'aie terminé de t'expliquer... Son sourire s'assombrit, il arrête le pas et se tourne vers moi : Je ne sais pas d'où tu viens mon fils, mais je ne crois pas que ton destin se soit amélioré en venant ici...

J'expire en laissant ma tête tomber vers l'avant :

— Qui sont ces cadavres plus loin sur votre terre ?

— Exécution publique. Ceux qui désobéissent aux Khmers Rouges ou qui tentent de s'enfuir... servent d'exemple.

— Et moi qui suis venu... me dis-je tout bas.

— Je leur ai raconté que tu étais mon cousin, venu m'aider aux travaux. Je crois que tes problèmes auraient été de loin supérieurs sans ce mensonge. Mais d'un autre côté, je n'en suis pas certain. » Il prend le temps d'avaler avant de continuer : « La raison de leur venue est justement de me prendre, enfin nous... et les porcs. Ce camion va ravitailler les troupes au front. La victoire est à portée de main. Tous les hommes aptes au combat doivent y converger. »

Non. Non... Non ! Qu'est-ce que c'est ça ! Jamais de ma vie je n'ai imaginé cercle aussi vicieux. C'est irréel. Un nuage de brume enveloppe mes pensées. J'entends les paroles de Kuan-yin comme un distant écho. *Nous partons pour Phnom Penh.* Je secoue la tête lentement, lourdement. *Les Khmers Rouges ont atteint les rives de la capitale.* Je serre les poings et répète sans cesse en moi : rien ne peut être pire... *Les convois américains qui ravitaillaient l'armée du dictateur viennent de cesser.* Rien ne peut être pire... *Phnom Penh va tomber d'un instant à l'autre.* Rien ne peut être pire...

*

Je balance laborieusement le dernier sac de riz sur le camion, Kuan-yin l'entasse sur les autres dans un nuage de poussière. Les gardes referment derrière moi la clôture du temple bouddhiste condamné, à présent utilisé comme entrepôt. Ils sourient des quelques offrandes que des villageois ont jetées par-dessus le grillage pour solliciter une bénédiction, qui remplissent à présent leurs poches. Je m'écrase, épuisé, aux côtés de Kuan-yin sur les sacs qui cernent les porcs à l'arrière du camion.

Les plaines défilent, une rivière nous escorte. Kuan-yin pose mon sabre masqué entre deux sacs, quitte le paysage des yeux, me fixe.

Sa présence dégage une sérénité palpable, mais elle ne parvient pas à effacer l'inconfort qui m'habite. La rencontre des cadavres, ces mitraillettes pointées sur moi, mon affectation à un travail forcé, ce voyage vers le front… rien de tout cela ne constitue ce que j'appelle un accueil chaleureux. Je baigne dans l'ignorance et une partie de moi en est satisfait, car j'appréhende par-dessus tout l'explication.

Partout je ne vois que Liaojan. La vallée, les montagnes, le sol que je foule… son âme se mêle à tout ce qui m'entoure. Pourtant, je ne ressens que son absence. Sans elle pour balancer ma vie, je ne suis que déséquilibre. Son image parcourt chaque fibre de mon corps, monopolise chacune de mes pensées. Elle était l'eau d'un assoiffé; le pain d'un affamé; l'espoir d'un désespéré… « Quelle est cette peine que tu traînes ? » me demande paisiblement Kuan-yin. Je me tourne vers lui, réticent. Mais son regard ne contient que sincérité. « J'ai perdu… » Ma voix se brise, des sanglots habitent ma gorge mais je les ravale rapidement. Je me détourne, vers la rivière, dominant mes sentiments : « Je l'ai perdue. » Des larmes mouillent mes yeux. Kuan-yin se caresse la tête, se perd dans ses pensées :

— Lorsqu'une catastrophe traverse notre existence, lorsque la vie devient un défi à affronter, inévitablement on se questionne pour savoir si ça vaut la peine de continuer, pour trouver un sens à notre lutte.

— Ma lutte n'a aucun sens…

— Si les murs sont hauts, le ciel l'est encore plus… C'est uniquement devant les obstacles que l'humain découvre ses véritables possibilités, qu'il exploite son plein potentiel.

— Tout ce que j'exploite, c'est le potentiel de me causer des embarras. J'aurais dû…

— Les lâches désirent revenir dans le passé pour que tout redevienne comme avant. Les courageux, malgré leur souffrance, tournent le dos au passé et vont de l'avant.

Avec ses bras, il lève douloureusement sa jambe handicapée pour trouver une position plus confortable. Je la regarde, lui pose ma question des yeux. Il me répond sans entrain :

— Ils ont massacré les vieux et les novices du monastère. Ceux dans la force de l'âge étaient embarqués. Dans l'éclat des mitraillettes, je me suis couché, j'essayais de sauver ma peau. Un Khmer Rouge plus âgé s'est placé devant moi et m'a crié : « *Alors, Bouddha dit que la vie est souffrance ? Tu vas voir que pour cela, il avait raison.* » En sautant à pieds joints, il m'a fracassé le genou.

— Tu es un moine bouddhiste ?

— Le bouddhisme n'existe plus au Kampuchéa…

— Kampuchéa ?

— C'est ainsi qu'ils ont rebaptisé le pays. Cette région est sous leur contrôle depuis deux ans déjà.

— Mais qui sont-ils ?

— Les Khmers Rouges ? Eh bien, lorsque la guerre du Vietnam a éclaté en '65, le Cambodge, officiellement neutre, s'est fait presser de tous bords tous côtés pour choisir son camp. Rouge ou bleu, il fallait décider ! D'un côté, les Américains nous courtisent galamment, mais l'amour de ces coureurs de jupons semble bien éphémère : eux qui ont appuyé et armé passionnément *Hô Chi Minh* à ses débuts mettent maintenant à feu et à sang son pays… Notre prince Sihanouk a donc décidé de demeurer neutre, mais en laissant officieusement la piste Hô Chi Minh de notre puissant voisin serpenter le long de notre frontière…

— Pas vraiment une déclaration d'amour, mais quand même de beaux petits becs dans le cou.

— Exactement ! Sauf que les *U.S.A.* sont excessivement posses-sifs. Ils font une crise de jalousie contre ce petit prince qui vient de les tromper et sonnent le gong dès l'année 1970 arrivée : pendant que Sa Royauté prend des vacances en France, un général de l'armée s'assoit sur le trône que l'oncle Sam lui a préalablement épousseté : coup d'état. Et comme le *hasard* fait bien les choses, ce général Lon Nol établit immédiatement un gouvernement pro-américain, de droite, qui s'engage formellement à chasser tous les Vietnamiens du pays.

— Alors c'est l'amour fou…

— Ils ne peuvent plus se passer l'un de l'autre ! Si bien que sans que le reste du monde ne le sache, la terrifiante aviation américaine se déploie au Cambodge, théoriquement sur la piste *Hô Chi Minh. POW POW POW POW*. Les Vietcongs doivent pénétrer plus profondément au Cambodge pour éviter de recevoir ces cadeaux du ciel. Alors les bombardiers les y suivent… Entre les mois de février et d'août suivant le coup d'état, notre pays neutre a reçu plus de 250 000 tonnes de bombes sur la tête, les fleurs de nos amoureux américains. Plus d'une fois et demie le tonnage largué sur le Japon durant la totalité de la Deuxième Guerre Mondiale.

— Les Japonais les avaient pourtant courtisés davantage en traversant l'océan pour acheter des perles à Harbor…

Ses lèvres forment un léger sourire, éphémère. Le silence revient, teinté par le son monotone du vent qui tourbillonne dans nos oreilles. Kuan-yin n'a qu'à mettre la touche finale au portrait qu'il vient de me dépeindre : « Sous la pluie des B-52 qui déchiraient le ciel, les paysans ont vu leurs familles et leurs amis mourir, leurs enfants dispersés sur la boue des rizières, la famine les menacer, leurs possessions s'évaporer. Menés par un dictateur corrompu et sanguinaire, placé au pouvoir par la même puissance qui à présent les bombardait, leur économie en ruine; ils se sont joints en masses

au mouvement communiste pour défendre leur patrie. N'ayant plus rien à perdre, comme rien ne pouvait être pire que leur pauvreté actuelle, ils étaient prêts à tout sacrifier pour la révolution du Kampuchéa, tout signifiant à présent bien peu. Et voilà, les Khmers Rouges les ont accueillis à bras ouverts. En fait, seulement un de leurs bras était ouvert, car l'autre tenait fermement une mitraillette.

*

J'enfonce mon visage endormi entre mes bras croisés, mais une poche dans la chaussée me propulse vers le ciel. Quelques sacs de riz s'effondrent sur les porcs qui se pourchassent. La route, comme tout le paysage, est truffée de cicatrices d'obus, la mort figée. D'immenses détours entre les buissons et les arbres sont improvisés, imposés, et deviennent bien vite la voie officielle, la seule praticable. La poussière qui se soulève rend la tâche ardue à nos poumons. À travers ce voile, l'horizon est découpé par une énorme colonne grisâtre rejoignant les nuages. Les cendres d'une Phnom Penh harcelée par les canons.

La route est encombrée de gens de tous âges, drapeaux à la main. Des fusils mitraillent le ciel, des chants s'élèvent. Des dizaines d'adolescents Khmers Rouges embarquent avec nous sur les sacs de riz. Ils hurlent, frappent le chassis métallique du camion. Kuanyin les apostrophe, étonné. Ils lui répondent en levant les bras vers le ciel. « Les derniers membres du personnel viennent d'être évacués de l'ambassade américaine en hélicoptère. Phnom Penh vient de tomber ! » me traduit-il. Un soldat débute une chanson que tous les autres entonnent. Même Kuan-yin attaque le couplet de sa voix grave. Un des soldats tape l'épaule de son voisin en remarquant que je ne chante pas. Kuan-yin, rassurant, sans cesser de chanter, leur pointe seulement mes oreilles. D'un signe il leur affirme que je suis sourd, et il reprend le refrain de plus belle. Je dois

me rappeler de ne plus utiliser ma bouche. Le fait que je ne comprenne pas un mot m'aide dans mon rôle.

La chanson, révolutionnaire sans aucun doute, se termine par une accolade générale. Tout autour de nous, sur la route, la masse se resserre, se presse, se concentre. Alors que nous rejoignons le pont qui nous permettra de pénétrer la capitale, un large convoi militaire nous encercle.

Le camion freine pour de bon, s'arrête sur le côté, impossible de continuer : un océan humain remplit la chaussée. L'atmosphère est enivrante, comme une seconde réalité. Le conducteur augmente le volume de radio Phnom Penh, mais elle ne diffuse que de la musique classique khmère. Kuan-yin me fait signe. Il prend mon sabre et descend discrètement du camion. Je fais de même. Dès que je touche terre, le courant humain nous disperse, la direction que prend mon corps m'est imposée. Nous nous éloignons dans ce chaos sans que les conducteurs ne nous remarquent. Je me fais petit, je suis heureux d'être englouti par toutes ces têtes.

Nous rejoignons l'abord de la ville. Elle est durement frappée. Autour de nous, des pans entiers d'édifice sont démolis, ne forment plus que des tas de gravelle, gracieuseté des roquettes et de l'artillerie. Des morts sont empilés dans les ruelles. Une fumée noire nous rejoint au gré du vent, les habitations des quartiers pauvres, construites de bois ou de toile, brûlent par centaines.

Chaque parcelle de rue est occupée, Phnom Penh déborde. Comme les Khmers Rouges l'encerclaient tout en s'approchant, d'innombrables de réfugiés envahissent la capitale. La tête de Kuan-yin se faufile entre une dizaine d'autres, dominée par un large sourire. Il semble nager en surface. À l'aide de mon sabre masqué, il se fraie un chemin jusqu'à moi, s'agrippe à mon bras comme à une bouée de sauvetage. L'effervescence l'a contaminé, il sautille, les larmes aux yeux : « Tu te rends compte ! Te rends-tu compte ? Après cinq ans de guerre civile, d'un coup, aujourd'hui, comme ça, le pays est en paix ! La paix ! » Il me serre dans ses bras, danse sur sa jambe.

Son bonheur est contagieux. La foule autour de lui l'accompagne en battant des mains. Des salves de mitraillettes sont tirées en l'air. Le bruit nous glace d'effroi. Kuan-yin se change en pierre, il relève les yeux vers moi : « Le 17 avril 1975, n'oublie jamais cette date. Personne ne sait ce qui va arriver à partir d'ici, mais tant que les bains de sang sont terminés, le Cambodge peut vivre à nouveau ! » Je lui souhaite cette renaissance, je lui souhaite de tout cœur. Mais l'arrivée de la révolution en Chine n'a pas mis fin aux effusions de sang, au contraire…

La foule nous presse d'avancer. Nous parcourons un boulevard huppé qui longe la rivière. Ses luxueux cafés et restaurants sont troués d'obus, l'influence colonialiste française en a pris un coup. Des klaxons retentissent, la foule se range sur les côtés de la voie pour applaudir l'entrée dans la capitale des garnisons lourdement armées de Khmers Rouges. Enthousiastes, incroyablement jeunes, ces soldats défilent en levant les bras, saluent la foule en convergeant vers le centre de la ville. Ils semblent eux-mêmes ébahis, incrédules. Mais peu à peu, le cortège laisse place à des soldats d'allure rigide, sévères et organisés. Silencieux, ils ne saluent plus, se moquent de l'accueil qu'ils reçoivent, indifférents à ceux qui les acclament. Ils sont encombrés d'armes, de mitraillettes AK-47, de bazookas. Ils progressent en file indienne, raides comme s'ils étaient en patrouille. La menace revient comme un spectre planant sur la foule qui acclame un peu moins fort, avec moins de ferveur.

J'accompagne Kuan-yin vers le centre d'une grande place. Les troupes du dictateur déchu y sont réunies, jetant tour à tour leurs armes dans une pile, puis retirant leurs uniformes. Une fois en sous-vêtements, des soldats habillés de noir les entassent dans des camions. Les Khmers Rouges se divisent en escadrons et l'un d'eux vient vers nous. Bien que Kuan-yin tente de les questionner, les soldats laissent leurs mitraillettes répondre et nous font signe de partir. « Ils nous ordonnent d'évacuer la ville » m'annonce Kuan-yin. « Ils disent que les Américains vont venir la bombarder. Il faut rejoindre nos villages, partir immédiatement. »

Tout autour, d'autres soldats répètent les mêmes ordres de maison en maison, de famille en famille, dans chaque appartement. *N'apportez que le minimum. Tout reviendra à la normale dans quelques jours...* Des explosions et des rafales de mitraillettes intermittentes se font entendre au loin, ils nettoient la capitale quartier par quartier, matraquent les dernières poches de résistance avec roquettes et grenades.

— Qu'est-ce qu'on fait ?

— On suit le courant, me répond Kuan-yin en avançant.

— Mais ton village ?

— Ma maison est devenue un entrepôt... Peu m'importe où nous irons, rien ne peut être pire.

— C'est drôle, je me disais la même chose il n'y a pas si longtemps.

Une femme à ma gauche tente d'entrer dans un édifice en ruine, pour chercher ses affaires. Elle pleure bruyamment. Un soldat d'une quinzaine d'année lui presse violemment la pointe de son bazooka contre la tête et lui hurle des injures. *Rien ne peut être pire...* Je n'en suis pas si sûr.

À pas de tortue, nous suivons le cortège d'exilés qui se forme. « Combien d'habitants à Phnom Penh ? » « Avec les réfugiés ? Autour de trois millions... » me répond Kuan-yin. Trois millions d'individus sortent dans les rues, munis de brouettes, d'un sac de riz, d'ustensiles de cuisine, de leurs enfants... agglutinés autour d'autos, de bicyclettes, de carrosses, de cyclo-pousses, de tout ce qui peut les aider à transporter leurs quelques possessions. Dans cette confusion, des familles sont séparées, des gens hurlent le nom de leurs proches, souvent sans succès. Les conducteurs d'automobiles poussent leur véhicule, pour conserver leur essence.

Ces gens laissent derrière eux une ville fantôme, détruite, macabre. Ils laissent derrière tout ce qui constituait leur vie. Des enfants pleurent. Pour la première fois de leur vie ils sont à ce point

justifiés. Des victimes de la guerre, bandages encore frais, se joignent à nous. Des malades allongés sur des civières de fortune gémissent leur douleur : les hôpitaux aussi sont évacués. Tous doivent rejoindre les artères qui vident la ville. « Espérons qu'ils disent vrai, que c'est uniquement pour quelques jours... » me confie Kuan-yin tout bas.

Nous atteignons les champs qui encerclent la capitale. Dans cette chaleur épouvantable, les corps de ceux qui se sont fait tuer lors des derniers jours de combat s'enflent et commencent à se décomposer. Autour de nous flotte la puanteur de la mort. Mais personne ne prend la peine de les enterrer. L'épreuve est suffisante en elle-même : à pied durant la saison la plus chaude de l'année, plusieurs manquent d'eau, tombent de fatigue, particulièrement les très jeunes et les très vieux.

La foule se compresse, en vient à un arrêt complet. Au-dessus des têtes j'aperçois une rangée de soldats. Un poste de contrôle ! Un homme bedonnant se fait expulser de son automobile sous prétexte qu'il doit être soit un général ennemi, soit un exploiteur de la population, pour être de cette grosseur. Kuan-yin me touche les oreilles. Oui, ce n'est pas le temps de commettre une erreur, je redeviens muet.

Ils fouillent tous et chacun, confisquent à tour de bras tout ce qui pourrait être d'usage militaire et tout ce qui rappelle l'ancienne société que les Khmers Rouges sont déterminés à remplacer : couvertures, bottes, appareils électriques, radio, montres, caméras, livres... Certains jeunes soldats ne savent manifestement pas lire les documents qu'ils détruisent. Kuan-yin resserre les liens qui camouflent mon sabre, puis nous nous faufilons rapidement puisque nous ne possédons aucun bagage. Les jeunes soldats ne sont intéressés qu'au butin sur lequel ils peuvent mettre la main.

Un cri derrière nous, une question nous est hurlée. Je ne me retourne pas. Kuan-yin répond en haussant les épaules. Je retiens mon souffle. Le soldat nous pointe un chemin de terre qui mène à

la rivière. L'ordre est lancé à plusieurs reprises à certains membres de la foule qui m'entoure, mais rencontre de la résistance. Une femme crie en vietnamien qu'elle a été séparée de son mari et de sa famille, et qu'elle veut les rejoindre. « Laissez-moi ! Laissez-moi ! Justice ! » « La voilà ta justice ! » lui répond un Khmer Rouge en la frappant au cou avec sa machette. La femme tombe, la tête non. Un autre violent coup de machette rectifie cet état. Un silence assourdissant inonde la foule comme le sang la terre. Les seuls vivants qu'on entend encore sont inconscients de la situation : les bambins qui pleurent. Automatiquement, comme une chaîne de montage qui vient de démarrer, le mouvement reprend. La contestation est dissipée.

Un bateau amarré se remplit. Chaque parcelle de celui-ci déborde, son toit, ses parois… la ligne de flottaison est dangereusement basse. Le moteur démarre dans un grondement, la fumée noire remplit l'air, mais se distance de nous lentement, au même rythme que notre progression. Je n'ai plus à jouer au muet, plusieurs familles d'origine chinoise et vietnamienne se sont vues affectées au même bateau que nous. Mon silence, je crois bien, n'a pas réussi à modifier mon sort.

Les rives éclatent de vie. Des pélicans, des cormorans… regardant passer ce réceptacle flottant, bourré d'humains, entassés, suffoquant, remontant le courant. « Ce canal mène au Tonlé Sap, au nord-ouest, un lac du district spécial 106 qui borde les ruines d'Angkor, notre terminus. » m'annonce discrètement Kuan-yin avant de poser sa tête contre son genou, espérant la paix d'une sieste qui se terminera sur une nouvelle vie, inconnue.

*

J'avance entre les troncs d'un pas alourdi par ma charge. Le mois de mai que l'on vient d'amorcer est le plus chaud de l'année; l'ombre de ces arbres me protège contre cette fournaise. Au centre de cette forêt dense, entre les branches tout autour, se dressent les

tours incomparables d'Angkor, pointées vers le soleil. Des centaines et des centaines de temples, cœur de l'empire khmer qui domina le Sud-Est Asiatique pendant près de six siècles.

Façonnés de pierres massives, les tours s'élancent pourtant vers le ciel comme de légères éclaboussures émergeant de la terre. Enveloppés de motifs, de sculptures, de fenêtres élaborées, leurs murs sont recouverts de scènes en relief qui racontent les grandes guerres, l'histoire de leurs dieux, les jours de marché, les fêtes et les compétitions de l'empire...

Les Français, explorant en profondeur leur nouvelle colonie, sont tombés par hasard sur des temples enchevêtrés d'arbres : la capitale oubliée, centre administratif et religieux de plus de quatre cents kilomètres carrés, d'une puissance engloutie depuis cinq cents ans par une nature débridée. Oubliée. De simples graines soufflées par le vent sont devenues des arbres colossaux, démolissant de leurs troncs les murs de pierres, broyant les planchers de leurs racines, écrasant les toits en posant pied directement sur eux. Faisant place à la vie, peu importe l'effort nécessaire, ils ont chassé définitivement les humains qui leur avaient volé leurs terres. Les Français ont férocement repris la lutte contre cette armée végétale approvisionnée par un soleil intense et une pluie généreuse. Il n'y a nul doute que, d'entre les deux, les conditions de vie favorisaient largement les arbres. Malgré tous leurs efforts, les colonisateurs n'ont pas pu en venir à bout, car une armée de paysans qui réclamaient l'indépendance de leur pays — mitraillettes, bazookas et grenades aux poings —, s'est alliée à l'armée végétale.

C'est pourquoi un arbre grandiose, probablement le général de cette armée feuillue, s'élève du toit de ce temple devant moi. Ses racines coulent lourdement sur les murs, les étranglant, pour rejoindre sa terre. Sous ce couvert végétal, les Khmers Rouges ont installé le quartier général de la zone spéciale 106.

Il me semble impossible d'imaginer culture plus magnifique que celle qui a érigé de tels temples, inspirés par l'infini. Il me semble impossible d'imaginer culture plus abominable que celle qui a

causé une telle souffrance, inspirée par la mort. *Regardez les temples d'Angkor tout autour de vous !* ont-ils crié à notre arrivée. *Voyez l'avancement incroyable de la civilisation khmère, sa maîtrise parfaite de l'irrigation ! Ils arrivaient à faire pousser jusqu'à quatre récoltes de riz par année sur ces terres qui aujourd'hui n'en supportent que difficilement une seule ! Cette capitale comptait un million d'âmes évoluant dans l'abondance, en totale autonomie, vivant de l'agriculture et non du commerce. Avec tous nos progrès et la pureté du cœur khmer, nous pouvons parvenir à bien mieux ! Certains affirment que seul des dieux pourraient créer des temples aussi sublimes. Mais mieux que des dieux, ce sont nos ancêtres ! Et si nos ancêtres sont arrivés à former l'un des empires les plus puissants au monde, nous le sommes bien davantage !*

Je réajuste la charge sur mon dos, les courroies trop minces du panier me traversent la chair. Comme je ne parle pas le khmer, on m'a offert un travail de choix : je vide les toilettes du village et mélange les excréments avec de la cendre et la fine terre d'une termitière, pour ensuite compresser le tout en briques. Une fois séchées au soleil, je les entrepose dans une pagode. Si une rizière a besoin d'engrais, et hop, j'assure la livraison. Je suis l'entreprise d'un seul homme, mais ma matière première est produite par un troupeau d'humains.

Mon sort aurait pu être pire. Comme en Chine, ceux qui possédaient une éducation dite *supérieure*, donc de quelques années, ont été envoyés directement à des camps de rééducation. Moi, puisque je ne sais ni parler, ni lire leur langue, je suis considéré comme un immigrant paumé. Mon sort aurait pu être pire, certes, mais j'ai fait tout ce chemin pour l'améliorer et pourtant je suis rempli du même désespoir que dans mon village du Yunnan. Tout ce temps pour me retrouver à mille lieues de chez-moi, et découvrir que ma course était une boucle, que ma ligne d'arrivée est aussi ma case départ…

Pire encore ! Angkar Loeu, l'*Organisation Suprême*, contrôle tout. Une présence omnisciente à laquelle nul ne peut échapper. Les lois sont promulguées en son nom, toute transgression est punie par elle. Monolithique et toute-puissante, cette ombre plane sur chacun

de mes souffles. Ses soldats détiennent un pouvoir de vie ou de mort contre lequel il n'y a aucun appel. Ses yeux sont partout, chaque villageois devient l'une de ses tentacules. Maris et femmes parlent d'Angkar uniquement en privé, chuchotant, apeurés par l'oreille des murs. La critique la plus minime est suffisante pour être affecté à un camp de rééducation. Ceux qui dénoncent sont récompensés.

La nuit, des enfants se faufilent de maison en maison, à l'affût d'un commentaire compromettant. Leur école n'est que répétition de leur devoir de dénoncer parents et amis pour la gloire de la révolution du Kampuchéa. Telle une compétition où seuls les premiers seront honorés, chacun sait que sa propre survie dépend un peu de l'insuccès des autres.

Je vogue dans cette quête journalière pour survivre, le travail constant, le quête de nourriture, et la peur d'être accusé d'un quelconque crime qui m'est inconnu. *Si tu crois en Angkar, tu vivras.*

J'ai l'impression de perdre la raison, éprouve de la difficulté à respirer, me sens prisonnier même dans mon sommeil. Mais j'ai réalisé que l'unique solution est de fermer la porte : la barrière linguistique m'aidant, j'ai rapidement appris à garder toute pensée pour moi.

Une dernière côte, puis je quitte la forêt. Une brique tombe. Je m'agenouille pour la ramasser devant le lac Tonlé Sap qui s'ouvre devant moi. Je suis heureux d'y venir, car c'est ici que Kuan-yin est affecté. Je m'ennuie de sa paix.

J'avance vers le champ de pommes de terre qui me sépare du lac. Un soldat me tient à la mire de sa mitraillette, arrogant. Il s'appuie sur le pouvoir qu'il détient de tuer quiconque tente de s'approcher du champ pour en déterrer le contenu. La nourriture est devenue une véritable obsession. Il n'y en a tout simplement pas assez. Mon gruau de riz liquide parsemé de quelques bouts de légume, repas du jour, est déjà bien loin. Et bien que nous travaillions avec acharnement à l'accroissement des rizières, la capacité de

récolte est encore bien loin d'être suffisante pour ce village à présent engrossé par tous ces citadins.... Et ça, tout le monde le sait.

Je dépose enfin mon panier. Mes épaules crient la douleur qu'ils ont trop longtemps endurée. J'aperçois Kuan-yin assis en bordure du lac. Il remplit à la main des paniers de boue, probablement pour la construction d'une tranchée d'irrigation. *Nous avons défait les impérialistes américains à mains nues !* scandait à tout vent le chef du district. *Les Khmers sont si braves et si forts qu'ils n'ont que faire des machines étrangères !* répétait-il pour justifier l'absence totale d'outils, de pelles, de bêches.

Le bout de bambou qui lui sert à présent de canne est planté aux côtés de Kuan-yin. Lorsque j'ai découvert, en rentrant du travail un soir, notre cabane vidée de tout ce qui permettait de s'adonner à des activités *antisociales* ou *improductives*, j'étais bien heureux de savoir mon sabre profondément enterré sous mon lit. Dès qu'ils sont arrivés au pouvoir, les Khmers Rouges ont aboli non seulement l'argent, l'éducation et la religion, mais aussi toute forme de propriété privée : tout désormais appartient à la société. Enfin... tout ce qu'ils peuvent trouver.

Je lance un coup d'œil vers Kuan-yin, il s'essuie le front en me regardant. Rien de plus ne nous est permis durant les heures de travail. Assis à l'ombre, écoutant l'interminable répétition de slogans et de chansons révolutionnaires qui émanent du transistor, les cadres Khmers Rouges s'assurent que tous travaillent au maximum de leurs capacités.

Poussant péniblement la terre, sa jambe doit le torturer. Mais à chaque matin, aligné pour l'inspection, Kuan-yin affirme au chef de section qu'il est apte au travail. « C'est mieux ainsi » m'assure-t-il chaque fois que je lui demande. La règle est claire : ceux qui ne travaillent pas ne mangent pas.

La repousse de mes cheveux me démange. Mon crâne est baigné d'une sueur bouillant au soleil. C'était l'une des premières étapes : raser mes

cheveux, considérés comme longs, qui signalaient clairement l'influence corruptrice du capitalisme, valeurs égoïstes, individualistes.

Les citadins s'étaient alliés comme des traîtres au dictateur Lon Nol et aux impérialistes américains. Ils avaient ignoré l'appel des forces révolutionnaires, n'avaient pas combattu avec le peuple; n'avaient pas supporté les Khmers Rouges. Ils étaient désormais des ennemis, des prisonniers de guerre. Toutes les villes du pays ont été vidées. Les parasites urbains — bourgeoisie drainant leur subsistance des paysans, soumettant la campagne à la ville —, n'étaient qu'une tumeur dans le corps de la nation. *Les arbres poussent dans les champs, mais leurs fruits vont aux villes.*

Un but aussi noble que celui de la Révolution enflammerait le cœur de tout patriote. Ceux qui n'y avaient pas adhéré plaçaient leur propre confort devant le bien-être de la nation, avaient succombé à l'appât insidieux de l'impérialisme. Ils avaient perdu leur âme, leur identité nationale, n'étaient plus de vrais Khmers. S'ils étaient inactifs durant la Révolution, ils demeureraient aussi inactifs contre de futures menaces. Leur faiblesse pouvait être contagieuse, devait être tenue à l'écart.

Dans ce village, nous sommes tous des traîtres potentiels, infectés. *Seuls les jeunes enfants et les paysans de souche n'ont pas encore été ravagés par le poisson impérialiste...* Pour nos crimes, nous devons nous dévouer corps et âme à la Révolution, en travaillant au maximum de nos capacités, en adorant Angkar sans limites et en obéissant à tous ses commandements. *Prenez le buffle comme modèle ! Il travaille sans relâche, sans se plaindre.* Le travail manuel va nous transformer en paysans unifiés dans leur dévotion envers leur nouveau pays constitué d'une seule classe sociale, le Kampuchéa. Grâce au surplus qui va résulter de ce travail sans relâche, le pays deviendra totalement autosuffisant, indépendant, libre de toute influence extérieure, et retrouvera sa prospérité et sa grandeur. *Le Kampuchéa ne sera jamais plus inséré dans un système mondial à l'intérieur duquel il ne peut espérer rien d'autre que d'être un membre faible et dépendant.* J'avais déjà entendu tout cela de la bouche même de Mao.

Autour de moi, des équipes d'hommes creusent le sol pour dénicher les rats qui perforent les digues des rizières; des centaines de femmes les traversent et retraversent pour mettre la main sur de petits crabes qui nuisent aux jeunes plants : l'humain au service du végétal.

Je distribue mes briques d'engrais à une équipe qui plante des semences dans la boue séchée aux abords du lac. Je n'ai jamais vu cette technique auparavant, mais Kuan-yin m'a expliqué que ce canal que nous avons monté jusqu'ici draine ce lac vers le Mékong. Cependant, durant la saison des pluies, lorsque le Mékong est gonflé par les averses et la neige de l'Himalaya qui fond, le cours s'inverse. Les eaux du Mékong renversent le courant du canal et viennent remplir le Tonlé Sap, doublant sa superficie, submergeant même quelques arbres. Ce riz *flottant* qu'ils plantent germe sous l'eau, et lorsque le niveau monte, sa tige suit les flots pour tenter de rejoindre la surface. Elle peut ainsi croître de dix centimètres par jour et atteindre six mètres de hauteur selon Kuan-yin. Je regarde tous ces gens qui y travaillent, boue aux pieds, sueur au front, l'échine courbée, qui dépendent du succès de la prochaine récolte... j'espère de tout cœur que ce soit bien vrai.

*

Le sifflet retentit, l'unique pause de la journée. Boire ou aller aux toilettes, le temps alloué nous oblige à choisir. Des bruits de moteur écrasent le calme de la forêt. Un convoi se présente à nos yeux, deux camions chargés de Khmers Rouges nous croisent à pleins gaz. Ils virent vers les temples, vers le poste de commande. Des regards inquiets s'échangent. Ils sont aussitôt justifiés par quelques coups de feu qui résonnent entre les arbres. Un lourd silence s'abat, domine ceux qui pourraient le briser tel un puissant sort. Dans cette absence, même la jungle semble attentive. Puis le moteur des camions refait surface, ils nous balaient de poussière en

repassant devant nous. Les volets de leurs boîtes arrière sont clos. Impossible de voir ce qu'ils transportent, ni qui ils transportent.

Deux jeunes gardes sortent des bois et tirent vers le ciel pour éteindre la rumeur qui s'est élevée parmi les paysans. Ils nous font signe de les suivre en nous pointant de leur AK-47 fumant. Un rassemblement... ce n'est jamais bon signe.

Chaque soir, notre chef de section nous convoque pour discuter du travail de la journée, critiquer notre lenteur d'exécution, notre retard dans l'échéancier, et ordonner à chacun de se consacrer davantage à Angkar. Mais le fait de réunir tout le village en pleine journée de travail est teinté d'une gravité qui ne me plaît pas.

Tous reviennent des champs, se dirigent vers la place centrale. Des visages pâles, inquiets... Les personnes âgées sortent de la salle communautaire avec les enfants du village. Ils conservent un visage calme pour rassurer les petits, mais cette placidité feinte les trahit. Ils ne savent pas, ne savent plus, sont perdus, complètement désorientés.

Une forme d'espoir flottait sur les villageois lors des premiers jours, l'espoir que tôt ou tard ils pourraient retourner à Phnom Penh, lorsqu'ils auraient prouvé leur ferveur révolutionnaire, lorsqu'ils seraient considérés comme *réformés* et que le Régime réaliserait l'importance de leurs qualifications pour diriger l'économie d'un état moderne. Mais elle s'est volatilisée peu à peu en voyant les leurs envoyés aux camps de rééducation à la moindre offense. *Il vaut mieux arrêter un innocent que de laisser un ennemi nous ronger de l'intérieur.*

Travailler, manger, dormir : Angkar se charge de tout le reste. Ombre d'eux-mêmes, ils avancent autour de moi comme des pantins sans fil, faibles, lourds. Comme moi, leur racine culturelle a été arrachée, leur mode de vie traditionnel a cessé d'exister. Réseau familial, amis, contacts, tout lien a été brisé lorsqu'ils se sont trouvés catapultés dans ce village inconnu, entourés d'inconnus. Comme des plantes privées de pluie, ces êtres dépossédés d'espoir

continuent à vivre, mais leur âme dépérit. Jadis dans ces frêles silhouettes il y a eu des hommes. Le silence, sous le voile de la tolérance, est souvent complice des pires abus. Mais il n'est nullement question de tolérance. Ici, les choses que les vivants pensent, seuls les morts peuvent se permettre de les exprimer.

Bien que notre souffrance commune nous unisse tous, que ceux autour de moi comprennent ce que je vis, car ils le vivent aussi, ressentent ma souffrance, car elle les touche directement, les dernières purges ont démontré clairement qu'il ne faut faire confiance à personne. Des enfants ont dénoncé leurs parents, des femmes ont dénoncé leurs maris...

Aucune opposition au régime ne peut naître dans ces conditions. La machine semble parfaitement rodée... pourtant, j'ai l'impression que la réunion à laquelle nous allons assister me convaincra du contraire.

Tout le village s'assemble devant le temple surplombé des bannières du Parti Communiste du Kampuchéa. Comme à l'accoutumée, je rejoins aussitôt Kuan-yin; pour bénéficier de sa traduction certes, mais surtout pour profiter de la présence rassurante de mon unique ami.

Dès que je m'assois à ses côtés, un grand homme, maigre, sec, sort de l'édifice. Dans son habit militaire kaki, muni d'un brassard rouge sang au bras droit, il se dresse, sévère. Le cou entouré d'un foulard carreauté blanc et noir, les mains caressant sa mitraillette, d'emblée son air semble accusateur. Ses premières paroles sont accentuées de postillons tant elles émergent avec violence. Kuan-yin s'approche de mon oreille discrètement : « Saigon vient de tomber ! Les Vietcongs ont marché sur la capitale, tout le Vietnam est à présent communiste ! » Ils ont réussi ! Ils ont réussi ! Contre les technologies nouvelles, les hélicoptères, les chars amphibies, l'aviation moderne, les engins électroniques perfectionnés, l'artillerie ultra rapide, les engins antipersonnel sophistiqués, les unités navales et fluviales de débarquement et d'assaut... Contre deux puissances mondiales, la France, puis les États-Unis... Ils se sont

libérés de l'enfer ! Je tape vivement l'épaule de Kuan-yin, j'ai envie de hurler, de lever les bras vers le ciel... de serrer Liaojan contre moi... Ma joie s'évapore, moi qui avais réussi à ne plus penser à elle.

L'orateur rattrape aussitôt mon attention. Son ton se remplit de rage. Kuan-yin se plaque contre moi, comme s'il cherchait à calmer la douleur de sa jambe, il peut ainsi me traduire plus aisément : « ...n'oubliez jamais que Phnom Penh est tombée deux semaines avant Saigon ! ...les Vietnamiens ne contrôleront jamais notre révolution comme ils l'ont fait au Laos... »

Des rumeurs s'élèvent autour de moi, je sens que la prochaine phrase qui me sera traduite est importante : « ...Pour le bien de la nation, nous avons arrêté votre chef de camp, car c'était un traître. Il a été envoyé au camp de rééducation... » Un traître ? « ...Sa politique pro vietnamienne allait affaiblir notre résistance face à cet ennemi, ses points de vue sapaient l'unité du parti ce qui compromettait l'indépendance de notre pays... » Sa rage envers les Vietnamiens est palpable, pourtant les communistes ne sont-ils pas tous frères ? Nous devons applaudir à chaque point d'exclamation. Je me fie sur le ton pour applaudir en même temps que les autres.

L'orateur lève à présent un papier vers le ciel et de l'autre main nous fait signe de nous taire. « ...J'ai un message pour vous ! Un mot du *frère numéro un*, Pol Pot ! » C'est la première fois que j'entends ce nom. « Chers camarades, nous avons créé une nation durcie et purifiée par les vertus du travail, la discipline et le dévouement inconditionnel envers Angkar et la Révolution. D'une masse de paysans exploités, vous êtes devenus une nation de Khmers purs, indomptables, dont l'héroïsme nous a permis de nous défaire non seulement d'une dictature qui nous étouffait, mais aussi de la plus puissante force impérialiste du monde, les Américains ! Vous, dont la sueur servait autrefois à enrichir les exploiteurs d'une culture dépravée et oppressive, êtes devenus les maîtres d'une nation puissante, fortifiée par la bataille, nettoyée de l'influence étrangère et unie dans son désir de résister. Une nation qui pourra, même seule, résister aux Vietnamiens ! » Résister aux

Vietnamiens ? C'est grâce à l'aide des Vietnamiens qu'ils ont pris le pouvoir… « Tous les frères khmers doivent s'unir pour regagner le territoire que les Vietnamiens nous ont volé ! » Les applaudissements s'élèvent graduellement. Je regarde Kuan-yin sans comprendre. « Kampuchéa Krom… » me chuchote Kuan-yin. « Le sud du Vietnam, il y a quelques siècles, faisait partie de l'empire khmer. » L'orateur s'enflamme : « Lorsque les mauvaises herbes seront arrachées, nous pourrons atteindre de nouveau la grandeur de l'empire khmer d'autrefois ! Un peuple qui est arrivé à construire Angkor Wat peut réaliser n'importe quoi. Même avec seulement le quart de notre population, s'il est constitué de Khmers purs, nous arriverons à vaincre l'ennemi vietnamien ! » Le quart… deux millions de khmers ? Les Vietnamiens sont soixante millions ! Il est complètement fou ! « Les Khmers Rouges enseigneront une bonne leçon à ceux qui veulent nous annexer. Nous allons bientôt occuper Prey Nakor ! » Les applaudissements deviennent hystériques. Des soldats crient en cœur : « Prey Nakor, Prey Nakor, Prey Nakor ! » L'orateur se retire sans ajouter un mot.

— Prey Nakor ?

— C'est l'ancien nom khmer de Saigon…, me répond Kuan-yin.

— Saigon ! Les Vietcongs viennent tout juste de l'arracher aux Américains. Crois-moi, ce n'est pas ces adolescents armés de mitraillettes qui vont le leur enlever…

Des gardes armés entourent à présent la foule qui se lève en silence. Une musique nous parvient des amplificateurs, le nouvel hymne national du Kampuchéa. Chacun enlève son chapeau, main sur le cœur.

…Le sang rouge et éclatant qui recouvre les villes et les plaines
Du Kampuchéa, notre mère patrie

Sang sublime des ouvriers et des paysans,
Sang sublime des hommes révolutionnaires et des femmes combattantes !

Ce sang transformé en haine implacable
Et en lutte résolue
Le 17 avril sous le drapeau de la révolution
Nous a libérés de l'esclavage !

« Libérés de l'esclavage ? » Je reçois un violent coup sur la tête. On me hurle de me taire. Je perds la vue quelques instants. Du sang coule le long de mon cou. Le sang est lié à chaque seconde de l'existence, ici…

L'hymne terminé, chaque villageois doit décliner son identité à tour de rôle à deux officiers qui consultent une liste. Tous les ressortissants ou descendants de Vietnamiens sont expulsés sur-le-champ, placés sur des barges. Un homme devant moi se plaint, enragé… Sa femme est khmère, il ne veut pas la laisser derrière. Un soldat sort son fusil, tire froidement. Une fine pluie de sang s'envole vers moi, recouvre d'une légère buée mes lèvres, mon visage. Je retiens mon souffle. Nul ne dit mot, toute personne exécutée est coupable. Manifester une quelconque pitié pour un ennemi est considérée comme une critique de la justice omnipotente d'Angkar.

L'adolescent qui range son fusil ne manifeste aucune compassion, aucun signe d'inconfort, il rit. Recruté parmi les strates les plus pauvres du pays, il est fier d'appartenir à l'armée de la Révolution, fier de cet honneur qu'Angkar confère à ceux qui sont dignes de rebâtir le nouveau Kampuchéa. Sans pitié, il tuera tous ceux qui ne sont pas totalement dévoués à la cause, tous ceux qui seraient assez faibles pour un jour devenir des traîtres. Quand l'ordre vient d'Angkar, il obéit.

C'est à lui que je dois décliner mon identité. Avant que je ne puisse dire un mot, le garde qui m'a frappé plus tôt parle aux superviseurs en me pointant. Ma sécurité perd toute fondation. L'officier

me regarde et me demande en chinois : « Tu es étranger ? Tu vas voir, nous ne commettrons pas les mêmes erreurs que Mao. Va rejoindre ce groupe ! » Il me pointe quelques hommes rassemblés près d'un arbre. Je m'éloigne lentement alors que Kuan-yin passe à son tour derrière moi. Ils trouvent son nom sur la liste et lui désignent le même groupe que moi. Je l'observe s'approcher lentement, attends ses explications. « Ils m'ont dit que puisque je n'étais pas marié, me garder ici n'était pas un gain, me perdre n'était pas une perte. Nous avons deux heures pour rassembler nos affaires, nous sommes affectés à la brigade mobile. »

*

Nous progressons dans une piste boueuse, sous la mire des mitraillettes et l'averse torrentielle de la mousson qui vient de débuter. Le vent fouette ses gouttes contre nos visages. Seul avantage de cette pluie dans laquelle mes os baignent : les moustiques qui nous rendaient la vie irrespirable ne savent pas nager.

Les membres de notre équipe qui sont tombés — d'épuisement, de malnutrition ou des suites de maladies —, ont tout simplement été laissés derrière au fur et à mesure, seuls entre deux arbres, sans tombeau ni cérémonie. Cette réalité nous impose un lourd voile de silence; la réalisation que nous serons peut-être le prochain maillon faible laissé derrière. Les seuls qui gardent le moral sont les jeunes soldats qui accumulent avec joie les rations supplémentaires de ceux qui ne mangent plus.

Kuan-yin voit mon sabre, qui lui sert à nouveau de canne, s'enfoncer péniblement à chacun de ses pas vers ce nouveau village auquel nous nous destinons, qui pour le moment n'est que jungle infestée de paludisme. Voilà la mission de notre *brigade mobile* : éclaircir et cultiver des terres au nord-ouest, dans la zone d'Oddar Mean Chey.

Aucun animal de tire ne nous est fourni, que de petites hachettes pour l'abattage d'arbres. Nous devrons creuser le sol à l'aide de bâtons, construire terrasses puis canaux à la main, villages à même la forêt. La prochaine récolte, qui assurera notre propre survie, dépend de notre réussite. Des ingénieurs parmi nous ? Aucun. La science et la technologie étant considérées comme des apprentissages bourgeois, les Cambodgiens éduqués, produits du système idéologique occidental, garnissent à présent les camps de rééducation.

Ceux qui ont été condamnés à notre brigade mobile ont en bonne partie contracté ce qu'Angkar nomme la *maladie de la mémoire* : penser au passé, nostalgiques de leur vie pré-révolution. Leurs symptômes consistent en une indifférence à leur propre sort, une baisse de productivité... La cure prescrite est systématiquement l'envoi en camp de rééducation, ou leur affectation parmi nous. J'imagine difficilement comment un camp de rééducation pourrait être pire.

Comme chacun, je porte sur l'épaule les planches qui serviront à construire notre future habitation. En observant les motifs qui y sont peints, j'ai compris qu'elles provenaient d'une pagode. La destruction des lieux sacrés est bel et bien enclenchée. Dès ce moment, j'ai ressenti la profonde tristesse de Kuan-yin, le cri de son âme. La cicatrice douloureuse que ce nouveau pays est en train de lui infliger. La plaie n'est pas nouvelle, non, mais elle a commencé à saigner abondamment lorsqu'il a appris que les pierres massives qui ont servi à la construction des digues autour du Tonlé Sap provenaient de la Cathédrale de Phnom Penh, démantelée jusqu'à sa fondation.

Il a perdu toute parole. Il n'arrive plus à garder le rythme. Sa jambe le torture, sa douleur est plus qu'apparente. Je transporte déjà une partie de sa charge, mon corps ne peut en soutenir davantage. Son teint est pâle, ses joues sont creuses. Croulant sous sa charge, il lutte pour accomplir son prochain pas, il effectue, résigné, son chemin de croix.

Un des soldats grignote une barre de riz. Nos yeux qui convoitent une bouchée de son morceau lui soutirent un rire, dans lequel il nous informe que les membres de sa *brigade mobile* précédente étaient si affamés qu'ils ont tué leur buffle de tire pour le manger. Comme punition, ils ont été ligotés à sa charrue et forcés à la tirer jusqu'à ce qu'ils meurent tous. Cela explique à la fois pourquoi nous ne disposons pas d'animal de tire... et pourquoi nous avons été recrutés pour les remplacer.

À chaque pas, je refais le calcul, je compte les jours une fois de plus. Nous devrons absolument avoir planté les semences dès la fin de la saison des pluies si nous espérons tenir le coup jusqu'à la récolte. Mais défricher un espace suffisant, avec le peu de moyens à notre disposition, et le transformer en rizière cultivable... jamais nous n'y parviendrons à temps. Il est clair que nous sommes envoyés pour ouvrir la voie que d'autres achèveront sur nos cadavres.

Les paroles de Liaojan me bondissent en tête. Je la revois, accroupie en bordure de la piste *Hô Chi Minh*, rayons de soleil dans les cheveux. Son idéal d'une société de fourmis, que j'ai vécu physiquement dans les tunnels de Cu-Chi, m'apparaît de nouveau. Les Khmers Rouges l'ont poussé à l'extrême : nous sommes devenus une simple main-d'œuvre qui doit produire, sans aucun questionnement. Décidément, j'en viens à détester ces insectes.

Un des soldats nous fait le signal tant attendu : c'est ici que nous établissons le campement pour la nuit. Rapidement rejoint par les siens, il s'allume une cigarette, et dans son chinois baragouiné me prend comme cible : « Toi, Mao, va nous chercher du bois ! » Je laisse tomber mes planches dans un soulagement de trop courte durée. La fatigue dissout la réalité. Kuan-yin nous rejoint lentement. Avant même qu'il n'ait eu le temps de se décharger, je le pointe du doigt en criant : « Lui ! Il fait semblant d'être blessé ! Il nous ralentit tous. Nous serions peut-être déjà arrivés s'il n'était pas là ! Et plus nous arrivons tard, moins nous avons de chance de survivre ! » Immédiatement le soldat me presse le canon de sa mitraillette contre le nez, me projette vers l'arrière. Un craquement

résonne dans mon crâne, ma vue s'embrouille. Couché sur le dos, les mains contre le visage je continue : « Je vous l'assure, il fait semblant ! Sa jambe est aussi bonne que la mienne ! » La confusion éclôt. « Qu'est-ce que tu racontes ! » intervient à bout de force Kuan-yin. Le soldat se retourne brusquement vers lui, « Tu parles chinois ? Je savais bien que tu n'étais pas un Khmer pur ! » La mitraillette se tourne rapidement vers lui : « Pendant que les autres mangeront, vous allez tous les deux nous chercher une bonne pile de bois. Et rapidement, sinon je vous coupe les jambes et vous laisse pourrir ici ! » « Mais… » Un second soldat redresse brutalement Kuan-yin par le bras. Celui-ci chancelle, manque de tomber, s'appuie sur le sabre déguisé. Il me regarde, sidéré.

Je m'enfonce sous le voile de la pluie, contourne quelques arbres et brise de grosses branches. Kuan-yin pénètre à son tour entre les feuilles, mais s'éloigne de moi. Je continue mon travail tout en le rejoignant rapidement. Il m'aperçoit avec un mouvement de recul, peur de soudainement se trouver devant un adversaire, changement brutal d'ami à ennemi qui s'est manifesté si souvent autour de nous, dernièrement. En levant les mains, je tente de lui faire comprendre qu'il n'en est rien.

— Kuan-yin, tu sais comme moi que ce village sera notre cimetière.

Ses yeux se posent sur moi, d'une voix presque inaudible il me répond par l'affirmative.

— Nous mourrons lentement de faim ou d'épuisement, continué-je.

— Si tel est notre destin…

— Autant tenter notre chance maintenant !

— Impossible. Les soldats vont nous rattraper…

— La nuit, la pluie et la jungle nous couvrent, nous devons partir immédiatement !

— Comment ? Nous n'avons ni nourriture, ni eau. Cette forêt pullule d'animaux sauvages et d'insectes empoisonnés, de mines et de trappes camouflées... Ce n'est pas sans raison qu'ils nous laissent chercher du bois sans surveillance. La nature est notre prison.

— La nature est notre liberté !

— Les forêts du Dangrek sont montagneuses, un véritable labyrinthe.

— Oui, mais à la sortie de ce labyrinthe se trouve la Thaïlande !

— La voie est trop difficile...

— ... et les patrouilles y sont moins nombreuses !

— C'est de la folie !

— C'est peut-être de la folie, mais nous devons choisir entre une mort lente dans ce village et une mort rapide aux mains des Khmers Rouges, s'ils nous prennent. Tu as le choix. Tu peux retourner au campement et leur dire que je me suis enfui... ou venir avec moi.

— Tu dois accepter ce que tu ne peux pas changer.

— Je veux changer ce que je ne peux pas accepter !

Je m'approche de lui en cassant une branche contre ma cuisse. Il me fixe en silence, la pluie cascade contre son visage. Je hausse légèrement la voix : « Rien ne peut être pire ! » D'un regard perdu, il engouffre une respiration sonore qui lui fait redresser la tête dans un lent hochement. Le sort en est jeté. Il part devant, vers l'ouest, s'éloigne à sa pleine vitesse. Je reste derrière, poursuit le brouhaha dont l'écho garantit notre présence.

Le soldat qui parle chinois m'ordonne de revenir dans un long cri qui résonne. Je lui réponds par l'affirmative que nous arrivons, mais que le vieux est très lent à cause de sa foutue jambe... Je décampe à mon tour. L'adrénaline dissout mon sang. Des branches se fracassent contre ma poitrine dans cette noirceur qui balance le monde hors du spectre du visible. Je recherche désespérément Kuan-yin mais ne le trouve pas. C'est bon signe. Si je le trouve trop tôt, les soldats aussi...

J'avance, toujours j'avance, mais il n'y a rien. J'arrête, aucun son. Je continue de plus belle, chaque bruit me trahit, mais j'opte pour la vitesse, ma seule arme. Dans combien de temps vont-ils partir à ma poursuite ? Une rafale de mitraillette au loin répond à ma question. Je m'enfonce et m'enfonce sans prendre le temps de respirer.

Une lueur devant, une éclaircie dans la jungle. À ma droite, un mouvement ! Kuan-yin est là, accroupi. Je m'avance vers lui, heureux de l'avoir retrouvé... Une violente odeur parvient à mes narines, provoque immédiatement un haut-le-cœur. Kuan-yin demeure impassible, regarde droit devant. Je perce lentement la noirceur à travers le filtre de la pluie. Des ouvertures circulaires à même l'herbe, un chemin qui y mène. Des monticules rassemblent la terre qu'on a creusée. À la lueur instantanée d'un éclair, j'arrive à concentrer mon regard. Un bras, des jambes... des corps ! Je m'approche sans plus contrôler mes gestes. Des dizaines, des centaines... des milliers de corps. Les fosses en sont remplies, baignées d'un liquide visqueux dilué par la pluie. L'odeur est pestilentielle. Les cadavres maculés de sang sont dans un état pitoyable : coups de crosse derrière la tête, étranglements, coups de machettes à la gorge, traces de baïonnettes au ventre. Aucune balle n'a été gaspillée. Je vomis toute ma bile. À la lisière de la forêt, un amoncellement de bambins, près d'un tronc d'arbre noirci par le sang, contre lequel leurs têtes ont été fracassées. Leurs membres brisés sont contorsionnés dans une mare séchée.

Chaque cadavre n'est lié que par des tendons dégoûtants, des veines ouvertes, des os brisés. Un dépotoir d'humains. Mon propre

corps n'est que cet amas de chair, de matière. Il pourrira comme n'importe quelle ordure… L'âme partie, l'homme n'est que vidange. Le sang quitte mes jambes, je m'effondre entre deux plaques de terre encore fraîches, des fosses récemment rebouchées.

« Les camps de rééducation… » m'annonce d'une voix cassée Kuan-yin qui m'a rejoint. Tous ces gens, ces hommes, ces femmes, envoyés aux camps…

Nous ne commettrons pas les mêmes erreurs que Mao…Nous ne perdrons pas notre temps comme lui…

Perdre son temps à tenter de rééduquer ceux que le capitalisme a rendus irrécupérables.

Même avec seulement deux millions de Khmers purs, dévoués, nous pourrons réussir la Révolution.

Parmi les plus faibles, les traîtres potentiels, se trouvent les millions d'individus dont la Révolution peut se passer…

« Le sang qui a coulé garde ce régime en place. Dans le sang ce régime devra être renversé. » Les larmes de Kuan-yin se mêlent à la pluie : « Nous devons continuer ! »

Il avance vers moi le sabre, je m'y appuie pour me relever.

找樂

Je reprends la chemise étendue sur le front de Kuan-yin. Elle est imbibée. Je me baigne le corps de cette sueur. Le soleil se réveille à peine, laisse couler ses premiers faisceaux endormis entre les branches. Je dois trouver.

En même temps que la clarté, la symphonie de la jungle s'élève. Je zigzague pour demeurer sous les chauds rayons autant que faire se peut, j'ai froid. Mais c'est justement ce froid que je recherche, mon allié. Je dois trouver.

Du coin de l'œil...

Est-ce que j'ai bien vu ?

Je reviens rapidement sur mes pas, me penche. Enfin ! Une fine brume se dessine dans les jets de soleil. Elle s'élève lentement de mon corps pour tourbillonner sur elle-même, spirale, danse dans cette lumière dense.

Ici.

J'enfonce mon sabre dans les entrailles de la terre, j'y mets tout mon poids. Je retire la lame, la replante. Une autre fois... et encore. Je plonge mes mains dans cette chair terrestre. Elle résiste, ses os me déchirent les doigts. Je détache quelques roches, puis un autre morceau se libère des racines, véritables tendons. Plus je m'enfonce dans la terre, plus elle colle, devient visqueuse.

J'y suis presque. Voilà ! J'atteins une veine ! Un filet d'eau submerge doucement la boue au fond du trou. Je m'attaque à cette boue, dans un bruit de succion je l'extirpe de sa cachette. L'eau réapparaît lentement, plus profonde cette fois. Brune, vaseuse, épaisse; dans quelques heures elle sera clarifiée. Mais je n'ai pas cette patience. J'y plonge les mains, me mouille les lèvres. Je sens la gorgée se glisser contre chaque paroi de ma bouche, noyer le feu qui y régnait. Je place une large feuille d'arbre pliée de manière à servir de récipient. Lentement elle se remplit. Je ne peux pas satisfaire ma soif davantage, Kuan-yin m'attend.

Malgré notre phobie de tomber sur une patrouille, notre rencontre démoralisante avec des cadavres qui avaient choisi la même voie que nous, ou la peur d'entendre à chacun de nos pas le *clic* métallique annonçant l'explosion d'une mine qui nous pulvériserait les jambes … rien ne nous préparait à l'ennemi qui nous a finalement frappés.

Kuan-yin s'était soudainement mis à chanceler. Il y avait un flou dans ses yeux, ses mains s'étaient mises à trembler. Il disait avoir froid quand pourtant il était couvert de sueur. Une cavité dans une falaise était devenue peu à peu son mouroir : rares sont ceux qui survivent à une crise de paludisme.

La première nuit de son attaque, réalisant le désespoir de la situation, je lui avais demandé d'adresser une prière à son Dieu Bouddha. Kuan-yin s'était retourné vers moi en levant le doigt : « Il n'y a pas de dieu ! » Entre ses profondes respirations, il m'avait raconté que Bouddha était un simple mortel. Un homme dont la quête l'avait amené à connaître un instant durant lequel il était arrivé à voir le monde, la vie, sans les biais de la perception : l'illumination.

La force de Kuan-yin ne nous avait permis qu'un court entretien, mais ses paroles ont allumé une lueur en moi, qui demeure même si sa faculté de converser, depuis, s'est éteinte.

Depuis quelques jours, il ne répond plus qu'à des voix invisibles. Au début, il était pris de panique et leur ordonnait de s'éloigner.

Mais depuis hier, il s'est mis à chanter d'une voix grave, gutturale, dans une langue inconnue. Il ressasse en boucle une phrase étrange, ne cesse que lorsqu'il dort. Seuls sons qui me délivrent de l'abîme de l'absence, il les a tant répétés qu'ils se sont gravés en moi.

Le récipient est enfin rempli. Je me permets une lampée qui se serait de toute façon perdue lors du transport et décampe vers le refuge. À mesure que j'approche, je réalise que quelque chose cloche : le silence. Il ne chante pas !

J'entre tranquillement la tête. Couché, immobile… Il cligne des yeux ! « Kuan-yin ! » Il me pointe l'eau, qu'il avale d'une gorgée, si pressé de l'engloutir qu'un filet lui caresse le menton. « Merci ! » me dit-il faiblement. « À présent… si on pouvait… seulement se trouver à manger. J'engloutirais… tout ce qui a quatre pattes… sauf une table. » Son rire s'élève en cris aigus. Il est si insolite qu'il devient contagieux. Une violente quinte de toux fait taire la corneille en lui. C'est un réel soulagement que de le revoir dans cet état, blagueur… lucide.

Il se redresse légèrement sur son lit de feuilles. Signe encourageant. J'espère qu'il sera sur pied rapidement, car les jours passés dans cette région m'ont forcé à cueillir tout ce que j'ai pu trouver de comestible. Et les rumeurs de ma chasse réussie du deuxième jour semblent s'être transmises parmi les animaux, qui ont déserté le coin. Kuan-yin doit récupérer, il me faut le garder éveillé : « Dans ton sommeil… tu récitais sans cesse un couplet étrange : *naahaM nidhanabhayavyaakulaH, naahaM vyathaaghaatavichchhedyaH, duhkha samudaya gate nirvana.* »

Il semble heureux que je lui répète cette phrase, heureux de laisser ses pensées voguer à nouveau vers ce havre.

— *nidh-â-nabhayavyaakulaH*… me corrige-t-il. Tu dois inverser le ton sur le premier a.

— *nidhânabhayavyaakulaH*…

— Bien ! C'est en Sanskrit, une langue ancienne employée au temps de Bouddha. C'est un vieux sûtra : *la mort ne m'effraie pas, la douleur de me cassera point, car lorsque la souffrance s'en ira, je serai parti au Nirvana.* »

Il se recouche, épuisé. Il est évident qu'il... que *nous* devons manger. La faiblesse me gagne aussi. Bientôt, je ne pourrai plus quitter cet antre non plus.

Kuan-yin se tourne à nouveau vers moi. Son visage a changé, toute trace de douleur est disparue, ses traits sont reposés, son expression est béatitude. L'écho des murs humides ajoute de la gravité à ses paroles :

— Je sais que la nourriture est très rare dans les parages, néanmoins cette réalité ne me concerne plus, car la mort viendra bientôt me chercher. Mais je ne veux pas qu'elle profite de son passage pour s'emparer de toi aussi. Ton chemin ne s'arrête pas ici. Tu dois t'en aller, poursuivre ta voie. Ton destin n'est pas de t'éteindre misérablement à mes côtés. Tu n'as pas assez vécu pour mourir.

— Non !

— Si tu meurs pour moi, Luò, aucun de nous deux ne vivra.

Liaojan ! Ses paroles me la rappellent. Je revois son visage, je revis l'explosion dans le tunnel, sa mort. Du fond de mes entrailles une souffrance s'élève, lorsqu'elle parvient à ma gorge ma douleur éclate.

— Je ne te laisserai pas...

— Tu ne m'abandonnes pas ! Tu crois que cette vieille coquille vide me représente ? continue Kuan-yin en se frappant la poitrine. Depuis ma naissance ce corps oscille entre la maladie et la guérison, affaibli, vieilli. À aucun moment de ma vie, je n'ai pu affirmer que ce corps était *moi*, il change constamment. Ce que je ressentais hier, je ne le ressentirai plus demain. Mes pensées se transforment continuellement... L'enveloppe que

tu regardes présentement est pathétiquement périssable. La seule chose qui me représente réellement, concrètement, n'est pas mon âme qui sans cesse se modifie, mais bien le but de mon âme : le bonheur, la libération, l'atteinte du Nirvana. Je quitte ce monde sans confusion.

Les larmes m'empêchent de répondre.

— Ta tristesse est inutile… Dans la nature même des choses qui nous sont chères se trouve l'obligation de s'en séparer. Tout sur cette terre disparaît, tout ce qui a un début a une fin. Mais je demeurerai ! Il en est de même lorsqu'un homme écrit une lettre, la nuit, près d'une lampe. Une fois la lampe éteinte, l'écrit demeure.

— Tu vas te réincarner ? Tu reviendras sur terre ?

— Quand on allume une nouvelle chandelle à l'aide de celle qui est sur le point de s'éteindre, la flamme se transmet, même si ce n'est plus la même bougie.

Une lueur s'élève de ses yeux sereins, pleins de confiance. Il me serre le bras une dernière fois. Tel un cadeau, il me confie mon sabre, que j'avais déposé à ses côtés, puis se détourne. En paix, il a terminé de parler, je ne trouve rien à ajouter. Je me redresse doucement, lui offre mes émotions dans un long regard qui n'est que trop court, puis quitte la caverne. Je laisse derrière cet homme qui, en plaçant un simple chapeau de paille sur ma tête, m'a sauvé la vie. Cet homme avec qui j'ai traversé rivières, montagnes et morts pour quitter l'enfer rouge…

Je ne me retourne pas.

*

J'avance entre les arbres. Abandonné au cœur du néant, je me sens propulsé dans un monde dont je ne me souvenais plus l'existence, un monde que je croyais éteint.

Seul.

Avec peine, je trouve quelques fruits à grignoter, quelques rivières où m'abreuver. Mes pas ne sont qu'automatisme.

J'avance comme si une corde me traînait, comme si la gravité me tirait vers l'avant. Sans but, sans raison, sans motivation.

J'avance, car tel est mon destin, roue dans un engrenage complexe que je ne peux comprendre.

J'avance la tête basse, les pieds lourds.

J'avance.

Des sons parviennent à mes oreilles, je perçois des mouvements. Je n'arrive pas à les saisir, je n'arrive pas à les identifier. Mes genoux fléchissent, toute énergie m'abandonne. Plaqué contre le sol, j'aperçois leurs bottes. Des soldats m'entourent. Des mitraillettes. C'est terminé, tout est enfin terminé ! Leurs balles seront ma délivrance, la mort permettra mon évasion.

Dans un sourire, la paix m'envahit, le bonheur d'être enfin arrivé au terme de cette quête dénuée de sens, la fin de ma souffrance. Je ressens la même béatitude qui se lisait sur le visage de Kuan-yin lorsque je l'ai quitté, le même calme lorsque sa voix chantait sans cesse sa phrase mystérieuse :

naahaM nidhanabhayavyaakulaH, naahaM vyathaaghaatavichchhedyaH, duhkha samudaya gate nirvana.

Non, la mort ne m'effraie pas.

naahaM nidhanabhayavyaakulaH, naahaM vyathaaghaatavichchhedyaH, duhkha samudaya gate nirvana.

Non, la douleur de me cassera point ! J'attends la fin de cette souffrance, la délivrance.

Je l'attends… mais elle ne vient pas.

Thai boon, Thai boon…

D'étranges murmures se font entendre.

Thai boon, Thai boon…

Je relève lentement les yeux. Quelques soldats sont agenouillés devant moi, d'autres se tiennent derrière, les mains unies. On me prend par les bras, me soulève… le noir m'envahit.

Les ombres. Les ombres sur les murs me sont inconnues. Les ombres sur les murs forment une scène étrange. Mes yeux ne savent pas la lire. Mon cerveau s'est enlisé, fixé sur cette énigme. Cependant, je ne ressens pas la peur. En paix malgré l'inconnu. Baigné de ce mystère, je me sens étrangement bien. Je ne veux pas me réveiller. Pour la première fois depuis des années, je ne crains pas la prochaine seconde. Je ne me retrouve pas brutalement sur le qui-vive, face à une réalité que j'avais l'espace d'un instant oubliée.

De la fumée d'encens flotte doucement jusqu'à mes narines. Cette odeur me convainc que je ne dors pas, que je ne suis pas mort... Mais pourquoi n'y aurait-il pas d'odeurs après la mort ? Quelque chose en moi me dit que j'ouvre les yeux sur une nouvelle existence, que je suis passé à une autre étape. C'est ce qui fait toute la beauté de ce mystère : je peux me permettre d'y y croire.

Le silence se dissimule derrière le son de battants que l'on ouvre. La poussière en suspension est transpercée par les rayons obliques du soleil, traversés à leur tour par la lente fumée de l'encens. Elle prend la forme de créatures vivantes.

Une pâle présence se fait sentir, habillée de blanc, tête rasée; seule sa voix me permet de distinguer que c'est une femme. « Alors, le grand voyageur a décidé de se joindre à nous ! » dit-elle en ouvrant les derniers battants. « Nous sommes tous très heureux

de l'apprendre ! » Seules les nobles rides traversant son visage me donnent une idée de son âge.

Elle parle chinois !?! Mon cerveau s'enclenche. Une expression d'incompréhension gagne lentement mon visage, trop de questions se bousculent pour n'en choisir qu'une. Elle me tend un bol d'eau. À peine a-t-elle prononcé ses premiers mots qu'il est vide.

— Un matin, il y a trois jours, un camion de l'armée s'est arrêté dans notre cour. Des soldats agités nous ont tendu le corps d'un homme aux cheveux rasés. Ils nous ont dit avoir découvert dans la jungle un illuminé, qui répétait sans cesse des phrases sacrées en sanskrit, un moine errant. C'était toi. Ils nous ont conjuré de bien te soigner pour ne pas s'attirer de *démérites*. Les Thaïs croient qu'être lié, de près ou de loin, à la mort d'un saint homme alourdit dramatiquement le karma.

La Thaïlande !

— Et l'arme antique que tu transportais les a aussi beaucoup impressionnés. L'un d'eux affirmait même que ce devait être Bouddha en personne qui te l'avait offerte lors de ta méditation.

Mon sabre ! Je lève la tête, le cherche des yeux.

— Ne t'inquiète pas, il t'attend au temple. Je me nomme Bai Niangzi.

— Et moi, Luò, lui dis-je sans force.

— Luò… Elle le répète en hochant lentement la tête. Tu parlais parfois durant ton sommeil. Dès qu'ils ont appris que tes paroles étaient étrangères, ils m'ont affectée à ton chevet. Mais dans tes délires, tu n'as prononcé qu'un seul nom… Liaojan.

Quelque chose éclate dans ma mémoire, elle s'ouvre telle une trappe sous mes pieds.

— Viens, le moine supérieur aimerait te rencontrer, m'annonce-t-elle encore.

Je me redresse lentement. Un étourdissement me gagne, nausée. Je retombe lourdement sur l'oreiller. Bai me fait signe de demeurer couché, pose sa main sur mon front. Je m'appuie sur les coudes et me relève, chancelant mais debout; ce corps a assez régné sur moi.

Vêtu d'une longue toge safran, couleur sacrée, je contemple les boiseries, les peintures, les objets délicats qui remplissent la pièce sombre, sur laquelle les grandes portes de bois se sont ouvertes. Des centaines de coussins sont alignés sur le sol, les renfoncements dans ceux-ci marquent l'endroit où chaque moine se place lors des cérémonies. Des peintures élaborées recouvrent chacun des murs, soulignant en détails colorés la vie de Bouddha.

Baignés dans cette paisible atmosphère, trois moines siègent aux pieds d'un immense bouddha reflétant la lumière. Son visage est béatitude.

L'homme du centre est le plus vieux. Son corps est affaissé sur lui-même, sa colonne vertébrale ne fait plus son travail. Pourtant, ses yeux sont lueurs de conscience. Contre les murs résonnent d'étranges prières chantées, accompagnées de voix caverneuses, basses, qui marquent le rythme de leur longue plainte. La psalmodie de ces vieux lamas s'accompagne du tintement de clochettes.

La lueur des lampes au beurre vacille comme la flamme d'une vie qui s'éteint. Des bâtonnets d'encens s'échappe une fumée lourde, qui ne se dissipe pas. Des troncs entiers — faisant office de poutres —, des innombrables statues de Bouddha et des instruments sacrés, semble rayonner la puissante énergie dont les fidèles les ont inondés depuis des siècles. Dans une profonde vibration, la grande conque tonne sous le martèlement d'un moine. J'ai l'impression que tout le temple tremble; les murs eux-mêmes semblent danser.

Je remarque une imposante table incrustée de nacre, sur laquelle de fins morceaux argentés se marient, pour dépeindre un arbre en

fleurs scintillant. Mon sabre s'y repose. Je laisse ce motif respirer en le soulageant de mon compagnon. Sa lame est étincelante, son manche a été délicatement rafraîchi par des mains aguerries. Sa poigne me caresse de nouveau la paume, réconfortante. Sa lame nerveuse, fine, puissante, se faufile entre l'air. Une énergie l'habite, une étrange impression m'enivre, un léger bourdonnement la saisit. Sans éprouver de tristesse, des larmes emplissent pourtant mes yeux. Je pivote pour admirer la pièce qui m'englobe, en apprécier l'atmosphère. L'idée me remplit : voici la destination finale de mon sabre, je l'ai atteinte ! Sans savoir où je suis, j'ai l'impression d'être arrivé.

Une paix m'envahit, une délivrance. Assister enfin à la libération du sabre, au but de ma quête. Tout ce qu'il a enduré, ce chemin qu'il a traversé, ces morts qui ont parsemé son passage, la souffrance, ceux qu'il a laissés derrière… Tout se dissipe, aspiré au cœur de la terre, un voile de brume s'éclaircissant au soleil.

Le chant des lamas terminé, je m'avance vers eux :

— Vénérables maîtres, mon nom est Luò. J'ai traversé bien des lieux depuis ma Chine natale, bien des obstacles… pour vous apporter ce trésor de ma culture.

Je m'agenouille et leur tends le sabre, tête baissée.

Bai traduit ma requête d'une voix douce, mais elle n'obtient pas de réponse. Je lève lentement les yeux pour entrevoir le vieil homme qui me fait signe de me relever. Ses lèvres forment quelques mots, issus de sa bouche édentée : « Luò, c'est un cadeau d'une valeur inestimable que tu nous as apporté, toute la communauté s'en réjouit, en est heureuse. Ce cadeau que tu nous offres, qui a combattu la mort par la vie, qui a traversé soleil et pluie, feu et rivière, ce trésor qui vient de si loin… ce n'est pas ce sabre. C'est toi, Luò. Nous sommes fiers de te compter parmi nous. »

Je n'écoute plus. Le sabre est si lourd à bout de bras, mes muscles tremblent. Je veux seulement que le moine le prenne, qu'il accep-

te mon don, qu'il me libère... Je l'approche vers lui, il lève sa main. Refuse !

Abasourdi, je me retourne, sors. Le soleil qui règne dans la cour intérieure me brûle les yeux. Des têtes se tournent vers moi, des salutations timides me sont lancées. Je suis absent. Mes oreilles ne sont que bourdonnement, mes pieds se placent sans l'aide de ma conscience. Le sabre me glace les mains.

Pour la première fois, je le trouve inconfortable... de trop. Je réalise lentement qu'il n'a été qu'un poids, une épreuve, un mal de tête à travers mon parcours.

Bai vient me rejoindre. Ma voix vacille :

— J'ai fait tant de chemin... de si loin... et tout ça pour regretter le premier pas hors de mon ancienne vie.

— Ton ancienne vie devait être détruite pour que tu puisses réveiller les forces qui dormaient en toi, me répond-elle.

— Quelles forces ? Je n'ai connu que souffrance !

— L'homme souffre sur cette terre afin de connaître la vie.

— Je n'ai pas connu la vie, je n'ai rencontré que la mort...

— Tu as su traverser le courant de l'inévitable. Beaucoup y naviguent et font naufrage; d'autres sont rejetés vers des lieux qui ne leur étaient pas destinés. Mais toi, tu affrontes la traversée avec dignité, tu transformes la douleur en action. Sans te laisser dériver, tu persistes vers un refuge.

— Je n'ai jamais choisi de direction, seul le hasard m'a mené.

— C'est uniquement parce que nous ignorons les causes et les desseins réels des choses, que nous croyons au hasard.

— Je n'ai que perdu mon temps.

— Le temps est disponible à tous, chacun est libre d'en faire ce qu'il souhaite. Cependant, il ne possède aucune valeur intrinsèque, à moins d'être dirigé vers un but quelconque. La valeur de notre temps est directement proportionnelle au but ultime qu'il dessert.

Mon but ? Je contemple le sabre, insignifiant, inutile... souvenir d'une société dépassée, déchue, morte. Bai interrompt mes réflexions :

— Un jour, un arbre décida d'attraper le vent. Il y mit toute son énergie et poussa jusqu'au ciel pour le rejoindre. Malgré les tempêtes, il devint massif. Malgré les orages, il se couvrit de milliers de branches. Il ne réussit pourtant pas à saisir le vent qui sifflait. Alors il remplit ses branches de feuilles, puis de fleurs, puis de fruits... Rien n'y faisait, le vent se faufilait toujours. Il n'y arrivait tout simplement pas. Alors, il se retira du monde avec l'impression d'avoir échoué. Il sombra dans une telle déprime qu'il n'entendit pas les animaux à ses pieds avouer à quel point il était devenu l'arbre le plus magnifique de la forêt.

— Tout ce que je voulais, c'était de délivrer...

Ma propre pensée m'interrompt. Qu'est-ce que je voulais réellement ? Quitter cette vie où je n'existais plus ? C'est fait. Défendre une relique de mon empire ? Le seul témoignage de ma culture que je peux sauver, je le garde en mon cœur. Les paroles du vieux lama me reviennent en tête. Le trésor de cette quête, il est en moi !

Un léger coup sur la cuisse me ramène en ce monde. Une fillette, d'à peine quatre ans, me tire le pan du pantalon en pointant mon sabre. Je lui fais signe que je ne comprends pas les paroles qu'elle me propose. Alors, simplement, elle plaque ses mains contre elle : « Qun Chi ». Ses mains s'approchent ensuite vers moi. « Luò » dis-je, étonné. Ses doigts pointent enfin vers mon sabre. Je penche la tête dans un air interrogateur. La petite répète, ses mains contre elle :

— Qun Chi.

Puis elle pointe le sabre.

— Liaojan…, rétorqué-je subitement.

Un pincement me saisit, je me plie légèrement. Je ne veux rien laisser transparaître devant cette petite qui me parle d'une voix resplendissante d'innocence. Je m'agenouille, autant pour me placer à la hauteur de mon interlocutrice que pour prendre appui. La voix de Bai, derrière moi, me fait sursauter : « Elle veut savoir d'où… *Liaojan* vient ». La petite touche d'un doigt timide l'ivoire du manche et la cordelette tressée qui en pend. Bai traduit ma réponse : « Elle vient de très très loin. Je l'ai trouvée au sommet d'une montagne, sous un vieil arbre. De sa falaise, elle pouvait admirer la vallée au complet. Mais ça ne lui suffisait pas, car lorsque je suis arrivé, elle m'a pris par la main pour que je l'amène avec moi durant un long… très long périple. »

Je lève doucement le sabre vers mes yeux. Mon regard se perd dans les reflets de sa lame. Elle lance sur les murs des éclats dorés. « Elle m'a sauvé la vie… plusieurs fois. Elle m'a permis de respirer sous l'eau, m'a nourri, m'a déguisé, m'a abreuvé, elle a soutenu un bon ami qui avait mal aux jambes… Au Vietnam, elle coupait notre nourriture pour nous porter chance. La route n'a certainement pas été facile, mais elle aurait pu être bien pire. »

Je détourne les yeux du sabre, la petite n'est même plus à mes côtés. Elle a rejoint ses parents, et revient en brandissant une noix de coco. *La couper en deux ?* Bai m'explique que la fillette veut en offrir une moitié à Bouddha et une moitié aux lamas du temple.

Tout me semble si irréel. Sans me poser de question, je pose la noix… *CLAP !* Elle fend en deux. Le sabre entre les mains, j'éprouve un léger sentiment de fierté en contemplant les deux moitiés se stabiliser lentement, chacune contenant sa part de lait. J'admire cette arme… mais je n'en peux plus.

Chancelant, je retourne à ma chambre. Je me sens vidé, épuisé. Je m'enfonce lourdement sur le mince matelas.

Liaojan, dans un habit militaire imbibé d'eau, déchiquette un immense tronc d'arbre à coups de sabre. Des copeaux explosent, après chaque choc. Son rythme s'emporte. *Toc-toc-toc.* Je me réveille en sursaut. La porte !

J'ouvre légèrement, le corps strié d'une mince bande de soleil se faufilant dans l'obscurité artificielle. C'est Bai, tête penchée vers l'avant. Sans lever les yeux, son ton est à peine audible : « Vous avez de la visite ». Je glisse ma tête par l'ouverture. Une dizaine d'hommes, de femmes, d'enfants, de vieillards se tiennent devant ma chambre… noix de coco à la main.

找樂

L'hypocrisie submerge ce temple bouddhiste, il est à des siècles de ce qu'il devrait représenter. Chaque jour, je vois des gens émerger de leurs petits trous dans les murs, concentrés sur leur objectif du moment, sans même se remarquer, sans sourire, se pressant dans le temps et dans l'espace pour se prosterner.

Les gens viennent au temple vénérer les images d'un Bouddha qui prônait de ne s'attacher à aucun objet. Ils dédient leurs prières à celui qui affirmait qu'on est les seuls maîtres de sa destinée. Ils désirent par-dessus tout atteindre le Nirvana, quand Bouddha expliquait justement qu'on l'atteint par l'absence de désir...

Ils viennent ici pour avoir, non pour voir; pour paraître, et non pour être; pour rêver et non pour vivre. Tous ce qu'ils veulent c'est le *Thai boon*, *Thai boon* : accumuler des « mérites » pour renaître dans une existence meilleure.

Et moi, au cœur de ces fleurs de lotus, cierges et encens... offrandes sans raison d'être, bibelots porte-bonheur que vendent les moines, rituels complexes de leurs prières inutiles, je coupe des noix de coco.

La guérison subite d'un enfant a concrétisé les rumeurs. La légende de ce sabre mystique, ancien, étranger, s'est propagée comme du sable sous le vent de la saison des pluies. *Cette arme a été placée sur son chemin par Bouddha pour lui révéler ainsi son destin sur terre : son don de guérison...* commencent même à murmurer les gens.

Chaque matin la file se forme. Hommes, femmes, enfants, vieillards, malades. Chaque jour, je revis le malaise. Traître, menteur. Mais peu importe ce que je leur répète, les gens insistent, insistent... n'acceptent pas mes justifications. Comme si j'étais le seul à connaître un secret qu'ils ignoraient tous, j'ai l'impression d'être émergé, à l'extérieur, alors qu'ils se débattent tous au fond du brouillard de leurs vies quotidiennes.

Un vendeur de noix de coco, qui s'est établi spécialement près de l'entrée, m'apprend que parmi les 29 002 monastères bouddhistes recouvrant la Thaïlande, une vieille femme venue de Bangkok a choisi celui-ci, spécifiquement pour me rencontrer, pour bénéficier des pouvoirs de *Liaojan*. Non ! Je salue la dame qu'il me présente, mais mon esprit est loin de ce corps. C'en est trop. Provoquant une légère contestation, j'annonce une pause, emballe le sabre et me sauve. Je n'en peux plus. Un jour ou l'autre les gens vont savoir, découvrir le mensonge. Je ne veux aucunement y être mêlé.

Je revois Kuan-yin, à bout d'énergie dans la caverne, me disant que mon destin n'était pas de mourir à ses côtés. Mon destin est-il de devenir un hypocrite à l'épée sacrée ? Mes pas me mènent à la chambre de Bai Niangzi, sanctuaire.

Dans la demi clarté, la fumée d'encens tourbillonne vers le plafond. Sous ses habits blancs, Bai médite paisiblement en position du lotus. Je l'observe en silence. Elle semble si bien, si détendue, si légère. Sans ouvrir les yeux, d'un hochement de tête elle me fait signe qu'elle m'écoute. Je lui livre mon âme. Une fois le silence revenu, elle tourne délicatement son regard vers moi.

— Nous enseignons la vérité de Bouddha à ceux qui en entendent l'appel. Plusieurs ne sont pas prêts à recevoir ces vérités. Comprendre que notre destinée est entre nos propres mains est un fardeau que beaucoup sont incapables de porter.

— Je ne veux pas leur mentir !

— La vie est comme un lac où poussent les lotus : certains plants n'atteignent pas la surface, demeurent submergés. D'autre rejoignent les flots de justesse, s'y laissent flotter. Et enfin, certains se propulsent vers le ciel, fleurissant dans toute leur splendeur... Comme eux, certains sont prêts à entendre et à comprendre les enseignements de Bouddha. D'autres les entendent, mais ne les comprennent pas. Et d'autres encore ne les entendent ni les comprennent. Pourtant, tous tendent vers le ciel, recherchent la lumière, car c'est là l'essence même de notre nature. Elle s'offre une pause, se lève pour préparer le thé. Si une personne croit que l'arbre dans sa cour est magique, et qu'en priant cet arbre elle guérit d'une grave maladie, je n'irai pas la convaincre que l'arbre n'y est pour rien. Mais si cette personne cherche à comprendre, se montre intéressée à savoir, alors nous lui expliquerons que cette puissance inouïe réside en son propre être, qu'elle en est le seul maître et peut l'utiliser en toute conscience. En attendant qu'elle atteigne cette étape, nous lui laissons la béquille dont elle a besoin : son arbre. Peu importe si sa guérison est psychosomatique, l'important est le résultat ! Regarde ton sabre... Des gens guérissent, des événements heureux se produisent. Tu répands le bonheur autour de toi, la foi. Tu ne peux qu'être fier de l'effet positif de ta présence.

— Mais s'ils apprennent que je les trompe ?

— Tu ne les trompes pas, tu transmets la félicité ! Observe leur sourire quand tu leur présentes *Liaojan*. Le seul fait de voir le sabre, de savoir que tu es là pour eux, les remplit de bonheur. C'est le plus noble des rôles !

Il est vrai que depuis peu, l'énergie qui m'habite est enivrante, une euphorie contagieuse. Plaisir qui me culpabilise. Pourtant, devant ces êtres qui gagnent espoir, je me sens étrangement utile, chanceux... heureux.

Je ne veux pas ruiner la joie que les gens m'attribuent, ni celle dont ils m'irradient. Ils parviennent au bonheur d'eux-mêmes, tant mieux si je suis un tremplin qui les y aide.

Bai profite de mon silence : « Tu t'attriste continuellement avec ce qui a été, t'angoisses avec ce qui sera. Tu erres dans tes pensées, dans tes problèmes imaginaires, tes craintes, en ressassant le passé ou en espérant le futur. Ainsi tu oublies que rien n'est plus important que de vivre le moment, tu ne prends pas conscience que tout se déroule maintenant. Tu dois te concentrer sur un seul point : profiter de l'instant présent ! Le souffle qui vient de s'engouffrer dans tes poumons ! »

J'inspire profondément. L'éternité de ma vie se retrouve ici, maintenant. Et ici, maintenant, je suis heureux.

Je soulève *Liaojan*... L'eau d'un assoiffé; le pain d'un affamé : l'espoir. J'entrevois ses yeux rayonner dans les reflets de la lame, la douce courbe de son corps, les quatre caractères formant son nom, mes doigts enlacent sa main... Dans ce bonheur, je ne suis pas seul.

花

Annexe 1

À peine affranchis de la domination chinoise, le Vietnam voit de nouveaux bateaux bombarder ses côtes, des soldats débarquer : 1884, la France conquiert militairement le Vietnam, installe ses troupes, impose une administration, contrôle le commerce et la politique étrangère. L'Hexagone se dote d'une belle ferme d'esclaves et de ressources naturelles. Le Vietnam disparaît des cartes.

Les nazis franchissent l'infranchissable ligne Maginot, capturent deux millions de soldats français et Hitler défile sous l'arc de triomphe à Paris. Cinquante-cinq ans ont passé.

À peine leurs félicitations télégraphiées au 3e Reich, les Japonais sautent sur leur part du gâteau : l'Indochine. Les colonisateurs français, sans un seul coup de feu, leur déroulent le tapis rouge de leurs colonies, *faites comme chez-vous, tant qu'on partage les profits*. Sous le double joug japonais et français, le Vietnam est littéralement saigné.

Dès leur arrivée, ces nouveaux maîtres pillent le riz et laissent derrière eux des rizières inondées; deux millions de Vietnamiens meurent de la famine qui s'en suit. Les paysans ne cultivent plus, mais ils sèment : les graines de la révolte germent sous les ordres d'un dévoué et charismatique Hô Chi Minh.

La Maison Blanche, souhaitant s'instaurer patron de nations nouvelles, décide d'armer le *Vietminh*, cette organisation clandestine émergeante qui combat le vieil ordre colonialiste, dans lequel les

États-Unis sont laissés pour compte. Curieusement, Hô Chi Minh oublie de mentionner dans ses missives que son Vietminh est communiste… Oups…

Le Japon scande à tout vent : « L'Asie aux Asiatiques ! » Ce slogan ne tombe pas dans l'oreille de sourds. En 1945, dès que le Japon signe l'armistice, le peuple vietnamien se lève pour reconquérir sa souveraineté et briser les chaînes coloniales.

L'oncle à la volonté éclairée distribue des terres aux pauvres, établit des programmes sociaux… « Pas si vite ! » répliquent les Alliés.

Malgré leur répétition inlassable du *liberté, égalité, fraternité*, qui a convaincu tant de pays de guerroyer avec eux, les Français décident reprendre leurs colonies. Mais cette fois, Hô Chi Minh les y attend.

Devant plus d'un demi million de spectateurs, à Hanoi, il proclame l'indépendance du Vietnam. Son peuple est décidé à mobiliser ses forces spirituelles et matérielles, à se sacrifier pour défendre cette réalité.

S'il faut nous battre, nous nous battrons… Vous me tueriez dix hommes quand je vous en tuerais un. Mais même à ce compte-là, vous ne pourrez pas tenir.

Virtuellement tout le pays est sous le contrôle du *Vietminh*. La France n'y a plus d'influence. Tout devrait se terminer là. Pourtant…

En quelques mois, 28 000 militaires français débarquent. Ils bombardent les quartiers populaires de Haiphong, causant plus de 6 000 morts parmi les civils. Avec les bombardements de Sétif en Algérie (30 000 morts) en '45, et les massacres à Madagascar (40 000 morts) en '47, la France prouve qu'elle tient à ses colonies.

Hô Chi Minh — se retrouvant pratiquement sans armée, devant un trésor vide, une administration à instaurer, une population à 90 % analphabète et une famine sans précédent sur les bras —, tente de négocier, envoie des télégrammes… sans réponse. Doté

d'une belle naïveté, il écrit au président Truman, pour obtenir l'aide de son ancien allié. L'oncle Hô s'est même inspiré de la déclaration d'indépendance états-unienne pour établir celle de son pays : « Tous les hommes sont créés égaux... » Les Américains ne répondent pas à ses missives pour la bonne raison qu'ils ont changé de camp. Contre la promesse d'un partage des profits, ils supportent financièrement et militairement les Français dans leur lutte pour la reconquête de l'Indochine.

La répression est lourde, attentats et attaques se multiplient. Intellectuels, hommes politiques, paysans prennent le maquis. Le *Vietminh* déclenche officiellement la longue guerre pour l'indépendance.

Après presque dix ans de carnages, humilié à la bataille de Dien Bien Phù et croulant sous la vague contestataire de l'opinion publique, l'Hexagone finit par capituler — bien que la Maison Blanche couvre à la fin plus de 75 % de ses dépenses militaires (en autant que les Français assument les pertes humaines).

Avant que le sang versé pour se libérer du millénaire d'occupation chinoise et du quasi centenaire de domination française n'ait eu le temps de sécher, les Vietnamiens dévastés voient leur pire ennemi à ce jour débarquer, cette fois-ci en chair et en os : les impérialistes américains.

Entretien avec Kuan-yin dans la caverne

Le sixième siècle avant la naissance de Jésus Christ fut réellement un siècle de sagesse. Comme si l'humain, arrivé au stade de son évolution où ses besoins primaires étaient enfin assurés, avait commencé à regarder au-delà, vers son for intérieur, vers son propre esprit pour découvrir l'univers qui y règne.

À cette période, les rebelles d'une petite ville nommée Rome mirent fin à la domination étrangère et expérimentèrent pour la première fois un nouveau style de gouvernement : une république. La Grèce amorçait un âge d'or qui allait modeler profondément tous les aspects de l'humanité. En Chine, un ministre en exil nommé Confucius errait à la recherche d'un souverain qui suivrait ses conseils pour diriger son État. Non loin, le libraire d'un royaume décadent, Lao-Tseu, rédigeait ses pensées avant de disparaître en direction du soleil couchant sur le dos d'un buffle.

Cette même époque vit naître un prince indien, Gautama. Le roi son père, espérant de lui grandes conquêtes, lui octroya le prénom de Siddhârta, le *victorieux*. Trente-deux nourrices veillaient à son bien-être : huit pour le bercer, huit pour le nourrir, huit pour le baigner, huit pour l'amuser... Le magnifique parc où il grandit était parsemé de lacs recouverts de fleurs de lotus. Chacun irradiait sa propre couleur. Gautama était vêtu des plus beaux habits, portait les plus raffinés des parfums. Jour et nuit un parasol blanc était

tendu pour le protéger du froid ou de la chaleur, de la poussière ou de la pluie.

En le voyant rater volontairement sa cible lors d'une compétition, pour éviter d'infliger à ses adversaires la douleur de la défaite, le roi réalisa que la sensibilité et l'introversion de son fils pourraient nuire à son destin. Il ordonna donc que jamais triste nouvelle, concernant la maladie ou la mort, ne parvienne au prince.

Les flammes des lampes à l'huile ne devaient jamais décliner; une horde de jardiniers cueillait chaque fleur fanée; chaque feuille morte était aussitôt incinérée.

Mais une nuit, le roi fit un mauvais rêve. Il aperçut son fils, vêtu d'une toge grossière, qui abandonnait son royaume. Pour s'assurer que cela n'advienne jamais, que toujours son fils demeure près de lui, le roi fit construire un parc d'une telle magnificence, que dès l'instant où son fils y poserait les yeux, jamais il ne pourrait même imaginer un *ailleurs*.

En se rendant pour la première fois à ce jardin niché aux pieds des montagnes — bien que le roi eût ordonné que la ville soit nettoyée, polie, repeinte; que des plantes bordent les rues; que des voiles de soie s'élancent des toits; que seuls les jeunes gens, beaux et pleins de vie assistent au défilé —, le prince, entre les rideaux de son char, aperçut un vieil homme. Âgé, décrépit, ses veines bleues gonflées, ses dents brisées, sa peau ridée, ses cheveux grisonnants; il tremblait, penché sur sa canne.

Gautama, qui ne comprenait pas ce qu'il voyait, demanda à son chauffeur, qui lui répondit que chaque homme vieillissait. *Honte à cette chose nommée naissance, puisque la vieillesse afflige ceux qui sont nés.*

Le char croisa ensuite un homme fiévreux, ses yeux rougis de sang, ses plaintes remplies de douleur. Gautama interrogea de nouveau. Son chauffeur lui répondit que chaque homme connaissait un jour

ou l'autre la maladie. *Honte à cette chose nommée naissance puisque la maladie afflige ceux qui sont nés.*

Le char rencontra ensuite une étrange procession. Un homme inerte reposait sous un drap blanc, entouré de sa famille et de ses amis qui pleuraient, se lamentaient. Le chauffeur lui apprit alors que tous les hommes mouraient. Saisi d'un vertige, Gautama lui demanda aussitôt ce qui subvenait après la mort. Son chauffeur, hindou, lui répondit que tous se réincarnaient, renaissaient. *Pour vivre à nouveau ces souffrances ? Honte à cette chose nommée naissance puisque la mort afflige ceux qui sont nés !*

Déraciné, le prince ordonna le retour immédiat au palais. En bordure de la route, silencieux, serein et discret, un homme a la tête rasée apparut, vêtu d'une toge en lambeaux. Les yeux de cet homme n'admirèrent pas la splendeur du prince; ils fixaient tout bonnement le sol. Simplement là, un bol de mendiant entre les mains, la paix émanait de lui. Le chauffeur du prince lui expliqua que ce moine avait quitté sa vie pour mener une existence religieuse, trouver la paix à travers ses bonnes actions.

Je vis dans un cimetière ! s'écria Gautama de retour au palais, en contemplant ceux qui lui étaient chers. Il annonça à son père qu'il partait, quittait tout, pour tenter de retrouver ce qu'il avait perçu dans la présence de ce moine. Le roi promit de réaliser n'importe lequel de ses souhaits s'il restait. Son fils répondit : *promets-moi que je ne deviendrai jamais vieux, que je ne tomberai jamais malade, que je ne mourrai jamais, et que tous ceux que j'aime demeureront toujours à mes côtés.* Son père, malgré sa puissance, ne put tenir cette promesse.

Gautama coupa ses longs cheveux noirs et sa barbe, symboles de sa caste royale, et laissa tout derrière pour trouver une issue à la souffrance humaine.

Dans les grottes creusées à même les montagnes, longeant le Gange, habitaient à l'époque des gourous, des maîtres spirituels. Ce sont eux que le prince alla d'abord consulter. Pourtant, aucun

de ces *donneurs de lumière* ne connaissait la cause de la souffrance humaine, ni comment elle pouvait être surmontée concrètement. Ils parlaient d'un état de non-existence; ni de perception, ni de non-perception. Gautama voulait découvrir pourquoi les hommes souffrent et comment les en délivrer, non pas s'immerger dans un brouillard d'abstraction.

Il consulta alors les yogis pratiquant leurs positions étrangement harmonieuses, respirant en produisant des sons sourds, tels des tambours. Il vit aussi des fakirs s'administrer les pires souffrances pour anéantir les passions du corps, affirmant acquérir un parfait contrôle sur leur esprit en s'assoyant au centre d'un cercle de feu; en fixant le soleil sans repos; en tendant le bras vers le ciel sans relâche jusqu'à ce qu'il se dessèche; en s'assoyant sur des clous...

Gautama, pour essayer cette voie, décida quant à lui de jeûner. De jeûner jusqu'à ce que ses jambes et ses bras ne soient plus que des branches sèches, que sa colonne vertébrale semble un collier de perles, que ses côtes protubérantes ressemblent à la charpente d'une vieille maison, que ses iris ne deviennent que de minuscules billes au fond du puits de ses yeux. *Au-delà de cette limite, nul ne peut aller...*

Il parvint ainsi à éteindre toute confusion dans son esprit, ses visions devinrent claires. Cependant, son corps était agité et dérangé par la douleur qu'il subissait, la brûlure intense.

Que fais-je ici, essayant de conquérir la souffrance en souffrant ? se demanda-t-il au bord du dernier souffle. *Certainement c'est par le bonheur qu'on arrive à être heureux !* Il se rappela les moments de sa jeunesse où il arrivait à se laisser voguer au gré du vent, à connaître une forme d'extase dans la plus pure simplicité. Il était donc sur la mauvaise voie...

Six ans avaient passé depuis son départ, et il comptait à présent trente-cinq ans; pourtant il semblait se retrouver au point zéro.

Comme tous ceux qui ne suivent pas la voie de la majorité, il connaissait le doute et la solitude.

Cherchant un endroit pour faire le point, pour méditer en paix, c'est sous l'ombre d'un arbre bodhi, ceinturé de vignes, qu'il le trouva. Il s'assit en se jurant de ne jamais quitter ce lieu tant qu'il n'aurait pas *compris*. Il entreprit un périple vers l'intérieur, retraça le cheminement de son esprit, confronta de nouveau chaque problème qu'il avait rencontré, réexamina chaque pensée, remonta à la racine de chaque croyance, inspecta chaque observation qui pourrait lui procurer une clé.

Devant la nature éphémère de l'esprit et du corps, il comprit que les états d'esprit les plus complexes, même les plus heureux, étaient condamnés à disparaître. Il abandonna alors tout désir à l'égard de ce qu'il considérait désormais comme incertain et insatisfaisant.

Durant cette transe sous l'arbre bodhi, il dépassa la conscience pour se plonger dans les corridors obscurs qui conduisent plus loin que la pensée. Son regard s'ouvrit pour la première fois sur les mystères de sa propre existence.

Il entrevit qu'il n'était ni un prince, ni un ascétique, mais bien une étincelle d'énergie qui avait animé tour à tour des milliers de vies sous diverses formes. Après ces milliers de vies d'apprentissage, il était finalement prêt. Il allait être illuminé.

L'extase.

Il sentit une profonde compassion le traverser, comme la sève d'un arbre au printemps. Sentiment qui devint le moteur de son existence. Il voguait vers la dernière transe où l'homme rejoint l'éternel. Il était là, seul dans l'espace et le temps, seul dans le cœur pur des choses, immobile. L'univers submergea son esprit de sa vérité éclatante. En ce moment, son âme s'ouvrit aux lois universelles, il saisit la nature de toute chose, toute ignorance et

toutes illusions disparurent. À partir de ce jour, on l'appela le Bouddha : *l'éveillé*.

L'histoire des saints et des prophètes de toutes les religions relate plusieurs de ces instants où un élu acquiert soudainement et mystérieusement une fabuleuse sagesse, enrichissante extase. Le voile qui sépare les humains de l'éternel a peut-être été levé lorsque Moïse reçut ses Commandements sur le mont Sinaï. Une sorte d'illumination frappa Saint Paul sur la route de Damas, lorsqu'il entendit des *paroles inexprimables*. Mahomet, seul sur la colline surplombant la Mecque, fut frappé d'une sagesse inexplicable... Tous décrivent cet état d'esprit, cet état de conscience, d'intelligence et de compréhension élevée.

Bouddha, quant à lui, discerna quatre nobles vérités : tous les êtres vivants connaissent la souffrance; la cause de cette souffrance est le désir; il faut éliminer ce désir pour que la souffrance cesse; et finalement, qu'un mode de vie, *l'Octuple sentier*, permet d'éliminer le désir et donc la souffrance.

Notre naissance entraîne un flot de souffrances inévitables : la perte de ceux que l'on aime, l'existence de vérités que l'on déteste, l'absence de ce qui nous est cher, la vieillesse, la mort... en plus de la peur et l'angoisse causées par ces réalités.

Il ne sert à rien d'ignorer la souffrance qui est au centre même de notre existence. La première noble vérité est donc que la souffrance existe.

L'origine de cette souffrance réside dans les désirs. Notre être refuse de réaliser que tout autour de nous est temporaire. Dès lors, il tente de saisir des choses tangibles. Il se met à désirer, s'attache à des états, à des gens ou à des choses qui inévitablement disparaîtront. L'ignorance pousse l'âme à courir après la vie comme un chien court derrière une automobile.

Mais une fois cette deuxième noble vérité assimilée, elle peut être contournée, déjouée, détruite. Ce qui entraîne la troisième noble vérité : il est possible d'éviter la souffrance.

Pour l'apaiser, il suffit de se détacher du monde matériel, de renoncer aux désirs et à aux passions qui nous y lient.

Bouddha saisit qu'on n'arrive à la sagesse, à la perspicacité, à la paix et à la connaissance ni par l'opulence extrême dont il s'était baigné durant sa jeunesse, ni en reniant ses besoins primaires pour se préserver du pêché. Une vie dédiée uniquement au plaisir des sens est dégradante, vulgaire, gâchée. Une vie dédiée à la mortification est douloureuse, vaine, inutile.

La clef se trouve donc dans la voie du milieu. En faisant l'effort de comprendre que la souffrance est causée par les désirs, et que cette souffrance peut être contrecarrée. En tentant de se détacher des plaisirs matériels qui n'apportent qu'un grain de bonheur, comparé à l'importante douleur qu'ils nous infligent. En condamnant les mensonges, les paroles dures ou inutiles. En ne participant pas à la destruction d'une autre vie. En se détachant des pensées centrées uniquement sur soi-même. En consacrant notre vie à l'occupation honorable qui nous convient le mieux. En tentant de ne pas laisser notre esprit vagabonder sans but, le concentrant dans l'instant qui compte, le présent, pour le vivre pleinement. Voilà *l'Octuple sentier*, le mode de vie qui permet d'éliminer les désirs, et donc la souffrance.

Si l'on consacre de réels efforts pour réaliser ces objectifs, nous serons absorbés dans la perfection du Nirvana : l'absence. L'absence de tourment, l'absence de souffrance, la paix bienheureuse, la béatitude la plus complète; un état libre de toute envie, haine, et ignorance.

Bien sûr, le respect total de ces points est presque impossible, personne n'a jamais prétendu le contraire. Mais le but à atteindre est clair, concret. Et chaque pas tenté pour s'y rendre est rempli d'un contentement qui est la récompense de simples vertus.

Aucun dieu, pouvoir divin, pénalité ou commandement, être immortel, enfer ou paradis. Finie l'attribution de chaque souffrance à des punitions de Dieu, notre unique tâche étant de se repentir.

La révélation de Gautama n'était pas de nature divine. Ce n'était que le fruit d'un raisonnement rationnel sur le sens de la vie et le développement de nos capacités, par un homme, pour les hommes, qui peut être pratiqué, compris et prouvé ici et maintenant.

Philosophant sous l'ombre d'un arbre, de village en village, il entendait non seulement les voix de son temps, mais il comprenait leurs points communs. Il vulgarisait et simplifiait, réconciliait des discours, pour sortir les pensées les plus avancées de son temps hors de la tête des philosophes… et les placer au service des hommes.

Bouddha signifie *l'éveillé*. Toute personne qui surmonte ses illusions pour voir les choses comme elles le sont vraiment acquiert le titre de Bouddha. Gautama lui-même affirmait qu'il y a eu plusieurs Bouddha par le passé, et qu'il y en aurait plusieurs dans le futur.

Nous arrivons tous à percevoir les choses au-dessus de ce monde ombragé. La sagesse est incrustée dans chaque esprit, mais enchaînée à notre course contre les obligations accablantes de notre vie quotidienne, il est difficile de la remarquer.

Pourtant, de temps en temps, un homme extraordinaire arrive à entrevoir cette sagesse pure qui réside en chacun de nous, et la diffuse dans des termes simples pour nous permettre de construire nos propres vies sur ses fondations.

Siddhârta Gautama était l'un de ces hommes.